ORALITE

Beiträge zur Problematik im Umgang mit mündlichen Überlieferungen
A propos du passage de l'oral à l'écrit

ETHNOLOGICA HELVETICA

11

ORALITE

Beiträge zur Problematik
im Umgang mit mündlichen Überlieferungen
A propos du passage de l'oral à l'écrit

Herausgegeben von / Édité par:
Marguerite Schlechten
Redaktionskommission / Commission de rédaction

Schweizerische Ethnologische Gesellschaft
Société Suisse d'Ethnologie

ETHNOLOGICA HELVETICA sind die Publikationen der Schweizerischen Ethnologischen Gesellschaft.
ETHNOLOGICA HELVETICA sont les publications de la Société Suisse d'Ethnologie.
ETHNOLOGICA HELVETICA are the publications of the Swiss Ethnological Society.

Schweizerische Ethnologische Gesellschaft SEG
Société Suisse d'Ethnologie SSE

Sekretariat/Secrétariat:
c/o Seminar für Ethnologie
Schwanengasse 7
CH-3011 Bern

Commission de rédaction / Redaktionskommission:
Alice Dürr, Marc-Olivier Gonseth, Urs Herren, Barbara Lüem, Marguerite Schlechten

Gedruckt mit Unterstützung der Schweizerischen Geisteswissenschaftlichen Gesellschaft.
Publié grâce à une subvention de l'Académie Suisse des Sciences Humaines.

Photo der Umschlagseite / Photo de couverture: Florence Weiss, Basel

Vertrieb ausserhalb der Schweiz:
Dietrich Reimer Verlag
Unter den Eichen 57, D-1000 Berlin 45

© Copyright: Schweizerische Ethnologische Gesellschaft, 1987
Société Suisse d'Ethnologie
Satz und Druck: Juris Druck + Verlag AG Zürich
ISBN 3 260 05180 5

Inhalt / Contenu

Préface VII

Marc-Olivier Gonseth
**Porte-paroles et porte-plumes:
quelques lignes de plus sur le thème de l'oralité** 1

Nadja Maillard
«C'est fort comme la vie, ça a la couleur de la vie, mais ce n'est pas la vie»: réflexions sur le phénomène biographique 29

Fabrizio Sabelli
Du mythe de l'oralité à l'oralité mythique 51

Suzanne Chappaz-Wirthner
La parole du carnaval, une critique sociale entre le réel et l'idéal. L'analyse des Schnitzelbänke de Naters en Valais 61

François Borel
Une tradition orale de classe chez les Touaregs du Niger 77

Claude Savary
Le patrimoine oral chez les Fō de l'ancien royaume du Dāxomę (Bénin) 101

Rupert R. Moser
**Oraltraditionen der Mwera über ihre Vergangenheit:
Eine Bantu-Nordwanderung von Malawi über Moçambique nach Tanzania im 9. Jahrhundert** 125

Jean-Luc Alber et Michel Carayol
Analyse d'une enquête ethnolinguistique à la Réunion: l'histoire d'un reproche 135

Florence Weiss
Sprach und Geschlecht bei den Iatmul Papua Neuguinea. Untersuchungen zum Verhältnis von ethnologischer Forschung und Sprachgebrauch 151

Danielle Bazzi
Oralität aus ethnopsychoanalytischer Sicht 191

Autoren / Auteurs 205

Préface

Comment l'ethnologue peut-il/elle transmettre à un public des paroles prononcées aux antipodes de son pays, en langues étrangères et dans des contextes totalement inconnus? Traiter de ce «glissement de l'oral à l'écrit» dans le cadre de la pratique ethnologique est l'objectif de cette publication.

Au cours de cette transmission, l'écriture se voit offrir une occasion supplémentaire d'étendre sa sphère à des domaines qui devraient apparemment lui échapper. Dans le premier article de ce volume, Marc-Olivier Gonseth attire l'attention sur le fait que l'ethnologue, porte-paroles et porte-plumes, textualise le réel et court le risque d'abstraire d'emblée de son champ d'observation des dimensions relevant d'une autre logique que celle de l'écriture. Certains auteurs tentent actuellement de tempérer l'impérialisme en question, par l'analyse de l'évolution de la discipline et de la rhétorique ethnographique.

L'article de Marc-Olivier Gonseth évoque les recherches récentes portant sur la textualisation de la production ethnologique: elles cernent mieux que par le passé le rôle de «celui qui parle», de «celui qui est parlé» et de «ce qui est tu» et distingue différents genres du discours. Par la prise en compte des facteurs agissant sur la situation de la parole et sur le travail d'écriture, elles permettent de reproduire plus fidèlement de la «réalité» des choses. Une bibliographie très complète regroupe enfin un grand nombre de chercheurs de notre discipline ayant intégré les thèmes de l'épistémologie, de l'herméneutique et de la réflexivité à leurs travaux.

«Ces quinze dernières années ont vu les vitrines des libraires se transformer en véritables galeries de portraits». Même les «anonymes», les femmes de chambre, les malfaiteurs, publient le récit de leur vie, pratique autrefois réservée aux classes dominantes. Nadja Maillard s'est attachée à décrire et analyser les processus de production et de consommation d'un genre spécifique: «la vie» mise par écrit. Ce bien culturel atteint l'apogée de son succès à l'ère de l'effacement progressif des grands systèmes idéologiques et l'émergence des perspectives régionaliste et individualistes qui remplacent les interprétations globales de la réalité et de l'histoire.

«C'est fort comme la vie, ça a la couleur de la vie, mais ce n'est pas la vie». Le titre de l'article de Nadja Maillard souligne toute l'ambiguïté, de ce genre littéraire couramment utilisé par les sciences sociales. Le récit de vie transmet une sélection d'événements, une reconstitution élaborée, même s'il vise à restituer fidèlement le réel. Le récit de vie de l'ethnologue, «moyen d'archiver les cultures en voie de disparition», échappe-t-il à cette ambiguïté?

La fonction primaire de la communication écrite est-elle vraiment de faciliter l'asservissement, comme l'a écrit C. Lévi-Strauss? L'ethnologie s'intéresse surtout à ce qui n'est pas écrit, à l'oralité, à l'espace de l'autre, qu'elle veut transcrire. Fabrizio Sabelli a le sentiment que l'ethnologue accepte tout simplement la division du monde en deux blocs: l'oral et l'écrit. Le monde oral se laisserait explorer par le monde écrit et signifier par lui. L'auteur se méfie en tout cas du «sociocentrisme scriptural» occidental. Il réaffirme avec force, qu'il n'existe pas de société sans écriture, sans histoire et que toute société est à la fois orale et scripturaire. Seuls les signes empoyés pour exprimer les idées et les savoirs sont différents.

En fait, pour Fabrizio Sabelli, l'oralité et l'écriture sont deux logiques en compétition pour une même réalité. Les deux cherchent à décoder la parole, qui est au début de tout. L'interprétation de la parole mythique des pays lointains ne peut pas être séparée d'une réflexion au sujet de la circulation de la parole mythique de la société moderne, qui n'est finalement pas si différente de celle de la société «archaïque». Cette démarche devrait permettre de supprimer la scission entre un monde rationel (occidental) et un monde irrationnel (tiers monde).

Après cette introduction théorique, plusieurs études de cas illustrant le glissement de l'oral à écrit entraînent les lecteurs du carnaval de Naters, en Valais, jusqu'en Nouvelle Guinée, après plusieurs escales africaines (Niger, Bénin, Tanzanie, La Réunion).

L'article de Suzanne Chappaz-Wirthner analyse les textes qui provoquent le rire carnavalesque en Valais. Bien que chantés, les textes de critique sociale circulent imprimés en livrets. Interférence constante entre l'oral et l'écrit, ces textes s'inscrivent parfaitement dans la notion moderne d'ethnotexte.

Cette «parole» du carnaval révèle une image de la collectivité de Naters aux luttes politiques, aux changements économiques rapides et aux soubresauts de la vie associative. De préférence elle souligne tous les événements ou les actes qui marquent une distance des normes en vigueur. Elle dénonce l'individualisme, et Suzanne Chappaz-Wirthner y voit une occasion de réaffirmer la sociabilité et l'identité de cette collectivité villageoise.

Pour François Borel, la «parole» est devenue chant des hommes touaregs de la zone des Iullemmeden de l'est et de la zone des kel Fadey au Niger. Il a classé ces chants en genres: les poèmes épiques, les chants d'amour et les chants-de-tendey. Il en précise la forme, le style de leur exécutant et surtout la catégorie sociale traditionnelle à laquelle ce dernier appartient, ainsi que les circonstances dans lesquelles se déroule l'événement.

Il est encore possible, comme le fait François Borel, de distinguer des répertoires de «classe» selon la position sociale occupée par l'interprète. Mais cette différence de répertoire entre suzerains et captifs s'efface avec la disparition des couches sociales. Et si les femmes n'ont pas accès au répertoire historique «personnel», elles ont du moins la liberté d'improviser et de créer, gage de la préservation des genres.

Claude Savary, partant de sa recherche chez les Fō de l'ancien royaume du Daxomē (Bénin) démontre que les sociétés traditionnelles africaines n'étaient pas, comme on l'a souvent affirmé, des sociétés sans écriture. De telles affirmations s'appuyaient sur l'a priori que seules les écritures semblables à la nôtre, dotées d'un système graphique à valeur phonétique, pouvaient être considérées comme telles. «De tous temps les peules africains ont connu d'autres types d'écriture qui leur ont permis de fixer leurs connaissances, leur histoire, leurs croyances et ceci de manière tangible et selon un mode de représentation originale qui n'était pas moins codifiée».

Les Fō, par exemple, ont confié à un groupe social distinct la «parole institutionnalisée» qui se distingue du discours individuel et quotidien et qui fait office de mémoire collective. Claude Savary a réuni dans cet article les trois principaux genres de conservation de l'histoire du Daxomē.

C'est au cours de l'été 1983 que Rupert Moser a enregistré les récits historiques des Mwera en Tanzanie. La transmission orale de l'histoire de ce peuple d'environ 180 000 individus, agriculteurs matrilinéaires et matrilocaux, permet de remonter jusqu'au IXe siècle de notre ère. Il devient évident, à travers ce récit, que l'image très statique des Mwera, que tout le monde croyait être sédentaires depuis fort longtemps, est erronée.

La transmission orale de leur histoire permet de reconstituer leurs migrations en Afrique orientale. Rupert Moser portera particulièrement son attention sur le maintien du canal de cette transmission orale. Traditionnellement elle se faisait par l'initiation du beau-fils par son beau-père, qui l'accueillait dans le groupe matrilocal. Par les réformes récentes cette matrilocalité est de plus en plus menacée et remise en question.

Jean-Luc Alber et Michel Carayol ont repris un de leurs enregistrements de données lexicographiques et ethnographiques à la Réunion en 1976, pour leur appliquer une nouvelle grille liée à l'interprétation d'une situation d'enquête. Il devient dès lors évident que cette situation est un cadre particulier d'échange interactionnel qui influence la nature des données produites.

Toute enquête est le produit commun d'interlocuteurs qu'influence le destinataire du discours, même si celui-ci est absent. Jean-Luc Alber et Michel Carayol, reprenant l'enregistrement de la discussion, démontrent combien une enquête est «le lieu d'une double énonciation», par sa nature même et par les intentions et motifs rarement explicites.

A la lecture des travaux de deux linguistes, Luise F. Pusch et Senta Trömel, Florence Weiss a pris conscience du fait que dans notre société, les femmes sont opprimées par la parole. Se sentant interpelée en tant que femme et en tant que membre de cette société occidentale, elle s'est d'abord efforcée d'analyser son propre conditionnement social et culturel, afin d'être plus à même de juger ensuite celui de femmes d'une autre culture.

Florence Weiss a choisi la culture des Iatmul dans le nord-est de Papouasie (Nouvelle Guinée) pour y analyser les rapports entre les sexes et la parole. Elle y a exploré le contenu des discussions, le style d'expression qui varie entre hommes et femmes. A chaque étape, elle a souligné combien nos catégories de pensée ne correspondent pas à celles des habitants de cette région du lac Sepik.

En psychoanalyse, le terme «oralité» désigne le caractère propre au stade oral du développement de la libido. En psychiatrie, il signifie la tendance à porter à la bouche, à lécher, à tenter de manger toutes sortes d'objets. C'est le champ sémantique que s'est proposé d'explorer Danielle Bazzi. Les évocations des travaux de Freud surgissent immédiatement à la mémoire dans un tel contexte.

Chez les Bahluli, un lignage de la Perse orientale, un rite, le «dendun roġan», consiste pour la mère de préparer une bouillie pour son enfant dont la première dent vient de percer. La déception de Banielle Bazzi lorsqu'elle fut invitée à goûter cette bouillie fut si intense qu'elle l'amena à approfondir sa réflexion sur la pratique d'enquête à partir d'une impression physique et de la réaction psychique qu'elle déclencha.

Marguerite Schlechten

Marc-Olivier Gonseth

Porte-parole et porte-plume:
quelques lignes de plus sur le thème de l'oralité

Textures

Alors que l'oralité appartient au domaine des pratiques et des rites, et se distingue à ce titre du domaine encore plus insaisissable désigné par le qualificatif privatif de «non-verbal», l'ethno*graphie,* prétendument proche de la vie réelle et concrète, est avant tout liée à l'écriture, qui la désigne du reste de l'intérieur (racine grecque). Ainsi, aborder le thème de *l'oralité* dans le domaine ethno*graphique,* revient à traiter de *textualité.* Le problème posé l'est alors dans un univers textuel, pour des gens du texte et dans un contexte où l'écrit (la restitution) fait problème, même si c'est dans son rapport à l'oral[1].

Le recours à la notion moderne d'«ethnotexte», catégorie englobant des productions orales et écrites (voir l'article de Suzanne Chappaz dans ce volume), ou la proposition de considérer la culture d'un peuple comme «un ensemble de textes (...) que l'anthropologie s'efforce de lire par-dessus l'épaule de ceux à qui ils appartiennent en propre» (Geertz 1983:215) contribuent à étendre encore la sphère de l'écrit à des domaines qui apparemment devraient lui échapper. En effet, dans ces conditions, ce n'est plus seulement le regard ethnographique ou la restitution académique qui textualise le réel, mais le réel lui-même (tout ou partie) qui se retrouve textualisé a priori. Cette opération, si elle a l'avantage de libérer l'interprétation, le risque d'abstraire d'emblée du champ d'observation les dimensions relevant d'une autre logique que celle de l'écriture.

En parallèle, de nombreux anthropologues contemporains manifestent un intérêt croissant pour l'histoire de leur discipline (voir notamment Clifford 1982, 1983b, Silverman 1981, Stocking Jr. 1983, 1984 et Winkin 1986),

---

1 Lors de la préparation de ce volume, nous avons choisi «Oralité» comme titre de travail. Vu la difficulté de le traduire tel quel en allemand, nous avons décidé d'en changer, et retenu pendant quelques temps la formulation suivante: «histoires, textes, discours», soit en traduction «Geschichte, Texte, Gespräche». Notre pratique d'édition recoupait ainsi la problématique plus générale du glissement oral-écrit dans la pratique ethno-grapho-logique.

l'exégèse de certains grands textes ethnologiques (voir notamment Clifford 1985, Freeman 1983, Leach et Leach 1983) et l'analyse attentive de la rhétorique ethnographique (voir notamment Clifford 1980, Crapanzano 1977, Dwyer 1979, Goody 1979, 1980, Marcus 1982, Marcus et Cushman 1982, Rabinow 1985a et Tedlock 1982). Cet appétit historique et herméneutique enrichit et nuance l'empire du texte dans la mesure où l'analyse de l'évolution de la discipline et de la rhétorique ethnographique est susceptible d'aider à résoudre des problèmes de recherche et d'écriture contemporains, et qu'elle a fait sauter la vision naïve du «discours sur le réel n'ayant aucun rapport avec la fiction». En revanche, retourner de façon systématique aux textes fondateurs, à une époque où la réalité observée apparaît de plus en plus complexe et difficile à maîtriser, étant donné les transformations considérables de l'objet d'étude de l'anthropologie et la sophistication croissante sinon de ses méthodes d'enquête, du moins de leur évaluation, pourrait apparaître également comme un moyen commode de retrouver l'âge d'or de la discipline, époque bénie où les problèmes se posaient différemment. Quant au recours au paradisme de la poésie (voir notamment Clifford et Marcus 1986, Prattis 1985 ou Hymes 1986), il recouvre à la fois une possibilité séduisante de redéfinir l'objet et la démarche de l'anthropologie[2], et une pirouette liée à un certain type de désillusion par rapport à sa pratique.

Il est donc à souhaiter que le travail d'enquête dans un contexte impliquant des difficultés croissantes (domaine urbain et industriel, situations de contact pluri-ethniques et de transformations accélérées) ne soit pas mis à l'arrière-plan par les approches dites théoriques mais qu'il puisse s'appuyer sur elles et elles sur lui pour tenter de résoudre les problèmes concrets posés à et par la recherche actuelle.

Encore trop peu nombreux, dans cette optique, sont les anthropologues qui se préoccupent *explicitement* des procédés de restitution du discours de ceux qu'ils étudient, malgré le fait qu'ils (ou parce qu'ils) sont en permanence confrontés au problème. Or, telle est une des questions centrales qui se posent aujourd'hui à l'ethnologie: mettre à disposition par le texte quelque chose qui le dépasse, qui se situe plus près de la parole et de la vie, et faire admettre cette représentation spécifique comme une approche rigoureuse (pour ne pas dire scientifique) de la réalité observée.

Je me propose d'évoquer dans les paragraphes qui vont suivre les différences (et les complémentarités) opposant un certain nombre d'approches du discours de l'autre, qui toutes à leur manière tentent de résoudre le problème évoqué ci-dessus, ou se retrouvent piégées par lui.

---

2 Si l'on peut accorder d'emblée une potentialité aux approches poétiques de la réalité, ce serait celle d'englober parfois en un seul regard, une seule fulgurance, tout ce qui a priori échappe à l'analyse prétendument maîtrisée.

Oralité

Lorsqu'on parle d'oralité au sens strict, on se réfère à un ensemble complexe et hétérogène de productions dont la caractéristique commune est qu'elles sont (qu'elles ont été) parlées, ou qu'elles entretiennent un rapport très étroit avec la parole. Pris globalement, cet ensemble est peu significatif[3]. Ainsi convient-il d'opérer des séquences en son sein.

L'oralité c'est...
parler quand personne n'écoute, parler à un tiers, écouter parler un tiers, écouter un tiers parler à un tiers,...parler quand personne n'écoute?

des cris, un monologue ou un discours, un dialogue, une conversation, une querelle, un conseil, un colloque, un récit, un corpus...des cris?

un pouvoir, un bien ou franc-parler, des règles, un code, un style, un genre, une rhétorique, une tradition, une mémoire...un pouvoir?

un rite, une mise en scène, une dramaturgie, une situation de parole, un événement de communication...un rite?

une voix, une bande magnétique, un disque, une cassette, un poste de radio, un film, un parloir,...une voix?

du silence, une page blanche, des notes griffonnées sur un carnet, une transcription, une revue, un bouquin,...du silence?

Dans le domaine de la communication, il est impossible de s'en tenir uniquement au contenu des messages. C'est cependant le cas lorsque seule la parole est retranscrite, les traces liées aux modalités et au contexte de la transmission étant alors passées sous silence. Par conséquent, il est bon de garder en tête que toute production orale, au-delà de son seul contenu explicite, renvoie entre autres à (d'après Gumperz et Hymes 1972:53–71):

S *(setting)* une situation de parole (lieu/moment)
P *(participants)* des locuteurs – auditeurs – interlocuteurs
E *(ends)* certaines finalités
A *(acts)* des actes de parole: Hymes fait ici référence à la forme et au contenu des messages [éléments de base à placer en tête, mais «aspeking» frappe moins que «speaking»]. On pourrait faire ici référence également à la notion d'acte de langage telle qu'elle a été développée notamment par Austin et Searle.

---

3 Le terme n'apparaît pas dans le Petit Robert, version mise à jour pour 1982. Il ne peut donc être considéré comme courant. Il apparaît cependant dans le Robert en 10 volumes (1985), avec les sens suivants: 1) caractère oral (de la parole, du langage, du discours...); 2) psychanalytique: caractère propre au stade oral du développement de la libido; 3) psychiatrique: tendance à porter à la bouche, à lécher, tenter de manger toutes sortes d'objets.

K *(key)* un ton, une façon de dire
I *(instrumentalities)* un canal (lié au «bouche à oreille», puis aux canaux de transmission impliquant une réduction, dont par exemple le disque, la bande magnétique, etc.) ainsi que des registres ou des codes.
N *(norms)* des normes d'interaction et d'interprétation
G *(genres)* des genres et traditions (stock de choses dites); l'aspect spectaculaire du moyen mnémotechnique avancé ici désigne également l'arbitraire de la démarche, et il est bien clair que le modèle pourrait être affiné; l'important reste cependant d'avoir constamment à l'esprit les multiples déterminants d'une situation de parole, et la formule de Dell Hymes n'a, à ma connaissance, pas de rivale en la matière[4]. Elle peut même être traduite, comme son auteur le propose, par P – A – R – L – A – N – T, où P désigne les participants, A les actes, R les raisons et résultats, L les lieux/moment, A les agents instrumentaux, N les normes et T le ton et les types.

En simplifiant à l'extrême, toute prise de parole est donc susceptible d'être perçue comme suit (en gras, les paramètres liés au modèle classique de la communication selon Jakobson, et entre [ ] les paramètres proposés par Hymes):

X dit *M* à *Y* [en présence de *Z*] en situation *S* dans la langue *L* [genre *G*] par le canal *C* [de façon *F*] [dans le but *B*] [selon la ou les norme(s) *N*] [avec le résultat *R*]

Comment taire

Un problème majeur, lié aux usages multiples de la parole de l'autre, est de savoir qui parle, qui est parlé et *ce qui est tu* de cette relation. En effet, tout comme le chasseur d'images opère une sélection, un cadrage, à partir de la réalité qu'il investit, le collecteur de paroles dispose de pistes multiples à partir de la situation (de discours) qu'il analyse. Il devra donc généralement faire taire certains aspects de cette situation (d'une très grande complexité, comme suggéré ci-dessus) et en privilégier d'autres.

En principe, chacun des paramètres retenus précédemment pourrait faire l'objet d'une investigation spécifique et approfondie liée au thème de l'ora-

---

[4] L'allusion à un modèle présenté dans sa première version en 1964 *(American Anthropologist* 66 (6), part II) semblera sans doute inutile à plus d'un ethnolinguiste averti. Je suis cependant persuadé qu'un très grand nombre d'ethnologues (surtout en Europe) ignorent les travaux de Hymes ou de Gumperz.

lité (par exemple Sayad 1985 pour une focalisation sur le canal, Bauman 1975 pour une focalisation sur le genre, ou Diki-Kidiri 1983 pour une focalisation sur le code). Les sociolinguistes ou les ethnographes de la communication tendent à les mettre en rapport, considérant généralement l'ensemble du domaine concerné (voir par exemple l'étude pilote de Sherzer 1970, intitulée «La parole chez les Abipone: pour une ethnographie de la parole»). La plupart des autres analystes s'en tiennent à l'une ou l'autre de ces dimensions, sur lesquelles ils insistent plus particulièrement, le contenu du message (M) prenant généralement la plus grande place (voir par exemple Ruelland 1981). Ils sont en effet généralement moins intéressés par la communication en tant que telle (l'ensemble des paramètres) que par ses traces les plus manifestes, les plus immédiatement transmissibles.

Dans ce cas, on pourrait souhaiter au moins que forme et contenu d'un message ne soient jamais dissociés de façon absolue, d'une part parce qu'ils interagissent en permanence, et d'autre part parce qu'ils sont toujours susceptibles d'être soumis ensemble à un autre plan de signification. Une prise de parole au cours d'un colloque, par exemple, au-delà de sa forme et de son contenu apparent, peut très bien renvoyer à une lutte d'influence au sein du champ académique, contenu second dont la prise de parole devient la forme, et cette lutte d'influence désigner un enjeu encore plus général au niveau des institutions. Ce type de glissement (déboîtement) a été étudié par Barthes (1957:200) et Genette (1966:193). J'ai l'impression qu'il peut à tout moment faire réapparaître au niveau de la signification des actes de parole les paramètres de la communication apparemment absents dans le message proprement dit.

Pour «faire taire» le moins possible les dimensions pertinentes d'une interaction, il serait judicieux de les mentionner au passage, en s'arrêtant brièvement sur chacun des paramètres importants qui n'apparaissent pas dans le message mais sont perçus par l'enquêteur. Si ces paramètres manquaient, il conviendrait de le signaler et d'adopter face au message une certaine distance critique, liée à sa partielle ou à sa complète décontextualisation. De plus, au cas où cet appareil critique serait trop lourd au niveau d'un texte final, rien n'empêche l'auteur de restreindre à l'essentiel la restitution, pour autant que l'ensemble ait été considéré dans l'analyse.

Paroles

Il me semble important de distinguer deux sous-ensembles dans le domaine des «chose dites». Le premier concerne les productions indépendantes d'un questionnement «de l'extérieur». Dans ce cas, la rhétorique ou la codification préexiste au questionnement et touche des formes constituées dont la logique peut être saisie au niveau des *genres* de discours concernés. De plus, les rites qui se rattachent à la mise en scène de telles productions sont réglés par des instances propres aux groupes ou sociétés concernés.

Le second concerne les productions dépendant d'un questionnement «de l'extérieur[5]». Dans ce cas, la rhétorique est créée par le questionnement (ou la société de celui qui questionne) et concerne des formes non constituées a priori en objets de discours. Les rites liés à leur production dépendent alors essentiellement de la relation d'enquête et non de pratiques sociales autonomes.

On confond trop souvent le second sous-ensemble avec le premier, ce qui contribue à voiler les instances qui structurent le discours recueilli. Un récit mythique, par exemple, ou un commérage, circulent indépendamment du mythologue (voir notamment Jacopin 1981 ou Tedlock 1983) ou de l'analyste du «gossip» (voir notamment Elias 1985, Gilmore 1978 ou Handelman 1973). En revanche, il est rare qu'un récit de vie ait la même préexistence, même si certains passages précis peuvent avoir été énoncés ou pensés indépendamment de l'enquêteur qui suscite le témoignage. De très nombreuses enquêtes dans le domaine des sciences sociales ou du marketing sont encore plus dépendantes du questionnement que l'histoire de vie, ce qui rend leur statut d'autant plus difficile à évaluer.

Dans le domaine des productions existant indépendamment de l'observation extérieure (ce qui n'empêche pas certains observateurs de susciter, de perturber et d'analyser leur déroulement), je distinguerais quatre types contrastés, à l'intérieur desquels il conviendrait évidemment d'introduire d'autres nuances, dont un rapport toujours spécifique à l'écriture:

a) les récits liés à un genre reconnu et codifié, dont les contenus sont susceptibles d'être transmis oralement ou par écrit comme ensembles cohérents (contes, légendes, récits mythiques, incantations, chants d'amour ou de guérison, plaisanteries, sermons,...). Le domaine en question aurait comme caractéristique principale d'être explicitement et préalablement structuré par les acteurs et d'offrir une assez bonne lisibilité. Les récits concernés ont une existence propre, un espace réservé au sein du groupe qui les parlent, ce qui permet de réduire la projection de l'observateur éventuel sur les données qu'il réunit.

---

5 Il serait sans doute plus exact de parler d'une plus ou moins grande (in-)dépendance des discours par rapport à un questionnement et d'une plus ou moins grande extériorité des personnes qui interrogent par rapport à celles qui s'expriment. Pour la clarté de la démonstration, je ne tiens pas ici à multiplier les nuances, tout en étant conscient que je suis en train de découper des continuums.

Dans la mesure où ils sont relativement faciles à isoler globalement de leur situation de production, les récits de ce type ont fait l'objet d'un intérêt soutenu de la part des ethnologues. Ils constituent le gros du domaine dit de «tradition orale». Dans le domaine de l'oralité, ils constituent cependant un sous-ensemble dont la logique se rapproche de celle de l'écrit, dans la mesure où la codification présentée intervient également pour permettre leur mémorisation et leur transmission (voir à ce sujet Goody 1979, 1980).

Concernant l'approche ethnologique de ce type de récits, deux extrêmes peuvent être dégagés. Le premier concerne l'analyse des mythes à laquelle se livre Claude Lévi-Strauss dans les «Mythologiques». Celui-ci n'aborde quasiment pas les problèmes liés au passage de l'oral à l'écrit (il n'avait du reste plus le loisir d'agir au niveau de la collecte, puisqu'il s'est fondé sur la forme transmise). Il considère les seuls contenus rapportés (bribes de récits) et se préoccupe essentiellement de mettre en rapport certains motifs liés aux mythes qu'il traite, s'attachant aux détails qu'il considère comme significatifs et qui lui seront utiles lors de ses démonstrations. Il n'est donc interpellé par la pensée indigène que dans la mesure où celle-ci correspond avec la sienne, et il ne cherche pas à en reconstituer les contours à partir d'une vision d'ensemble qui serait propre à ceux qui disent le mythe. Le passage suivant est très révélateur et il a étonné plus d'un ethnologue puisque Delfendahl (1973:18–19) et Sperber (1982:109) notamment l'ont mis en évidence: «Car si le but dernier de l'anthropologie est de contribuer à une meilleure connaissance de la pensée objectivée et de ses mécanismes, cela revient finalement au même que, dans ce livre, la pensée des indigènes sud-américains prenne forme sous l'opération de la mienne, ou la mienne sous l'opération de la leur. Ce qui importe, c'est que l'esprit humain, sans égard pour l'identité de ses messagers occasionnels, y manifeste une structure de mieux en mieux intelligible à mesure que progresse la démarche doublement réflexive de deux pensées agissant l'une sur l'autre et dont, ici l'une, là l'autre, peut être la mèche ou l'étincelle du rapprochement desquelles jaillira leur commune illumination. Et si celle-ci vient à révéler un trésor, on n'aura pas besoin d'arbitrer pour procéder au partage, puisqu'on a commencé par reconnaître (...) que l'héritage est inaliénable, et qu'il doit rester indivis» (Lévi-Strauss 1964:21). Voilà une réponse originale à la question «qui parle?» dont j'ai évoqué l'importance précédemment.

Dennis Tedlock (1983) s'inscrit en très nette opposition par rapport à cette conception du dialogue interculturel. Il déplore d'une part qu'on ait négligé (et qu'on néglige toujours) dans l'analyse des mythes les effets de sens dus à un certain nombre d'éléments considérés comme secondaires tels que le contexte de la narration, les réactions des participants, le rythme et le timbre de la voix, les bruits, les silences, etc. Il fait donc de nombreuses propositions pour rendre plus fine et plus pertinente la transcription de la littérature orale. De plus, avec James Clifford (voir Rabinow 1985b:97), il s'oppose à tout un pan de la tradition ethnologique consistant à ne donner la parole à l'indigène que pour fonder l'argumentation de l'ethnologue, pratique «analogique» du discours de l'autre qu'il oppose à une pratique «dialogique», fondée sur une interaction chercheur – sujet prenant pour objet la narration et la transmission des récits propres à la culture étudiée.

Il propose donc aux ethnologues de quitter le domaine «analogique», où le chercheur est maître de l'interprétation, présentant des bribes de paroles malaxées, puis dépassées par l'analyse, et de s'ouvrir au «dialogique», permettant aux discours indigènes d'accéder à l'édition sans mutilations excessives. D'où l'importance qu'il accorde à la transcription des récits.

Pierre-Yves Jacopin (1981:8), pour mentionner une position moins tranchée, mais convergente, s'exprime ainsi par rapport à la parole mythique: «Le mythe est parole; manifestation foncièrement fugitive, son évanescence est une de ses propriétés fondamentales et constitutives; ce que l'ethnographe capte dans son magnétophone ou son carnet de notes, n'en est finalement que l'ombre. (...) Et en effet comment rendre compte d'une cosmogonie orale qui se veut totale, totalisante et totalement achevée?». Il précise plus loin (1981:183) sa position par rapport à Claude Lévi-Strauss: «On discerne du même coup ce qui distingue notre projet de celui de Lévi-Strauss: ce qu'il veut démontrer – l'organisation signifiante des contenus mythiques –, nous le considérons comme donné; réciproquement: ce qui d'une certaine manière peut lui sembler évident – la nature inconsciente de la rationalité mythique – nous semble justement ce qu'il faut expliquer; ce qui nous intéresse alors c'est la *logique interné*[6] du mythe, son cheminement et sa dynamique.» Il est également intéressant de noter la définition que Jacopin donne de la parole dans le même travail (p. 360): «On appelle parole l'acte de langage par lequel une audience s'approprie et signifie sa réalité, en créant aussi bien des liens particuliers entre ses participants qu'un rapport commun et déterminé à l'environnement.»

Alors que ce chapitre était déjà rédigé, je suis tombé sur une réponse de Lévi-Strauss (1987) à un article de Dell Hymes (1985) s'inscrivant assez précisément dans la problématique que j'évoque ici. Lévi-Strauss y plaide avec conviction une position «complémentariste» à partir des travaux traitant du mythe, alors que Dell Hymes, se fondant sur l'examen de deux récits d'un «même» mythe qu'un Indien a raconté à Boas à trois années de distance, doute dans son propre texte de la validité d'une analyse des seuls contenus référentiels.

«Que dit en effet Dell Hymes? Que le sens d'un mythe ne se réduit pas à son contenu référentiel exprimé sous forme de propositions. Pour comprendre le mythe, il faut prêter une minutieuse attention aux moindres nuances et

---

6 Souligné par Jacopin.

aux plus petits détails d'un discours bien individualisé, replacer ce discours dans son contexte, c'est-à-dire la stylistique ou – terme préféré par l'auteur – la poétique de la langue dans laquelle le mythe est énoncé. A défaut de cette procédure, on est condamné à l'échec. (...)

«Qu'un tel désaccord puisse se manifester, qu'un type de recherche puisse être considéré comme préférable dans l'absolu à d'autres types de recherche, fournirait la meilleure preuve, s'il en était besoin, que les sciences humaines et sociales sont encore très loin de mériter qu'on les appelle des sciences – à supposer qu'elles le méritent jamais. Car on n'imaginerait pas que le genre d'argument mis en avant par Hymes oppose, par exemple, un spécialiste d'éthologie animale ou végétale, un anatomiste, un physiologiste, un biologiste moléculaire... Chacun mène une recherche qu'à un niveau différent l'autre reconnaît légitime, propre même à contribuer au progrès de la sienne en soulevant d'autres problèmes, en apportant d'autres informations. Nous n'avons pas encore atteint cette maturité» (Lévi-Strauss 1987:118).

Il faut noter que Hymes, comme le souligne Lévi-Strauss, s'en tient à un niveau d'analyse qui pourrait également être dépassé: «Comme moi, Hymes sait donc qu'en toute rigueur, on devrait aller plus loin que chacun de nous ne le fait. Mais comme moi aussi, il estime qu'en fonction du but particulier qu'on s'assigne, on a d'autant plus d'excuses pour fixer des bornes à l'analyse que, dans son principe, celle-ci pourrait être sans fin. Car pourquoi s'arrêterait-on aux intonations ou aux pauses? Pourquoi, en plus de l'enregistrement magnétique, n'exigerait-on pas un film qui révélerait les changements d'expression, les gestes et d'autres manifestations émotives? Et puisque celles-ci n'apparaîtraient peut-être pas toutes à l'image, ne faudrait-il pas recourir à des appareils mesurant les rythmes respiratoires et cardiaques, les variations de la pression sanguine? Dell Hymes, qui a lui aussi ses ultras [Lévi-Strauss cite Tedlock], essaye de tracer une frontière: il juge superflu de mesurer les pauses et cite même avec ironie un folkloriste de sa connaissance qui, pour déterminer leur signification employait un chronomètre.»

Ces quelques remarques posent une question fondamentale: où s'arrêter dans l'analyse des discours? Lévi-Strauss élimine manifestement un certain nombre de paramètres et se montre en cela moins complémentariste vis-à-vis d'autres chercheurs (Dell Hymes n'est toutefois pas visé) que sa comparaison initiale entre éthologie et biologie moléculaire pourrait le faire penser. Dell Hymes voit plus large, mais élimine cependant un certain nombre de facteurs qu'il considère comme non pertinents dans l'analyse du rapport forme/contenu des mythes envisagés (ce qui témoigne sans doute d'une évolution de sa réflexion sur l'analyse des situations de parole). Tedlock (l'«ultra») voit encore plus large, mais son analyse part de la récolte des données et va jusqu'à leur interprétation, ce que Lévi-Strauss ne dit pas. Et au stade où s'exprime Tedlock, un fait de toute première importance intervient: le chercheur est présent dans la situation d'énonciation et tente de la retranscrire de façon aussi riche que possible. Le problème est donc très différent de celui qui se pose à un analyste de récits récoltés par d'autres, qui se résout d'emblée à l'appauvrissement inévitable de son matériau de base et tente de retrouver une certaine densité en comparant les diverses versions, variantes et motifs qui se présentent à lui.

On pourrait également replacer la question des traits pertinents à faire intervenir impérativement lors d'une analyse de discours dans le cadre d'une lutte d'influence à l'intérieur du champ universitaire. Pour se créer une spécificité, une spécialité, un espace propre, et le faire reconnaître par la corporation, nombreux sont les chercheurs qui tentent de constituer en domaines des façons de voir ou des objets apparemment négligés par leurs collègues. Un des classiques de la rhétoriques académique est par conséquent lié à la paraphrase suivante: «les autres négligent x, ce qui représente un appauvrissement considérable, et je me suis attelé à la réparation de cette erreur monumentale pour le bien de la science». Cette pratique contribue évidemment à dynamiser le champ mais elle favorise dans certains cas la création de domaines artificiels, ou du moins la formulation d'exigences peu réalistes ou peu généralisables. Concernant les limites du domaine envisagé jusqu'ici, je renvoie notamment à l'article de Willet Kempton intitulé «The rhythmic basis of interactional micro-synchrony» ou à celui de Thomas J. Bruneau intitulé «Chronemics and the verbal-nonverbal interface», qui se trouvent tous deux dans Key (1980).

Dans ce contexte, l'appel que Lévi-Strauss lance à une complémentarité non exclusive me semble amplement justifié.

b) deuxième type de productions existant indépendamment de l'observation extérieure: les énoncés les plus stéréotypés, les plus prévisibles, liés aux échanges sociaux, incluant les salutations, les conversations formelles ou mondaines, les remerciements, les excuses, etc. Dans ce domaine, l'importance est mise moins sur le contenu des messages que sur les normes auxquelles ces contenus renvoient. Ce type de production a l'intérêt de désigner clairement l'arbitraire d'une dissociation forme/contenu qui arrêterait l'analyse au contenu référentiel des messages analysés. Expressions relativement explicites des rapports sociaux, elles désignent en effet des signifiés seconds par rapport aux discours tenus. Nombreux sont les sociolinguistes qui se sont penchés sur de telles séquences (événements de communication), dans la mesure où l'aspect social de l'interaction est dans ce cas particulièrement évident[7].

---

7 Je citerais par exemple l'article de Karl Reisman intitulé «Contrapuntal conversations in an Antiguan Village», celui d'Elinor Keenan intitulé «Norm-makers, norm-breakers: use of speech by men and women in a Malagasy community», celui de Judith T. Irvine traitant des

La sociolinguistique (au sens le plus large) est donc pour beaucoup dans la prise en compte de la structuration en profondeur de la vie sociale, pour avoir mis le doigt sur les multiples variations liées à la parole dans toute société, même la plus homogène en apparence, en fonction des personnes et des situations qu'elles vivent, et pour avoir refusé de considérer cette variabilité comme extérieure au champ de la linguistique et de l'ethnographie.

De très nombreux travaux de sociolinguistique ont été d'autre part consacrés aux contacts entre locuteurs de langues et de cultures différentes (bilinguisme, diglossie, etc.) et certains chercheurs se consacrent aujourd'hui à l'«interparole», à l'«interlangue», à l'«interculturalisme», «le long d'un axe qui joint les deux pôles idéaux d'endolingue et exolingue» (voir Alber et Py 1986). Une telle ouverture à l'«interculturel» est également de toute première importance.

Ce courant (catégorie b dans son ensemble) représente une des façons les plus riches d'aborder le domaine de l'oralité car il tente de faire surgir les spécificités de la parole sans la soumettre d'emblée à une logique textuelle, sans s'arrêter au seul contenu des énoncés, et s'intéresse au contact entre locuteurs de diverses origines. Malheureusement, les travaux en question sont parfois relativement «durs» ou «coûteux» au niveau conceptuel, ce qui explique sans doute leur influence limitée sur la production anthropologique. J'ai du reste l'impression qu'après avoir profondément marqué les années 70, leur influence est en relative régression depuis les années 80, notamment par rapport à «l'interprétation de textes» dont de nombreuses publications actuelles, y compris celle-ci, se font un point d'honneur de rendre compte.

c) les énoncés apparemment spontanés, liés à une simulation en matière d'oralité. Nous avons affaire là à une expression mixte, à une hybridation entre écrit et oral susceptible de nous renseigner sur les deux registres à la fois. Car que fait donc un acteur, si ce n'est mimer l'oral à partir de l'écrit? Et qu'en est-il des journalistes de télévision, lisant leur texte au téléprompteur[8]

«Strategies of status manipulation in the Wolof greeting», tous trois dans Bauman et Sherzer 1974, celui de S.M. Ervin-Tripp intitulé «Sociolinguistic rules of address» et celui de C.O. Frake intitulé «How to ask for a drink in Subanun», tous deux dans Pride et Holmes 1976, celui de K.H. Basso intitulé 'To give up on words': silence in Western Apache culture», celui de E.A. Schegloff intitulé «Notes on a conversational practice: formulating place» et celui de R. Brown et A. Gilman intitulé «The pronouns of power and solidarity», tous trois dans Giglioli 1979. Pour une vue synthétique sur des travaux plus récents, je renvoie à Saville-Troike 1982 et à Richards et Schmidt 1983.

8 Téléprompteur ou prompteur, de l'anglais «prompter»: appareil qui fait défiler un texte sur un écran au-dessus d'une caméra de télévision, de sorte qu'une personne puisse le lire en regardant la caméra (Robert en 10 volumes, 1985).

sur le mode de la spontanéité, des artistes de variétés parsemant leur spectacle de boutades apprises et répétées soir après soir, de l'homme politique dont les arguments sont aussi pesés que prévisibles ou du conférencier dont le show est rodé au point qu'il n'a plus besoin de ses notes pour s'en sortir? Il s'agit là de toute évidence d'une rhétorique qui n'a rien à voir avec les propos tenus dans certains contextes informels et qu'on assimile cependant fréquemment à une production spontanée.

Cette oralité colonisée par l'écriture est du reste le propre d'une époque où le rapport oral/écrit se modifie constamment[9]. Des formes nouvelles de communication basées sur le son et l'image ont partiellement remplacé la pratique de la lecture. Nombreux sont ceux qui sont confrontés à la nécessité de maîtriser ces nouvelles formes d'expression. De plus, radios locales et émissions de télévision ont redonné un sens (évidemment transposé) à l'antique «agora», ce lieu où l'on causait de la cité. De façon générale, l'éloquence est redevenue une compétence nécessaire dans un très grand nombre de contextes, créés, transposés ou répercutés par les médias (j'en veux pour preuve l'importance des dons d'acteur sur la «scène» politique).

Il conviendrait par conséquent d'accorder une certaine importance aux pratiques en question, qui pourraient être abordées dans le sens des analyses de Goffman (1973a et b, 1974, 1981) sur la ritualisation de la quotidienneté et la théâtralisation des pratiques. C'est sans doute le paramètre lié au «genre» et au «style» qui est ici saillant.

d) les énoncés spontanés liés à une pratique sociale quotidienne et informelle. Dans cette catégorie, nous aurions les productions les moins prévisibles, les plus soumises à la variation, relativement difficiles à retranscrire de façon cohérente, comme la plus grande partie des conversations «à bâtons rompus», des échanges verbaux liés au travail ou aux loisirs. Etant donné la difficulté de les cerner, de tels échanges sont généralement négligés par les «scientifiques» et mis en scène de façon plus ou moins réussie par les scénaristes, les romanciers et les cinéastes, qui trouvent par ce biais un moyen d'exprimer *leur façon* de considérer la vie «telle qu'elle est».

On aurait cependant tort d'oublier, en ethnologie, que c'est là le lieu par excellence de l'oralité, dans sa singularité et son irréductibilité. Certains linguistes s'intéressent à la variabilité en question (voir par exemple les travaux de Labov 1976), malgré les limites posées par Saussure et Chomsky, qui réservaient à la langue, au système, l'essentiel de leur énergie, et

---

9 Pour prendre le seul cas de l'informatique, où notre pratique est essentiellement écrite (clavier), un enjeu considérable découle d'une éventuelle communication avec l'ordinateur par l'intermédiaire de la voix, réalisation qui se heurte à des obstacles de taille mais qui provoquera(it) sans doute des transformations considérables.

proposaient de reléguer la parole aux confins des sciences du langage. Quant aux ethnologues, j'ai l'impression qu'ils se contentent d'assister aux échanges informels (observation) en notant parfois une expression ou une anecdote, et en portant un regard synthétique sur les scènes auxquelles ils assistent, mais qu'ils réservent aux entretiens l'essentiel de leur intérêt pour la parole de l'autre. Seuls les ethnométhodologues ont abordé le problème de front (voir Goffman 1981, Benson et Hughes 1983 ou Heritage 1984), dans la mesure où ils ont tenté de réduire au maximum l'influence de l'observateur sur son observation, en enregistrant fréquemment des dialogues sans que les intéressés le sachent (ce qui ne suffit pas à résoudre le *paradoxe de Labov*, à savoir que l'observateur «est toujours dedans»).

Une difficulté majeure, dans tous les cas entrevus jusqu'ici, est celle de la transcription de la parole. Des conventions minimales sont aujourd'hui utilisées pour simuler l'oral sous forme écrite qui conviennent à un public très large. Peu importe au plus grand nombre que le résultat constitue une réduction drastique, pour peu que la simulation soit digeste. Peu importe également que soient parfaitement différenciés les niveaux de parole et de réalités auxquels l'auteur fait référence, tant qu'on a l'impression d'assister à la situation de communication.

De fait, alors que l'oralité est colonisée par l'écrit (rhétorique du discours, du sermon, du récit, etc.), l'écrit n'a pas fait grand place aux éléments pertinents de l'expression orale: la seule pauvreté de la ponctuation en fait foi. Mais un usage non artificiel de nouvelles conventions de retranscription ne peut être envisagé que si ces formes sont peu à peu adoptées par une grande partie du corps social. En dehors d'une telle reconnaissance, il ne s'agira que d'un débat entre initiés dont l'essence s'évanouira dès que les textes passeront au grand public.

Enquêtes

J'ai considéré dans un premier temps les productions a priori indépendantes d'un questionnement extérieur et constaté que seules les plus structurées d'entre elles (a et b) avaient fait l'objet d'investigations systématiques.

Il me reste à aborder l'oralité prétexte, soit les innombrables expressions de la parole de l'autre qui proviennent d'un questionnement journalistique, sociologique, ethnologique. En prenant pour base l'idée qu'effectivement, à un moment ou un autre du processus, quelqu'un dit quelque chose à quelqu'un d'autre, il faut admettre qu'il y a bien là transformation de choses dites par certains en textes écrits par d'autres. La pratique de l'enquêteur consiste alors trop fréquemment à faire oublier ou à dissimuler le questionnement auquel il s'est livré.

Or, écrire, parler, agir au sens large, c'est désigner implicitement une perception personnelle de la réalité, consistant notamment à dévoiler ou non le niveau de discours mis en scène. Il en va ainsi des journalistes qui, comme Claude Torracinta présentant un film traitant du Jura-Sud (Temps Présent, 14.3.86), prétendent «montrer la réalité telle qu'elle est, informer aussi complètement que possible sans rien cacher de cette réalité, sans rien exagérer, mais aussi sans aucune polémique, mais en informant[10]», ou de ceux qui la construisent ouvertement pour l'observer, tel André Bercoff (alias Caton) qui acheta Bordeaux déguisé en plénipotentiaire arabe (Actuel No. 8, juin 1980), ou Günter Wallraff (1986) qui vécut durant deux ans la vie d'un travailleur turc immigré en RFA.

Il en va évidemment ainsi de tous ceux qui, par la parole, le texte ou l'image, commentent (et par là contribuent à construire) la réalité qu'ils observent. Ethnologues et sociologues ont une responsabilité toute particulière à prendre dans ce débat, puisqu'ils sont sans cesse amenés à réfléchir sur leur façon d'intervenir sur la réalité qu'ils étudient.

a) *Sondages*

Depuis quelques années, nous sommes littéralement assaillis de données chiffrées concernant les aspects les plus divers de la vie en société. Il ne se passe en effet pratiquement plus une journée sans que les médias nous livrent les résultats d'un sondage quelconque, label de scientificité à l'appui puisqu'il s'agit de chiffres et que des réponses ont bel et bien été données dans le sens qui nous est restitué. Il s'agit là d'un petit miracle consistant à réaliser en coulisses une véritable transsubstantiation de l'enquête: un amoncellement de paroles partielles et isolées est transformé en un tout cohérent et surtout chiffré, donc aisément manipulable car dépourvu des nuances qui caractérisent le discours quotidien.

Il arrive même qu'on nous administre en direct la preuve que «ça marche», les résultats de certaines votations ou de certaines élections pouvant être approchés de très près par enquête préalable. Mais si «ça marche», c'est dans le contexte d'un jeu, généralement politique, présentant lui-même de très grandes simplifications (choix binaires). On oublie surtout que le questionnement réalisé par l'enquête redouble alors le questionnement effectué parallèlement par le jeu politique. En d'autres termes, le questionnement réalisé

---

10 Paradoxale, dans cette optique, la réaction, lors du débat qui suit, d'un intervenant appartenant à la réalité dont les journalistes prétendaient avoir rendu compte aussi scrupuleusement: «dans ce film-là, moi je ne me suis pas retrouvé».

par l'enquête n'est que le reflet d'un autre questionnement (relevant du débat politique).

Nous avons ici redoublement de l'idée énoncée précédemment. Le sondage (questionnement) qui marche recoupe des questions (souvent liées à des choix) que le public se pose déjà dans les même termes *et avec une certaine acuité* indépendamment de l'enquête concernée. Nous revenons en quelque sorte à une réalité indépendante du questionnement lié à l'enquête, ce qui limite les risques d'induction. Mais il ne faut pas oublier que cette situation est exceptionnelle par rapport au nombre d'enquêtes absurdes qu'on nous propose quotidiennement et auxquelles un grand nombre de commentateurs accordent un crédit croissant, y compris des journalistes confirmés. Il devient par conséquent difficile pour le «grand public» de faire la différence entre une enquête réalisée de façon relativement rigoureuse en rapport avec une élection présidentielle et un sondage lié aux fantasmes des Suisses romands, à l'efficacité d'un dentifrice ou à des préférences en matière de programmes TV[11].

De fait, il n'y a aucune possibilité de vérification, si ce n'est par une autre enquête tout aussi invérifiable, dans toutes les situations où c'est l'enquête elle-même qui crée le questionnement de toutes pièces, où les questions posées n'ont pas été formulées par d'autres instances[12] et ne le seront jamais. Il n'y a donc aucune raison d'accorder à ce second type de questionnement la crédibilité qu'on pourrait éventuellement reconnaître au premier, qui est seul sujet à vérification immédiate (verdict des urnes, par exemple). J'espère pour ma part que certains spécialistes des sciences sociales commenceront à réagir systématiquement face aux absurdité auxquelles nous sommes confrontés quotidiennement dans ce domaine[13].

b) *Témoignages*

Il n'y a pas que les chiffres qui nous assaillent de façon croissante. En effet, au-delà de la sécheresse des sondages, nous ployons littéralement sous une avalanche d'enquêtes «hautement qualitatives» frappées du label du «vécu», qu'il s'agisse d'autobiographies directes ou indirectes, de biographies ou plus

---

11 Il est clair que ces deux types d'enquêtes sont largement (bien que de façon différenciée) constitutives de la réalité dont elles prétendent rendre compte. Mais l'étude qui parviendrait à mesurer l'influence des sondages sur la réalité sondée n'est pas prête d'aboutir (circularité).
12 Plutôt qu'une opposition entre deux types d'enquêtes, il faudrait considérer un continuum, dont les cas cités seraient les extrêmes, mais où un certain nombre de cas intermédiaires révéleraient une plus ou moins grande indépendance par rapport à un questionnement précédant et dépassant l'enquête.
13 Je me suis aperçu tardivement que Pierre Bourdieu (1987:217–224) avait consacré quelques excellentes pages au problème dans *Choses dites*.

généralement de récits faisant intervenir la mémoire et la quotidienneté. Ces documents posent problème quant à l'impression d'oralité qu'ils mettent en scène, à l'exemplarité quasi magique du témoignage recueilli et aux multiples attentes sociales auxquelles ils sont supposés répondre (voir à ce sujet Chavaz 1986, Gonseth et Maillard 1987 ainsi que l'article de Nadja Maillard dans le présent recueil).

Le rhétorique du «vécu», du «véridique», fait notamment intervenir les traits suivants, dans le domaine (auto)biographique:

1. Dans la reconstruction du récit, le narrataire (celui qui récolte l'histoire de vie) donne fréquemment à son lecteur l'illusion qu'il assiste à l'entretien, quand ce n'est pas à certains épisodes rapportés par le narrateur (celui qui se raconte), en parsemant le texte de marques d'authentification destinées à donner l'impression d'une transcription littérale du récit recueilli ou celle d'une «réalité» univoque des événements racontés.

2. La mise en scène générale du récit donne l'impression d'un «sens de l'histoire», d'une totalité cohérente: il s'agit là de l'aspect téléologique des histoires de vie, où l'après donne sens à l'avant, où le point de vue sur le passé se confond avec le déroulement de l'existence.

3. Le narrataire efface généralement le questionnement auquel il se livre au cours de la narration et endosse le «je» du récit, aménagement qui laisse cependant des traces, volontaires ou non, tout au long du texte.

4. Certains récits sont produits par collage (plus ou moins serré) d'anecdotes, de scènes pittoresques ou exemplaires et présentent un amoncellement de détails significatifs.

5. Plusieurs niveaux de discours sont juxtaposés: des dialogues, qui font vivant et direct, des discours rapportés, des descriptions, des réflexions, des jugements, à travers lesquels l'impression d'un «je» unique sera cependant le plus souvent conservée.

6. Parlant prétendument par la bouche de son informateur, le narrataire a tendance à revendiquer une sorte d'émique de fait, derrière lequel disparaîtraient ses propres catégories; celles-ci ressurgissent cependant en filigrane, au gré des thèmes abordés.

7. Les différents narrataires tentent tous à leur niveau de restituer une part de l'expression propre à leur informateur (tournures régionales ou populaires, expressions locales, termes indigènes, etc.).

8. A partir du récit individuel qu'ils auront recueilli, la plupart des narrataires tenteront, de façon plus ou moins légitime, de proposer un certain nombre de généralisations (typifications). Il convient d'être très attentif aux justifications données dans le cas précis et de s'interroger sur leur validité.

De fait, l'existence vécue est à l'histoire de vie ce que la culture d'un groupe social est à la monographie: un ensemble de représentations à ce point complexe qu'il est hors de question d'en faire la paraphrase ou la traduction, mais à partir duquel un certain nombre de questions précises peuvent être posées, permettant de formuler une interprétation plausible de cette complexité.

Les obstacles qui guettent le narrataire sont donc dans les deux cas liés aux critères qui lui feront privilégier tel ou tel matériau et agencer l'ensemble ainsi retenu en un tout harmonieux. Pour peu qu'il efface ensuite une bonne partie des traces de son travail de sélection et d'interprétation, le résultat obtenu court le risque de n'être qu'un travestissement plus ou moins digeste de la réalité appréhendée et un enchevêtrement maladroit des différents niveaux logiques ayant contribué à construire son objet.

Un autre problème de l'enquête biographique, c'est l'impossibilité d'observer et de participer au sens strict, si ce n'est celui d'observer et de participer à une situation de discours dont le contenu est plus large que ce qui a été énoncé. On a sans doute trop tendance à assimiler la situation d'enquête à une situation d'observation participante, ce qu'elle n'est que dans un sens minimal.

Des chiffres et des témoignages, pourrait-on dire en considérant nos deux derniers points (a et b), dont le succès complémentaire est symptomatique. On pourrait en effet penser que les excès des uns ne sont pas étrangers au succès des autres, que la sécheresse des sondages favorise le ruissellement des confessions. Mais s'agit-il d'équilibration ou plutôt d'une tension impossible à penser et à résoudre entre deux visions du monde largement contradictoires? Le fait est que ces deux visions du monde coexistent au premier rang des discours produits sur la société. A leur manière, ils désignent une lacune des discours sociologique et ethnologique qui leur sont sous-jacents, ceux-ci n'étant pas encore parvenus à proposer une alternative qui soit susceptible de les mettre en cause ou de les relativiser auprès du grand public.

c) *Ethno-sociologies*

Il existe évidemment d'autres types d'enquêtes, dont je ne ferai pas l'inventaire, qu'on pourrait dire intermédiaires, du moins dans l'esprit. Telle est en particulier la tentative de certains chercheurs qui construisent leurs questionnaires ou leurs grilles d'entretien après préenquête. Encore faut-il que celle-ci ne soit pas que prétexte permettant de projeter sur la prétendue parole de l'autre (réponses au premier questionnement) les a priori de l'enquêteur habillés par ses informateurs et de les réutiliser par la suite sous ce déguisement comme s'ils avaient été énoncés spontanément. Ce type de questionnement permet fréquemment de vérifier les plus gros stéréotypes, sans qu'il soit possible de savoir qui les a mis dans la bouche de qui. Encore faut-il également que le chercheur ne sacrifie pas à une séparation des tâches qui l'amènerait à travailler sur des matériaux récoltés et retranscrits par d'autres. La part la plus précieuse de l'interaction disparaît dans ce cas, et seul reste la trace d'un filet de voix, à partir de laquelle tout contenu est susceptible de se dissoudre. Car le contenu premier et fondamental d'une enquête relève de la relation entre deux interlocuteurs, l'enquêteur et son informateur, et dépend de leur position respective par rapport à l'ensemble des enjeux intervenant dans la situation qui les réunit.

Comme dans le cas du recueil de récits structurés, tous les enquêteurs sont concernés par la retranscription des données qu'ils récoltent, que celle-ci provienne de la capture d'une parole isolée dans une colonne précédée, de notes prises de façon plus ou moins rapide et complète ou d'enregistrements au magnétophone, voire au magnétoscope. Il est très rare que l'enquêteur, qu'il soit journaliste ou ethnologue, tienne compte d'un ensemble de paramètres comparable à celui dont tiennent compte les linguistes ou les ethnographes de la communication. Il serait cependant souhaitable qu'un minimum de renseignements soient relevés dans chaque cas, quitte à les intégrer de façon très peu formalisée dans le compterendu final, comme espace réservé à l'intuition et à l'honnêteté de celui qui a construit l'enquête (réflexivité qu'appellent bon nombre de jeunes ethnologues, j'y ferai allusion en fin de travail).

d) *ethno-sciences*

Une partie des enquêtes ethnologiques se fondent sur l'établissement des catégories pertinentes pour les sujets rencontrés (primat de l'émique). Pour autant qu'elles aient été correctement recueillies, ces données ont pour avantage d'être en grande partie structurées par l'informateur, puisqu'elles dépendent de sa façon de découper sa propre réalité. L'ethnologue intervient cependant de façon prépondérante dans la production des catégories en question: elles sont le plus souvent inconsciemment utilisées par les gens qu'il rencontre (ou, ce qui revient au même, ils les considèrent comme des données d'évidence), et sont (re)constituées au cours d'une relation d'enquête dont l'ethnologue est le metteur en scène.

Dans le cas du domaine que j'effleure ici, nous n'avons plus affaire à des «paroles», mais plutôt à des éléments d'un système cognitif. Le problème principal sera donc de resituer l'information recueillie par rapport à une collectivité (quelle est la représentativité de l'exemple choisi) et par rapport à une pratique (quelle est la «vérité» du dire par rapport au faire).

Porte-parole

Après avoir entrevu un certain nombre de domaines contrastés, liés à des exigences diverses et constituant le territoire de l'oralité, je vais m'interroger brièvement sur le sens qu'on pourrait donner au qualificatif de «porte-parole».

L'ethnographe(-logue) est un intermédiaire, un traducteur culturel, un «go-between». Son sens premier, il le trouve dans une mise à disposition pour un public de culture A (hétérogène) de matériaux concernant des individus de culture B (hétérogène), attendu que la différence entre A et B est suffisante pour que la traduction ou le compte-rendu suscite un intérêt ou une demande.

Porte-parole ne signifie pas seulement «go-between» culturel. Il y a derrière ce terme une seconde attribution consistant à ne pas en rester à la langue, au système normatif et prédictif, mais à s'intéresser également aux manifestations concrètes et par certains côtés plus fragiles de la parole sociale. Etre porte-parole signifierait dans ce sens s'intéresser à la variabilité, à la singularité, en partant du point de vue que les domaines en question sont également structurés. Le porte-parole serait alors à considérer pour son rapport particulier avec l'existence et l'expression de ceux qu'il écoute et dont il se fait le représentant.

«Porter la parole» fait d'autre part au moins autant référence à la théologie qu'à l'ethnologie. Et peut-être conviendrait-il de s'interroger au passage sur les rapports explicites et implicites qu'entretiennent ces deux disciplines. L'une portait la parole (écrite) là-bas, l'autre rapportait la parole (retranscrite) de là-bas. Ce faisant, la première s'est aperçu qu'elle devait tenir compte de la logique locale, et la seconde s'est rendue compte qu'elle avait peine à s'extraire de sa propre logique. De plus, sur le terrain, les rapports entre missionnaires et ethnologues se sont davantage apparentés à ceux de frères ennemis, voire de proches collaborateurs, qu'à ceux de rivaux résolus (voir notamment Barley 1983: 28–36). Nombreux sont du reste les missionnaires auxquels on attribue aujourd'hui les mérites d'une paléo-ethnographie, quand ils n'ont pas, comme Maurice Leenhardt, passé d'une corporation à une autre. Et pour conclure cet aparté, on pourrait se demander si les ethnologues ne sont pas insensiblement devenus les prêtres d'un monde laïcisé, vu les innombrables questions (généralement sans réponse) auxquelles leur discipline les confronte aujourd'hui et l'atmosphère de sacré qui s'attache à leurs pratiques et à leurs institutions. Keesing (1985: 201–202) va jusqu'à poser la question suivante: «Have we ethnographers acted as theologians to create nonexistent theologies? (...) Part of the danger of cultural theology lies precisely in our proclivity to find the most gifted or knowlegeable folk philosopher and to elevate what may be a personal synthesis or extrapolation to the realm of 'cultural symbols'».

D'un autre côté, le porte-parole n'a de sens que si la parole ne passe pas toute seule, que si celui qui parle ne désire pas, ne parvient pas ou n'est pas autorisé à s'exprimer là où l'on transmet ses propos. D'où la vocation apparemment spontanée et désintéressée de nombreux ethnologues pour l'étude de ceux qui n'ont apparemment pas «droit à la parole», qu'ils soient artisans, routards ou délinquants, cette seule démarche étant du reste garante d'une certaine originalité par rapport aux discours généralement tenus dans le milieu universitaire. J'ai moi-même vécu ma première recherche ethnologique sur ce mode, sans du reste m'en être rendu compte consciemment (Gonseth 1982). Les problèmes qui découlent d'une telle attitude sont délicats et ne peuvent en aucun cas être résolus par de simple déclarations de bonnes intentions (du type «j'ai voulu donner la parole aux damnés de la terre»). En effet, ce serait faire peu de cas des stratégies du chercheur lui-même, des attentes de son public et des enjeux symboliques que la reconnaissance de l'un par l'autre est susceptible de susciter au travers de la parole des exclus. Car comme l'a souligné Pierre Bourdieu (1975:5 sqq.) et Philippe Lejeune (1980:267), les privés de parole *sont parlés* par ceux qui la leur donnent.

Redoublement dans le domaine de l'enquête du «comment taire» évoqué précédemment, un autre paramètre est à prendre en compte: il ne convient pas tant de faire circuler les paroles «telles qu'elles ont été transmises» que de faire apparaître dans l'analyse le sens qu'elles ont en profondeur. Bien des discours renvoient à un sens totalement différent de ce qui est apparemment énoncé. Encore faut-il, pour parvenir à réinterpréter correctement les propos tenus, que les chercheurs soient conscients du rôle qu'on leur fait jouer sur le lieu de leur enquête et de la façon dont leurs interlocuteurs se mettent en représentation, se dédouanent ou se rassurent à leur contact, ce qui demande du temps et une très grande attention à tous les paramètres liés à la situation d'entretien.

Porte-plume: réalisme et réflexité

Comme je le suggérais au début de ce texte, une difficulté majeure de notre rapport à l'oral provient du fait que le porte-parole devra, à un moment ou un autre du processus de connaissance et de mise en circulation de cette connaissance, se métamorphoser en «porte-plume»[14], puisque le texte est le

---

14 Le fait de désigner un humain par le biais d'un objet peut paraître surprenant. J'associe cependant à l'image le double sens de «porteur de plume pour écrire» et de «porteur de plume pour commander ou se distinguer d'un autre porteur de plume» (cf. l'exposition du Musée d'ethnographie de Genève, 1985, sur «L'art de la plume»).

canal privilégié permettant cette circulation. D'où les recherches récentes sur l'aspect proprement textuel de la production ethnographique (voir notamment Marcus 1982, Marcus et Cushman 1982, Tedlock 1982, 1985, Rabinow 1985a et b, Circourel 1985).

On devrait également relever au passage l'inscription de l'auteur dans une institution dont le discours est largement codifié, haut-lieu du texte et de la rhétorique, dont les lois tacites s'exercent en profondeur sur toutes les productions intellectuelles qu'elle accueille. Car l'apprentissage universitaire est également l'apprentissage d'une manière de dire et d'écrire, à commencer par celle qui nous permet de franchir les étapes de notre cursus, puis à nous affranchir d'une partie des tics que nous avons intégrés au passage sans nous en être rendu compte, et donc sans avoir pu les mettre en question, comme il en avait déjà été lors de notre éducation au sens large.

De fait, au positivisme confiant des premiers pas de la discipline a succédé une période de doute à la fois sur les méthodes et sur la façon d'exposer et d'expliciter les résultats. Très grossièrement, indépendamment de ceux qui plaident pour un retour pur et simple à un positivisme musclé, certains (dont Gardin, cité par Grize 1980) pensent que le fait de consacrer davantage de temps à discuter de méthode qu'à établir des résultats consacre le statut finalement non scientifique des sciences de l'homme; d'autres se réjouissent que les termes d'épistémologie, d'herméneutique et de réflexivité aient (re)pris le devant de la scène ethnologique (voir par exemple Fisher et Werner 1978, Keesing 1985, Ruby 1982, Sperber 1982, Tedlock 1982).

Un dénominateur commun à toutes les analyses de discours que j'ai mentionnées, c'est l'importance de la position de l'observateur et d'une bonne restitution des multiples déterminants agissant sur la situation d'énonciation. Il s'agit là des ingrédients indispensables pour que soit assuré un minimum de réflexivité et l'on voit mal comment on pourrait ne pas discuter de méthode à ce niveau.

Par contre, en poussant la logique de la réflexivité à l'absurde, le chercheur devrait en arriver à proposer sa propre histoire de vie au début ou au cours de tout travail d'analyse et s'arrêter sur ses moindres états d'âme et autres problèmes d'insertion (voir Rose 1982 pour un exemple-limite). Il n'en est évidemment pas question, bien que, de cas en cas, la publication d'un journal de terrain puisse être du plus haut intérêt (voir le *Journal* de Malinowski 1985).

En fin de compte, il en est du chercheur comme de la situation d'enquête. Une inévitable simplification se produit par le fait des priorités que poursuit l'un à travers l'autre. Il n'y aurait ni parole sociale ni textes ethnographiques sans ce besoin et cette aptitude fondamentaux de réduire la complexité à des domaines maîtrisables, ne serait-ce que temporairement, besoin et aptitude que l'anthropologue partage avec les sujets qu'il rencontre.

Le réalisme que cette position implique ne devrait cependant pas empêcher l'enquêteur d'atteindre un niveau de compréhension du social qui dépasse l'analyse littérale de ce qui est énoncé.

> ...du silence, une page blanche, des notes griffonnées sur un carnet, une transcription, une revue, un bouquin,...du silence?

Résumé

Je prends ici pour objet de réflexion les rapports que *l'écrit* entretient avec *l'oral* dans la tradition (les *textes*) ethno*graphique(s)* et propose un découpage du domaine fondé sur l'idée de *questionnement*.

Le propre de l'oral, c'est d'être vécu en situation, de façon rituelle, et de s'enrichir d'un grand nombre de dimensions qui fondent la complexité de la vie en groupe. Ainsi, l'oralité au sens plein serait à considérer dans son contexte dramaturgique, théâtral, et non à travers ses seules transcriptions linguistiques (plus ou moins élaborées).

Le propre du texte est de réduire considérablement cette complexité et de la projeter sur un autre plan, de telle manière qu'un certain message puisse circuler aisément. L'élimination du «bruit» (tout ce qui dépasse et enrichit le contenu explicite de la communication) dépend alors des règles de retranscription communément admises au niveau où l'on entend s'exprimer. Tel sociolinguiste tentera de retenir des traits contextuels assez fins, tel romancier s'efforcera de recréer une certaine épaisseur dramatique à partir des perceptions de ses personnages, tel journaliste s'en tiendra aux propos tenus, en pondérant parfois, grâce à son intuition, dans le sens d'une plus ou moins grande conviction, d'une plus ou moins grande transparence. Quant aux ethnologues...

Bibliographie

J'ai consulté chacun des ouvrages ou des articles mentionnés ici mais n'en ai fait intervenir qu'une partie dans mon travail. Je donne cependant l'ensemble des sources en question dans la mesure où chacune entretient un rapport direct avec le sujet traité et qu'elles sont toutes accessibles à l'Université de Neuchâtel, entre la bibliothèque du Séminaire de linguistique et celle de l'Institut d'ethnologie. Je ne prétends évidemment pas avoir fait le tour du sujet pour autant.

ALBER Jean-Luc et PY Bernard, 1986. «Vers un modèle exolingue de la communication interculturelle: interparole, coopération et conversation». *Etudes de linguistique appliquée* No. 61, p. 78–90.

ARDENER Edwin, 1971. *Social anthropology and language.* London [etc.]: Tavistock publications, 318 p.

BARLEY Nigel, 1983. *The innocent anthropologist: notes from a mud hut.* London: British Museum Publications, 189 p.

BARTHES Roland, 1957. *Mythologies.* Paris: Seuil, 247 p. (Collection Points).

BAUMAN Richard, 1975. «Verbal art as performance». *American Anthropologist* 77 (1), p. 290–311.

BAUMAN Richard et SHERZER Joel (eds.), 1974. *Explorations in the ethnography of speaking.* Cambridge: Cambridge University Press, 501 p.

BENSON Douglas et HUGUES John A., 1983. *The perspective of ethnomethodology.* London and New York: Longman, 205 p.

BOURDIEU Pierre, 1975. «Le fétichisme de la langue». *Actes de la Recherche en Sciences sociales* (Paris) 4, p. 2–32.

– 1987. *Choses dites.* Paris: Minuit, 230 p.

CHAVAZ Martine, 1986. *Récits de vies: qui parle à qui, et pourquoi?* Neuchâtel: Institut d'ethnologie, 31 p. [Travail de séminaire].

CICOUREL Aaron V., 1985. «Text and discourse». *Annual Review of Anthropology* 14, p. 159–185.

CLIFFORD James, 1980. «Fieldwork, reciprocity and the making of ethnographic texts: the example of Maurice Leenhardt». *Man* 15 (3), p. 518–532.

– 1981. «On ethnographic surrealism». *Comparative studies in society and history* 23 (4), p. 529–564.

– 1982. *Person and myth: Maurice Leenhardt in the Melanesian world.* Berkeley: University of California Press, 270 p.

– 1983a. «De l'autorité en ethnographie». *L'Ethnographie* (Paris) 90/92, p. 87–118.

- 1983b. «Power and dialogue in ethnography: Marcel Griaule's initiation», *in:* STOCKING Jr., George W. (ed.), *Observers observed: essays on ethnographic fieldwork.* London: The University of Wisconsin Press, 242 p. (History of Anthropology, volume 1).
- 1985. «De l'ethnographie comme fiction: Conrad et Malinowski». *Etudes rurales* (Paris) 97–98, p. 47–67.

CLIFFORD James et MARCUS George E., 1985. «The making of ethnographic texts: a preliminary report». *Current anthropology* (Chicaco) 26 (2), p. 267–271.

CLIFFORD James et MARCUS George E. (eds.), 1986. *Writing culture: the poetics and politics of ethnography.* Berkeley: University of California Press, 304 p. [28 pages de bibliographie].

CRAPANZANO Vincent, 1977. «The writing of ethnography». *Dialectical Anthropology* 2, p. 69–73.

DELFENDAHL Bernard, 1973. *Le clair et l'obscur.* Paris: Anthropos, 218 p.

DIKI-KIDIRI Marcel, 1983. «Réflexions sur la graphématique». *Cahiers d'Etudes africaines* XXIII (1–2), 89–90, p. 169–174.

DREDGE C. Paul, 1976. «Social rules of speech in Korean: the views of a comic strip character». *Korea Journal* 16 (1), p. 4–14.

DWYER Kevin, 1979. «The dialogic of ethnology». *Dialectical anthropology* 4 (3), p. 205–224.

ELIAS Norbert, 1985. «Remarques sur le commérage». *Actes de la Recherche en Sciences Sociales* (Paris) 60, p. 23–30.

ERVIN-TRIPP Susan M., 1972. «Sociolinguistic rules of address», in: Pride J. B. et Holmes J. (eds.), *Sociolinguistics.* Harmondsworth: Penguin Books, p. 225–240.

FERGUSON Charles A. et HEATH Shirley Brice (eds.), 1981. *Language in the USA.* Cambridge [etc.]: Cambridge University Press, 592 p.

FERNANDEZ James W., 1985. «Exploded worlds: text as metaphor for ethnography (and vice versa)». *Dialectical anthropology* 10 (1–2), p. 15–26.

FISHER Lawrence E. et WERNER Oswald, 1978. «Explaining explanation: tension in American anthropology». *Journal of anthropological research* 34 (2), 194–218.

FREEMAN Derek, 1983. *Margaret Mead and Samoa: the making and unmaking of an anthropological myth.* Cambridge [etc.]: Harvard University Press, 379 p.

GEERTZ Clifford C., 1983. *Bali: interprétation d'une culture.* Paris: Gallimard, 255 p.

GENETTE Gérard, 1966. *Figures I.* Paris: Seuil, 265 p. (Collection Points).

GIGLIOLI Pier Paolo (ed.)., 1979. *Language and social context: selected readings*. Harmondsworth: Penguin Books, 399 p. [1ère édition: 1972]

GILMORE David, 1978. «Varieties of gossip in a spanish rural community» *Ethnology* (Pittsburgh) XVII (1), p. 89–99.

GOFFMANN Erving, 1973a. *La mise en scène de la vie quotidienne 1: la présentation de soi*. Paris: Minuit, 251 p.
- 1973b. *La mise en scène de la vie quotidienne 2: les relations en public*. Paris: Minuit, 372 p.
- 1974. *Frame analysis: an essay on the organization of experience*. New York [etc.]: Harper and Row, 586 p. [voir surtout p. 496–586].
- 1981. *Forms of talk*. Philadelphia: University of Pennsylvania Press, 335 p.

GONSETH Marc-Olivier, 1982. *Routes et autres voies: approche ethnologique du voyage marginal*. Neuchâtel: Institut d'ethnologie, 134 p. (Recherches et travaux de l'Institut d'ethnologie No. 2).

GONSETH Marc-Olivier et MAILLARD Nadja, 1987. «L'approche biographique en ethnologie: Points de vue critiques», *in:* INSTITUT D'ETHNOLOGIE DE L'UNIVERSITE, Neuchâtel, (Recherches et travaux de l'Institut d'ethnologie No. 7) et MAISON DES SCIENCES DE L'HOMME, Paris, *Histoires de vie: approche pluridisciplinaire*.

GOODY Jack, 1979. *La raison graphique*. Paris: Minuit, 274 p.
- 1980. «Les chemins du savoir oral». *Critique* XXXVI, No. 394, p. 189–196.
- 1986. *La logique de l'écriture: aux origines des sociétés humaines*. Paris: Armand Colin, 197 p.

GRIZE Jean-Blaise, 1980. «Un point de vue sémiologique sur l'explication». *Travaux du Centre de recherches sémiologiques* 36, p. 1–17.

GUMPERZ John J., 1971. *Language in social groups*. Stanford (California): Stanford University Press, 350 p.
- 1982a. *Discourse strategies*. Cambridge [etc.]: Cambridge University Press, 225 p. (Studies in Interactional Socioliguistics 1. 8 pages de bibliographie).

GUMPERZ John J. (ed.), 1982b. *Language and social identity*. Cambridge [etc.]: Cambridge University Press, 270 p. (Studies in Interactional Sociolinguistics 2; 10 pages de bibliographie).

GUMPERZ John J. et HYMES Dell (eds.), 1972. *Directions in sociolinguistics: the ethnography of communication*. New York [etc.]: Holt, Rinehart and Winston, 598 p.

HANDELMAN Don, 1973. «Gossip in encouters: the transmission of information in a bounded social setting». *Man* (London) 8 (2), p. 210–227.

HERITAGE John, 1984. *Garfinkel and ethnomethodology.* Cambridge: Polity Press, 336 p.

HYMES Dell (ed.), 1964. *Language in culture and society: a reader in linguistics and anthropology:* New York [etc.]: Harper & Row, 764 p.

- 1985. «Language, memory, and selective peformance: Cultee's 'Salmon's myth' as twice told to Boas». *Journal of American Folklore* 98 (390), p. 391-434.
- 1986. «Anthropology and poetry». *Dialectical Anthropology* 11 (2-4): p. 407-410.

JACOPIN Pierre-Yves, 1981. *La parole générative de la mythologie des Indiens Yukuna.* Neuchâtel: l'Université, 392 p.

KEESING Roger M., 1972. «Paradigms lost: the new ethnography and the new linguistics», *in: The Bobbs-Merrill reprint series in Anthropology* (Indianapolis) A-499, p. 299-332.

- 1985. «Conventional metaphors and anthropological metaphysics: the problematic of cultural translation». *Journal of Anthropological Research* (Albuquerque) 41 (2), p. 201-219.

KEY Mary Ritchie (ed.)., 1980. *The relationship of verbal and nonverbal communication.* The Hague [etc.]: Mouton, 388 p.

LABOV William, 1976. *Sociolinguistique.* Paris: Minuit, 458 p. (Le sens commun).

LEACH Jerry W. et LEACH Edmund (eds.)., 1983. *The kula: new perspectives on Massim exchange.* Cambridge [etc.]: Cambridge University Press, 577 p.

LEJEUNE Philippe, 1980. *Je est un autre: l'autobiographie de la littérature aux médias.* Paris: Seuil, 332 p.

- 1985. «Ethnologie et littérature: Gaston Lucas, serrurier». *Etudes rurales* (Paris) 97-98, p. 69-83.

LEON Monique, 1973. «Le système de salutations en milieu intra-familial rural dans la région de Chinon». *Ethnologie française* III, 3-4, p. 389-346.

LEVI-STRAUSS Claude, 1964. *Mythologiques 1: Le cru et le cuit.* Paris: Plon, 402 p.

- 1987. «De la Fidélité au texte». *L'Homme* (Paris) XXVIII (1), No. 101, p. 117-140.

MALINOWSKI Bronislaw, 1985. *Journal d'ethnographe.* Paris: Seuil, 301 p.

MARCUS George E., 1982. «Rhetoric and the ethnographic genre in anthropological research», *in:* RUBY Jay (ed.), *A crack in the mirror: reflexive perspectives in anthropology.* Philadelphia: University of Pennsylvania Press, 277 p.

MARCUS George E. et CUSHMAN Dick, 1982. «Ethnographies as texts». *Annual Review in Anthropology* 11, p. 25–69.

PRATTIS J. Iain, 1985. «Anthropological poetics: reflections on a new perspective». *Dialectical anthropology* 10 (1–2), p. 107–118.

PRIDE John B., 1971. *The social meaning of language*. London: Oxford University Press, 124 p.

PRIDE John B. et HOLMES Janet (eds.), 1976. *Sociolinguistics*. Harmonsworth: Penguin Education, 381 p. [1ère édition: 1972]

RABINOW Paul, 1983. «'Facts are a word of God': an essay review of James Clifford's 'Person and myth: Maurice Leenhardt in the Melanesian world'» *in:* STOCKING Jr., George W. (ed.), *Observers observed: essays on ethnographic fieldwork*. London: The University of Wisconsin Press, 242 p. (History of Anthropology, volume 1).

– 1985a. «Discourse and power: on the limits of ethnographic texts». *Dialectical anthropology* 10 (1–2), p. 1–14.

– 1985b. «Fantasia dans la bibliothèque. Les représentations sont des faits sociaux: modernité et post-modernité en anthropologie». *Etudes rurales* 97–98, p. 91–114.

RICHARDS C. et SCHMIDT Richard W. (eds.), 1983. *Language and communication*. London and New York: Longman, 276 p. [17 pages de bibliographie].

ROSE Dan, 1982. «Occasions and forms of anthropological experience», *in:* RUBY Jay (ed.), *A crack in the mirror: reflexive perspectives in anthropology*. Philadelphia: University of Pennsylvania Press, 299 p.

RUBY Jay (ed.), 1982. *A crack in the mirror: reflexive perspectives in anthropology*. Philadelphia: University of Pennsylfania Press, 299 p.

RUELLAND Suzanne, 1981. «De l'oral à l'écriture: analyse d'une transcription de conte par un locuteur de la langue», *in: Itinérances... en pays peul et ailleurs II,* p. 137–162. Paris: Société des Africanistes, 398 p.

RUSHFORTH Scott, 1981. «Speaking to 'relatives-through-marriage': aspects of communication among the Bear Lake Athapaskans». *Journal of anthropological research* (Albuquerque) 37 (1), p. 28–45.

SANCHES Mary et BLOUNT Ben G., 1975. *Sociocultural dimensions of language use*. New York [etc.]: Academic Press, 404 p.

SAVILLE-TROIKE Muriel, 1982. *The ethnography of communication: an introduction*. Oxford: Basil Blackwell, 290 p. (Language in Society 3. 30 pages de bibliographie).

SAYAD Abdelmalek, 1985. «Du message oral au message sur cassette, la communication avec l'absent». *Actes de la Recherche en Sciences Sociales* (Paris) No. 59, p. 61–72.

SHANKMAN Paul, 1985. «Gourmet anthropology: the interpretive menu». *Reviews in Anthropology* 12 (3), p. 241–248.

SHERZER Joel, 1970. «La parole chez les Abipone: pour une ethnographie de la parole». *L'Homme* (Paris) X (1), p. 40–76.

– 1983. *Kuna ways of speaking: an ethnographic perspective.* Austin: University of Texas Press, 260 p.

SILVERMAN Sydel (ed.), 1981. *Totems and teachers: perspectives on the history of anthropology.* New York: Columbia University Press, 322 p.

SPERBER Dan, 1982. *Le savoir des anthropologues.* Paris: Hermann, 141 p.

STOCKING Jr., George W. (ed.), 1983. *Observers observed: essays on ethnographic fieldwork.* London: The University of Wisconsin Press, 242 p. (History of Anthropology, volume 1).

– 1984. *Functionalism historicized: essays on British social anthropology.* London: The University of Wisconsin Press, 244 p. [History of Anthropology, volume 2].

TEDLOCK Dennis, 1982. «Anthropological hermeneutics and the problem of alphabetic literacy, *in:* RUBY Jack (ed.), *A crack in the mirror: reflexive perspectives in anthropology.* Philadelphia: University of Pennsylvania Press, 299 p.

– 1983. *The spoken word and the work of interpretation.* Philadelphia: University of Prennsylvania Press, 365 p.

URBAN Greg, 1986. «Ceremonial dialogues in South America». *American Anthropologist* 88 (2), p. 371–386.

WALLRAFF Günter, 1986. *Tête de Turc.* Paris: Editions de la Découverte, 307 p.

WINKIN Yves, 1986. «George W. Stocking, Jr. et l'histoire de l'anthropologie». *Actes de la Recherche en Sciences Sociales* (Paris), No. 64, p. 81–84.

WOOLARD Kathryn A., 1985. «Language variation and cultural hegemony: toward an integration of sociolinguistic and social theory». *American ethnologist* 12 (4), p. 738–748.

Nadja Maillard

«C'est fort comme la vie, ça a la couleur de la vie, mais ça n'est pas la vie»: réflexions sur le phénomène biographique

> *Chacun souffre à l'idée de disparaître sans avoir été ni vu ni entendu dans un univers indifférent et veut, pendant qu'il en est encore temps, se changer en univers de mots.*
>
> M. Kundera, Le livre du rire et de l'oubli, 1980

Notre intérêt pour le phénomène biographique – toutes tendances confondues[1] – a été suscité, paradoxalement, par une impression d'impossibilité du récit de vie, cette impossibilité étant essentiellement due à l'illusion du discours réaliste et de la restitution du «réel».

Ces quinze dernières années ont vu les vitrines des librairies se transformer en véritables galeries de portraits. Si écrire et publier le récit de sa vie a longtemps été l'apanage des classes dominantes, depuis les années septante, des «anonymes» sont venus se joindre au cortège des «vedettes» sous des formes diverses: autobiographies, mémoires, confessions, récits à deux voix, etc. Le phénomène a produit un boum éditorial autant qu'il en était le produit. Ainsi, si l'on se réfère aux divers sondages du journal Le Monde sur les goûts des lecteurs «le public en redemande. Les chiffres sont là. Les achats de 'vie' ont dépassé, ces derniers mois, ceux des livres d'histoire et des policiers. Ils approchent les records des romans sentimentaux. Les vieux lecteurs apaisent ainsi leur nostalgie; les jeunes, tout aussi preneurs, étanchent leur soif d'authentique» (Poirot Delpech 1985b: 1).

La collecte des récits de vie s'est développée simultanément dans deux domaines principaux, celui de l'édition et du journalisme, et celui des sciences humaines. Dans l'absolu, les démarches diffèrent: pour les journa-

---

1 Nous n'établissons pas de distinction entre l'autobiographie comme genre littéraire et le récit de vie d'une part, entre le récit de vie écrit par le modèle lui-même et le récit sollicité (et souvent rédigé) par l'enquêteur à la suite d'entretiens enregistrés. Ce qui nous intéresse ici, ce sont les processus de production et de consommation d'un bien culturel d'un genre spécifique: «la vie» mise par écrit. Ainsi, dans la suite du texte, le terme récit de vie est à prendre dans son sens large, générique.

listes et les écrivains elle est une fin, pour les «scientifiques» elle est un moyen d'investigation; une certaine confusion vient de ce que les deux démarches peuvent aboutir à des publications qui se ressemblent (nous verrons que cette position double et ambiguë n'est pas dénuée d'intérêt). Si la méthode de la collecte de documents oraux est depuis longtemps une des techniques de base de l'ethnographie, ce n'est qu'à partir du début du XXème siècle qu'ethnologues et sociologues se sont mis à la pratiquer systématiquement. Les historiens ont commencé à y recourir plus récemment; de leur côté, les psychologues et les psychanalystes y ont trouvé une voie d'approche à la personnalité, les linguistes y ont vu un lieu d'analyse privilégié et les littéraires y ont reconnu un genre spécifique[2].

Pour comprendre le fait de société que représentent les récits de vie, pour interpréter leur avènement et leur consécration, il faut dépasser le simple constat d'existence et analyser leur pratique et leurs fonctions sociales. Les récits de vie constituent un type particulier de la communication sociale, ils ne transmettent pas seulement de l'information mais ils «mettent en présence» des interlocuteurs. Leur émergence et leur développement signalent une évolution du rapport au texte et de la conception du réel; leur sens et leur portée découlent, outre de leur contenu, des modèles dont ils s'inspirent et de ceux qu'ils proposent ainsi que de la place particulière qu'ils occupent dans «la rhétorique du réel».

A quoi tiennent ce regain d'intérêt, cet engouement pour les récits de vie? Quelles données culturelles et idéologiques expliquent leur importance actuelle? D'où vient l'intérêt que leur portent aussi bien le grand public, certaines disciplines des sciences sociales, que des représentants de la littérature, du journalisme ou de l'édition? Autant de questions qui méritent une mise au point à la lumière des écrits théoriques et critiques qui ont accompagné le phénomène biographique lui-même[3].

Si les raisons de ce phénomène sont multiples, il est possible de les regrouper en deux catégories principales: d'un côté des raisons socio-culturelles, de l'autre des raisons relevant du jeu des interactions médias-public-édition.

---

2 Pour l'historique de l'utilisation de la méthode biographique par les sciences sociales, nous renvoyons à Langness (1965), Langness et Gelya (1981), Morin (1980), ainsi qu'à Gonseth et Maillard (1987).
3 L'expression «phénomène biographique» recouvre en fait deux aspects: d'une part la «biorrhée» (besoin de dire/écrire sa vie), d'autre part la «biophagie» (consommation des récits de vie).

A la recherche du temps passé

«Au cours de l'ère giscardienne, on a pu assister à l'effacement progressif de grands systèmes idéologiques, d'interprétations globales de la réalité et de l'histoire. On a pu voir émerger parallèlement, des perspectives à la fois régionalistes et individualistes sur le monde. C'est le retour (...) aux délices de la subjectivité après le structuralisme des années soixante» (Cohen-Solal 1983:136). Le phénomène biographique doit être, en effet, relié à un mouvement plus englobant qui est apparu – a culminé et décliné – dans les années septante et a été rétrospectivement appelé (non sans quelque connotation ironiquo-critique) le néo-ruralisme. Dans ces «années charnières (...) où l'on prend conscience que l'on quitte définitivement tout un monde, celui de la France rurale, avec ses activités, son calendrier, ses types de relations» (Elegoët et Bonnain 1978:339), les instances politiques, les médias et le grand public manifestèrent un intérêt accru pour toutes les formes (rurales d'abord, ouvrières ensuite) du passé national; en France se répandait la notion trouble de «France profonde», et 1980 fut l'année du patrimoine. Parallèlement, on assista au développement de mouvements régionalistes qui s'efforcèrent de tirer de l'oubli, de collectionner coutumes, chansons et autres objets anciens. La collecte des récits de vie s'imposa alors et apparut comme l'un des moyens privilégiés de cette réappropriation des traditions et des diverses manifestations du patrimoine culturel, se situant entre une ethnologie de sauvetage et un intérêt nationalo-rétrospectif fonctionnant essentiellement sur l'idéalisation du passé[4].

Cet engouement généralisé pour le passé a des motivations multiples: pour les classes moyennes, il y a recherche des «racines» (notion floue dans laquelle interviennent divers sentiments: nostalgie, culpabilité, dépaysement), pour les militants des mouvements ouvriers, il y a volonté de redonner la parole «à ceux qui ne l'ont jamais eue». Par le recueil de récits de vie, diverses associations – passéistes, folkloristes – ont cru pouvoir «faire prendre en main par les intéressés eux-mêmes leur mémoire» (Lejeune 1980:271), les faire autogérer leur «fonds souvenirs», leur «capital traditions»!

La boulimie pour les récits de vie de «gens simples» relève d'une recherche d'un vécu «hors écriture», d'une sacralisation et d'une re-création imaginaire d'une société rurale ancienne et participe d'un éloge de la rusticité d'autant plus chère qu'elle est en train de disparaître. La plupart des récits de vie

---

[4] Les thèmes «néo-ruralisme», «conservation du patrimoine», etc., ont suscité une abondante littérature qu'il n'est pas lieu de présenter ici. On consultera avec profit: Autrement (1978), Bourdin (1984), Noiriel (1986).

transmettent, en effet, un certain art de vivre axé sur la simplicité (allant parfois jusqu'à l'abnégation), ils enseignent les vertus du courage quotidien, de la résignation, de la valeur des petits événements, ils prêchent une vieille sagesse d'endurance, d'optimisme aux classes urbaines. «La nostalgie pousse à recueillir tous les vestiges d'une civilisation en train de disparaître, c'est la motivation des 'Archives orales de la France' qui, désirant fixer l'image de la 'France que nous venons de quitter', se sont exclusivement consacrées à recueillir des autobiographies d'ouvriers, d'artisans, de paysans (...) Et la curiosité pousse à explorer une civilisation inconnue au sein même de notre société» (Lejeune 1980:268–269). La notion d'un exotisme narratif dans le récit de vie (les vies d'un paysan, d'un artisan sont aussi étrangères à ceux qui les lisent que les «us et coutumes» des Papous du Haut Sépik) est intéressante, elle est attestée aussi bien dans les textes (souvent critiques) des ethnologues que dans ceux (plutôt apologétiques) des publicitaires. Dans les années septante, alors que cette vogue de «l'autobiographie en sabots» avait pris une coloration nettement passéiste et régionaliste, la publication du *Cheval d'orgueil* de Pierre Jakez Hélias et «l'opération *Terre humaine*» faisaient dire à Fanch Elegoët et à Rolande Bonnain qu'on passait «d'un exotisme extérieur, lointain, à un exotisme de l'intérieur où la distance était apportée à la fois par le passé et le milieu» (1978:339). Et Claude Karnoouh de surenchérir: «depuis quelques années, il suffit que le titre d'un livre en appelle au passé mystérieux des campagnes, à la dextérité de l'artisan, aux joyeuses ripailles des fêtes populaires, aux frissons des mauvais sorts pour éveiller l'intérêt du public et les louanges aveugles de la critique. Les tirages surprennent, on les croyait réservés aux romans populaires des halls de gare. L'hagiographie de vieillards aux vies de labeur se vend bien; les pseudo-monographies folkloriques supplantent la mode déjà usée de l'exotisme tropical: les paysans ont remplacé les 'sauvages à plumes'» (1978:94). La jaquette de l'ouvrage d'Adélaïde Blasquez, *Gaston Lucas serrurier,* affirme quant à elle que ce livre «nous propose une étude ethnologique appliquée à un de ces hommes en bleus que le cloisonnement de nos sociétés rend aussi étrangers à leurs compatriotes en col blanc qu'un indien Guayaki ou un paysan d'Anatolie».

La mémoire singulière ou collective constitue une forme paticulière du patrimoine, elle fait l'objet d'une demande, de la part du grand public et des «scientifiques», d'autant plus forte que l'obsolescence de l'objet est rapide. Nous laisserons à Philippe Lejeune le mot de la fin pour ce chapitre: «...la collecte des récits de vie porte par définition sur un passé plus ou moins lointain (...), elle cerne une mémoire coupée de l'action et du présent. Elle sert moins à réactiver les mécanismes de transmission d'une tradition à l'intérieur d'un même milieu, qu'à la dériver et l'annexer au profit d'une écoute d'un autre milieu. Elle fait partie d'un vaste transfert collectif de mémoire» (1980:270).

Phénomène éditorial et littérature de consommation

La mode des récits de vie «est un signe qu'on est tenté de rapprocher d'autres signes, dans les domaines les plus variés: le développement de l'interview, la prolifération du document vécu et l'étonnante inflation, ces dernières années, dans la littérature de type classique, des textes autobiographiques ou d'inspiration autobiographique» (Lejeune 1980:315)[5]. Mais si l'offre peut exister et se développer c'est qu'elle correspond à une demande, demande dressée et entretenue par le mode de personnalisation outrancier que les médias (radio, télévision, presse écrite) imposent à tous les messages qu'ils diffusent, qu'il s'agisse de politique, de sport, de publicité ou de littérature: consommation (forcée?) de vies (de prodiges ou d'inconnus) à longueur d'antenne, nécrologies à tous les repas, reportages sur le vif, face à face par écrans interposés. Cette omniprésence de plus en plus marquée n'agit pas seulement sur le grand public mais également sur le milieu éditorial[6]. Ainsi, les grandes maisons d'édition françaises se sont empressées d'anticiper et d'exploiter cette nouvelle demande en créant des collections spéciales («Vécu» chez Laffront, «La mémoire du peuple» chez Jean-Pierre Delarge, «La vie des hommes» chez Stock, «La France des profondeurs» aux Presses de la renaissance, «Actes et mémoires du peuple» chez Maspero, «Témoins» chez Gallimard, etc.) dont certains titres sont devenus des best-sellers. Dans un article datant de 1977, Pierre Bourdieu a analysé, entre autres, le rôle de l'éditeur dans le cycle de consécration d'un ouvrage et de son auteur. Il en ressort que l'éditeur (ou le directeur de collection) occupent une place stratégique dans le marché des biens culturels, qu'ils ne sont pas de simples agents de transmission mais détiennent un grand pouvoir décisionnel: ils ont souvent l'initiative d'un livre[7] et prennent une responsabilité dans sa produc-

---

5 Il est en effet intéressant de noter que «même» certains piliers du Nouveau roman ont cédé à la tentation autobiographique: Robbe Grillet (1985), Sarraute (1983). Cette réinjection du sujet dans le récit que le Nouveau roman voulait supprimer n'a pas laissé les critiques indifférents; voici par exemple ce que Poirot Delpech dit de Robbe Grillet: «...que le champion de la littérature sans adjectif ni métaphore, sans Dieu ni Homme, sans conscience ni sens, se mette, après trente ans d'ascétisme conséquent, à raconter sa vie, ses aïeux, ses boucles d'enfant, ses tartes chaudes, ses genoux écorchés, bref qu'il rechute dans la vieille envie humaniste d'ordonner sa mémoire et le monde, qu'il aille de son *Moi-je*, de ses *Mots*, ...il y a de quoi se perdre de dépit...» (1985a:20). Philippe Lejeune, spécialiste renommé de l'autobiographie, qui a littéralement démonté les mécanismes du récit de vie dans *Je est un autre* (1980), a lui-même publié avec son père, Michel Lejeune, *Calicot*, mémoires de son arrière-grand-père, modeste employé dans le Paris du XIXe siècle (1984).
6 Dans *Le pouvoir intellectuel en France* (1979), Régis Debray avait déjà analysé le phénomène et créé à cet effet le néologisme de «médiocratie», illustré par les journalistes Hamon et Rotman dans leur enquête sur les Intellocrates.
7 Un exemple récent: les *Mémoires* d'Alec Guiness commandités par les éditions Hamish Hamilton.

tion et dans sa forme mêmes. Outre l'étude de marché, ils déterminent les créneaux à exploiter et sont en quelque sorte des entrepreneurs qui suivent (ou devancent) la demande du public et agencent de quoi la satisfaire. Ajusté à une demande repérable (à travers sondages, etc.) et doté de circuits de commercialisation et de procédés de faire-valoir appropriés (publicité, émissions TV, relations publiques, etc.), le livre est au centre d'un vaste réseau d'interactions qui met en présence trois instances principales; voici ce qu'en dit Pierre Bourdieu: «l'ajustement entre l'auteur et l'éditeur et ensuite entre le livre et le public est ainsi le résultat d'une série de choix qui font tous intervenir l'image de marque de l'éditeur: c'est en fonction de cette image que les auteurs choisissent l'éditeur, qui les choisit en fonction de l'image qu'il a lui-même de sa maison, et les lecteurs font aussi intervenir dans leur choix d'un auteur l'image qu'ils ont de l'éditeur...» (1977:22).

Graphomanie

Il est impossible de traiter du phénomène biographique sans aborder la question de l'explosion éditoriale et de la littérature de consommation.

Dans «Les lettres perdues», une des nouvelles du *Livre du rire et de l'oubli*, Milan Kundera stigmatise la graphomanie (fait d'écrire non pour soi mais pour un public d'inconnus) qui pousse actuellement n'importe qui à vouloir écrire, publier et diffuser son «vécu»: «...et le jour (qui est proche) où tout homme s'éveillera écrivain, le temps sera venu de la surdité et de l'incompréhension universelles (...). L'isolement général engendre la graphomanie, et la graphomanie généralisée renforce et aggrave à son tour l'isolement universel. L'invention de la presse à imprimer a jadis permis aux hommes de se comprendre mutuellement. A l'ère de la graphomanie universelle, le fait d'écrire prend un sens opposé: chacun s'entoure de ses propres signes comme d'un mur de miroirs qui ne laisse filtrer aucune voix du dehors» (1984:110, 125).

Ces propos acerbes et désenchantés résument pourtant un phénomène social réel: «depuis une décennie, les récits de vie se multiplient, ils fusent de partout, ils inondent l'écriture» dit Claude Abastado (1983:5). On raconte, on (s')écrit, on fait parler: maieutique ou industrie? L'idée s'impose que toutes les vies se valent et sont bonnes à dire. On apprend même aux gens à l'écrire[8]. Cette offre encourage la transformation de l'autobiographie en

---

8 Voir l'analyse que Lejeune (1982) fait d'une vingtaine d'ouvrages de provenances diverses (USA, GB, F) tous destinés à enseigner aux gens à faire le récit de leur vie.

véritable phénomène de masse: «devenez ainsi propriétaire de votre vie! Chacun est convié à l'accession de la propriété individuelle de sa vie, à construire un pavillon d'écriture sur son petit lopin d'existence» (Lejeune 1980:177) Pour une certaine catégorie de personnes, écrire sa vie semble constituer une étape obligée du vedettariat: «A peine vedette, Jean-Luc Lahaye a déjà publié son livre (...). Cette autobiographie a été vendue, comme son dernier album (...), à plus de 300 000 exemplaires»[9] (Claude Fléouter, *Le Monde* 10 janv. 1985). Les gens du spectacle, du monde politique, sont particulièrement (auto)biographiables, non pas tant à cause de leurs vies prétendument photogéniques, mais à cause de l'intérêt fondé sur la croyance du public d'être admis dans leur intimité[10], et cela non plus seulement à l'âge de la retraite, mais à leur zénith, à mi-vie: «pour griller les confrères, les éditeurs font portraiturer les stars potentielles de demain, l'esprit loto gagne l'édition» (Poirot-Delpech 1985:1). Finalement, chacun de nous est un livre qui s'ignore et il suffirait d'un déclic pour que notre existence se déploie en écriture.

Un genre hybride

Le récit de vie occupe une position d'entre-deux dans l'ordre de la parole: entre ethnologie et littérature. C'est un produit mixte qui emprunte principalement ses éléments à deux modes de pensée, à deux méthodes: l'approche anthropologique d'une part, l'approche journalistique ou romanesque d'autre part. Cette situation ambiguë a une efficacité publicitaire largement exploitée: «pour attester qu'un récit de vie est authentique, (préfaciers et critiques) le présentent comme un document et l'opposent à la littérature; pour faire valoir son intérêt, ils l'assimilent aux grands textes littéraires» (Abastado 1983:15). Le plus efficace consistant à dire les deux à la fois; ainsi *Les enfants de Sanchez* d'Oscar Lewis se présentent-ils comme «une œuvre profondément émouvante où la violence, la souffrance, la cruauté côtoient la bonté, le courage la gaité. Par sa vision *spontanée* d'un certain milieu de

---

9 Même si ces ouvrages ont mauvaise presse auprès d'une certaine élite littéraire et éditoriale (celle-là même qui cherche à nier la dimension commerciale inhérente à toute entreprise culturelle); ils sont qualifiés de «non-livres», de «bouquins rapidement ficelés...vendus comme des boîtes de cassoulet» (Pierre Lepape, *Le Monde* 13 déc. 1985).
10 Cette curiosité vaguement fétichiste mêlée d'un certain voyeurisme signale la croyance dans l'existence de personnes que leur pouvoir charismatique transforme en «héros», dans la sphère desquels on aimerait entrer par «confidences» interposées.

Mexico, par son exactitude, cet ouvrage *scientifique* d'une grande tenue *littéraire* a sans doute inauguré l'ère du 'roman-vérité'» (dos de l'ouvrage, souligné par nous). Où s'arrête le témoignage, où commence la fiction? Selon Abastado, c'est cette ambiguïté même qui «modèle et consacre le genre» (1983:11). A notre sens, le débat pour savoir lequel des deux langages est le plus «vrai» repose sur une illusion: illusion de pouvoir distinguer une littérature qui joue sur l'intuition, la créativité, se pare des charmes de l'art et des sciences sociales qui comparent, s'effacent devant leur objet jusqu'à disparaître. Désormais, les frontières s'estompent, les genres se mêlent, les sujets et les façons d'écrire ne peuvent plus se définir par des distinctions disciplinaires (seules les méthodes peuvent y parvenir). Il y a par conséquent, au niveau du produit fini, un flou total autour de l'écriture: ce sont bien les mêmes mots, les mêmes tournures syntaxiques, les mêmes effets de style et de présentation qu'utilisent romanciers et praticiens des sciences sociales. A moins de réduire celles-ci au seul langage des chiffres et des statistiques, elles auront toujours recours à la rhétorique, à la nécessité d'être comprises du lecteur – et pourquoi pas? – de lui plaire? Comment, dès lors qu'on écrit, échapper au piège des mots. Finalement, le terme même de «récit de vie» porte en lui les limites du genre: il n'est pas la vie mais récit *sur* la vie; c'est son apparence de réalité qui fait sa puissance de suggestion.

De l'encadrement

Le récit de vie ne se présente pas seul, il est paré, justifié, par sa situation éditoriale, par une iconographie plus ou moins abondante, encadré par tout un discours d'escorte (textes d'appuis sous forme de préfaces, postfaces, extraits du dossier de presse, lettres prestigieuses, etc.). Ces textes sont en fait le lieu où s'opère un renversement intéressant dans la relation d'enquête, bien exprimé par Lejeune lorsqu'il dit: «en changeant de place dans le discours devenu texte, l'enquêteur change la direction, le lieu et le mode de sa médiation. Pendant l'enquête il représentait le public en s'adressant au modèle. Maintenant il se retourne pour faire face au public, et s'adresse à lui en se faisant l'interprète du modèle, ou plutôt du couple qu'ils ont tous deux formés. Il était avec son modèle dans une situation de dialogue alterné, dans un même plan de communication même si la situation n'était pas égale. Le voici dans une situation non réciproque» (1980:304). Dans le nouveau circuit de communication où le livre s'engage, il convient de ne pas mélanger les rôles.

Le nom de la collection où paraît le récit de vie constitue à lui-seul un label de garantie et une direction de lecture[11]. Le nom du modèle apparaît généralement dans le titre, souvent accompagné de sa profession, il y est éventuellement déjà situé géographiquement. Quelques photographies attestent que le personnage a bel et bien existé, contribuent à l'effet *Canada dry* (voir plus loin), authentifient par avance le récit et renforcent l'intérêt captatif pour sa forme personnalisée.

Les textes d'appui appartiennent à un genre codé dont il est possible de dégager quelques thèmes récurrents: relative discrétion sur l'enquêteur lui-même, mise en scène de sa relation avec le modèle, brève description des procédures d'enquête, scrupules, etc. Mais s'ils présentent l'enquêteur-médiateur, c'est avant tout pour faire valoir sa compétence «scientifique», son implication affective dans «l'aventure», et non pour traiter de questions méthodologiques (telles que les conditions matérielles de la production du récit, les interactions entre le modèle et lui-même et leur rôle dans les processus d'élaboration du récit, etc.) ou éthiques (les conséquences de son ingérence dans la vie d'un autre, de qui le récit est-il la propriété, etc.). Parmi ces textes, la préface[12] occupe une place particulière, son rôle est triple: «elle a d'abord une fonction de pacte 'référentiel' (le modèle existe, je lui ai parlé), 'autobiographique' (à travers mon écoute et ma retranscription, c'est bien à vous public, qu'il acceptait de parler), et 'ethnographique' (il n'appartient pas au monde de l'écriture)» (Lejeune 1980:306). Elle décrit la rencontre[13], l'amitié nouée, le respect mutuel, en bref tous les traits qui garantissent la véracité des propos à venir. Elle a aussi pour fonction «d'induire des effets de lecture, d'expliciter par avance les sens qu'on a voulu produire (...). Le texte est lu d'avance: programmation et auto-publicité» (Lejeune 1980:306).

---

11 Voici, par exemple, comment se présente la collection *Témoins:* «Entre le journalisme et l'essai, entre le reportage et l'étude, entre l'enquête et l'analyse, *Témoins* réunit des ouvrages hors série où les grands problèmes d'aujourd'hui apparaissent sous un angle inattendu. Tantôt ce sont des documents bruts: mémoires, interviews, enregistrements au magnétophone (...). Tantôt des récits qui livrent, encore toute chaude, l'expérience toute crue (sic) de l'auteur...»
12 Voir a ce sujet l'article de Idt (1977:77).
13 Cette rencontre peut-être due à diverses raisons: au hasard («en 1959, je me suis installé à Saint-Loup; nous sommes devenus amis. Pendant les heures de billard ou de chasse, je découvrais quelques passages de la vie de «Phraïm», Alain Prévost, préface de *Grenadou, paysan français);* à des circonstances dramatiques («il a fallu que survienne, dans l'existence de Gaston Lucas, un drame auquel je me suis trouvée mêlée (...) pour que s'établisse entre nous le lien dont nous n'osions rêver...», Adélaïde Blasquez, préface de *Gaston Lucas, serrurier)* ou encore à une confiance réciproque appelant les confidences («Nous avions commencé ces entretiens (...) vers l'été 1974, un peu pour nous amuser, sans véritable cohérence. L'idée de les rassembler en volume n'est venu que plus tard», Marie-Magdeleine Brumagne, préface de *La poudre de sourire).*

Dans la préface, il est fréquent que l'on dresse un rapide portrait moral du modèle: «dans cette vallée où les paysans sont des gens admirablement civilisés (...) les femmes surtout, ont des réserves de sagesse et de malice que Marie possédait au plus haut degré. Elle avait aussi des réserves de ténacité, de courage, nées d'un sens aigu de la juste révolte contre les oppressions, d'où qu'elles viennent et qu'elle portait en elle depuis son enfance» (Marie-Magdeleine Brumagne, préface de *La poudre de sourire*). Portrait dont le message implicite est de signifier que le récit sera à la mesure de ce caractère et qu'il comportera les mêmes qualités.

Fréquemment, la préface n'est pas rédigée par l'enquêteur lui-même mais par une personne célèbre – écrivain, historien, ethnologue, etc. – dont la «présence» est, aux yeux du lecteur, à la fois porteuse et garante de la qualité de l'œuvre. Des lettres peuvent fonctionner comme caution prestigieuse (par exemple les lettres de Marguerite Yourcenar jointes à la préface de *La poudre de sourire),* quelques données générales sur le contexte historique ou social peuvent donner au récit une sorte d'investiture scientifique. Dans l'ordre de la production et de la transmission des biens culturels, seule une personne «consacrée» peut faire autorité, peut proclamer la valeur du modèle et de son récit et surtout «engager (...) son prestige en sa faveur agissant en 'banquier symbolique' qui offre en garantie tout le capital symbolique qu'il a accumulé» (Bourdieu 1977:6).

Cette présentation protéiforme du modèle renforce l'impression réaliste (par la superposition de deux images qui coïncident: la personne qui transparaît dans le texte ressemble à celle décrite dans l'hors-texte), suscite la curiosité biographique du lecteur et provoque son investissement imaginaire dans l'existence d'un autre.

A l'autre bout de la mémoire du modèle[14] il y a une attente, et c'est certainement dans l'adéquation entre ce que le récit de vie offre et ce que le public demande que réside le succès éditorial du genre. Mais au fond, qu'est-ce qui pousse un lecteur à consommer la vie d'un autre? Ses diverses motivations sont placées, à plusieurs titres, sous le signe de la quête: d'un interlocuteur et d'une identification, d'un enracinement, du «réel».

---

14 Je reprends à dessein, et dans toute son ambiguïté sémantique, le terme utilisé par Lejeune (1980) pour désigner l'informateur et, dans le cas d'un récit écrit, le rédacteur.

Des mots pour se (re)connaître

Dans la lecture d'un récit de vie, il y a la volonté d'établir un dialogue indirect et silencieux, de nouer des liens invisibles, ou, comme l'affirmait Romain Rolland à qui l'on demandait pouquoi il lisait: «Je lis pour trouver un interlocuteur. C'est apparemment la réponse d'un ruminant solitaire dont la vie n'est depuis des années qu'un long monologue. Mais n'en sommes-nous pas tous là? Et chacun se cherchant, aux prises avec l'énigme de sa propre solitude, va plus ou moins consciemment vers l'interlocuteur qui lui ressemble, en qui il puisse se 'lire'» (Cité par Josyane Savigneau dans *Le Monde* 19 oct. 1984, p. 27).

Dans la citation ci-dessus, Romain Rolland introduit, en parlant «d'un interlocuteur qui lui ressemble», un paramètre important pour le lecteur d'un récit de vie. Le phénomène biographique trouve l'une de ses origines dans des processus identificatoires complexes: les propos du modèle entrent en résonnance avec le désir du lecteur, il s'établit une sorte de rapport spéculaire. Par le récit, le lecteur accède à un monde et à des personnages à la fois inconnus et familiers par lesquels il peut s'identifier, en quelque sorte, à des archétypes immémoriaux. Cette identification, que nous pourrions appeler profonde, est possible parce qu'elle passe par une identification superficielle à des personnages assez actifs, assez porteurs de sens pour que se déclenche le mécanisme. Le récit de vie, si l'expérience du modèle est «bien» rendue, s'il permet à l'imagination de re-créer des situations, des mentalités, un «monde», produit des structures signifiantes qui balisent l'itinéraire qu'empruntera le désir d'identification du lecteur. Mais cette adhésion est trompeuse, comme l'attestent les propos de Lejeune: «plus nous entrons intimément dans la perspective de l'autre, plus elle nous devient, comme à lui-même, à la fois évidente et impensable (...). A quoi se combine l'impensé propre à notre imaginaire: l'identification suppose une relative méconnaissance de ses propres mécanismes, des contrastes et des compensations par lesquels nous structurons notre identité. L'évocation du 'vécu' produit un effet d'émotion et de présence qui enrichit notre expérience imaginaire, mais pas forcément notre compréhension réelle du monde, de l'autre, de nous» (1980:308–309).

L'élément moteur de l'identification n'est pas le modèle en tant que tel. Son ancrage véritable serait plutôt la valeur immuable qui peut s'incarner en lui. Le «moi» dépeint n'est pas une figure unique: le modèle est socialement typé, il appartient à un groupe (reconnu ou non), mais son itinéraire a valeur d'exemple (phénomène qui trouve une sorte d'amplification dans la distinction que constitue le fait d'être d'abord «choisi», puis publié). Le lecteur oscille sans cesse entre la lecture d'une expérience individuelle et l'impression d'une expérience commune à tous, universelle.

Ainsi se trouve reposée l'opposition «exemplarité – série». Car l'adéquation entre l'offre du récit et l'attente du lecteur repose sur un paradoxe: «pour qu'un récit captive, il faut qu'il présente des personnages et des événements d'exception; pour qu'il soit exemplaire, il faut que les personnages fassent songer à tout un chacun, que l'histoire soit quotidienne. Toute la rhétorique des récits de vie et les propos des préfaciers tentent de surmonter ou de nier cette contradiction» (Abastado 1983:8). Ainsi, dans l'avant-propos de *Grenadou, paysan français,* Alain Prévost écrit: «Ephraïm est un paysan exceptionnel parce qu'il aime les arbres. Il est un être exceptionnel parce qu'il est heureux. Son histoire est pourtant exemplaire. Comme lui des millions de paysans...» (1966:7).

Les «modestes héros» (voire les «anti-héros») des récits de vie sont des individus sans importance, mais on croit les connaître depuis toujours. Ils sont d'un autre temps, d'un autre milieu, et c'est le dépaysement du lecteur qui les rend exemplaires, son engouement qui lui donne l'impression de s'approprier ce qu'ils donnent en représentation. Entre l'image du bébé sur son coussin et le masque du même sur son lit d'agonie, la vie est tissée de micro-événements; joies, malheurs, deuils, mariages, imprévus prévisibles, dans lesquels le lecteur retrouve sa propre expérience: «la stéréotypie est une condition nécessaire à l'exemplarité» (Abastado 1983:8). Et cette stéréotypie est de règle pour que les faits aient d'emblée une signification; on relève ainsi une sorte de parcours obligé des situations attendues: naissance, enfance pauvre, scolarité souvent interrompue prématurément, difficultés économiques, travail, apprentissage, éducation sentimentale, mariages, deuils apparaissent, lorsque les lectures se multiplient, comme autant de *topoi.* La banalité des événements crée une impression de «déjà vu» et authentifie le récit. Il s'agit moins, pour le récit de vie, d'être authentique qu'authentifiable, nous y reviendrons.

Cette impression de vie reproductible à l'infini explique peut-être le malaise et le mouvement de recul de Philippe Lejeune à la lecture des ouvrages de type 'la vie mode d'emploi': «si j'écris ma vie, c'est pour construire mon identité, ou léguer une expérience singulière. Or ces manuels, tout en me persuadant vigoureusement, dès les premières pages, de l'unicité de mon expérience, reposent en fait sur deux postulats: l'auteur du manuel sait déjà dans quel cadre se situe mon unicité, et il connaît les moyens qui me permettront de la communiquer. Des deux côtés je suis instantanément ramené à la généralité, et à cette évidence que mon unicité est un fait de série (...). Ouvrir [ces manuels], c'est comme entrer dans un magasin de confection, se soumettre à une sorte de bodygraph. Ma vie y est écrite d'avance» (1982:171). Le prêt-à-porter de la mémoire en somme.

Les personnages des récits de vie ont eu «une vie comme toutes les autres», néanmoins cette ressemblance n'est pas donnée à lire comme une répétition, mais sous la forme idéal(isé)e de *l'individu typique,* plus «comme les autres» que les autres, car de manière unique! La juxtaposition de récits de vie multicentrés (ou récits de vie croisés[15]), si elle a une valeur méthodologique et heuristique indéniable, aura de fortes chances de briser l'écran identificatoire, d'arracher le lecteur à l'illusion d'individualité exemplaire et de la lui faire envisager comme un fait de série. «Des vies en série sont aussi tristes que des rangées de tombes» (Lejeune 1980:310), un ensemble de récits de vie rappelle en effet d'autres lieux ou la vie de chacun est sériée et n'apparaît plus que comme une variation sur un thème connu et commun.

Un autre élément concourt à créer cette impression de «déjà vu». Les personnes qui ont recueilli des documents biographiques ont en effet noté l'existence, chez les modèles, de scénarios, de portraits robots en quelque sorte, qui orientent à la fois le contenu et le sens du récit. S'il est évident que l'ordre des questions agit sur celui du récit[16], ce dernier est également déterminé par divers modèles de parole et d'écriture, lesquels vectorisent, souvent sans qu'il s'en aperçoive, les propos du narrateur, offrent un plan de vie qui contribue à donner au déroulement de l'existence une clarté qu'elle n'avait pas forcément pour l'intéressé lui-même mais dans laquelle il se reconnaît, et à la narration un aspect unifié[17]. De plus, chacun apprend à s'identifier, de façon plus ou moins précise, selon une conception du «moi» artificielle et souvent en fonction de normes sociales reconnues et intériorisées; le récit devient alors le reflet d'une histoire convenue, conforme à une mémoire officielle (celle de la classe sociale, du milieu, du parti, de l'idéologie dominante, etc.). Il est donc temps de rompre avec l'idée de spontanéité, de liberté totale du modèle face au matériau de ses souvenirs, d'écriture libérée.

Racines

Pour le lecteur, le récit de vie fonctionne comme signe magique d'un enracinement fictif qu'il croit possible par l'achat d'un passé, par l'appropriation d'une histoire rurale pensée comme modèle des relations entre les gens, entre les gens et la nature, par la reconnaissance feinte des témoins d'un univers social en train de disparaître. Dans ce sens lire, pour les membres des classes moyennes, est une manière de récupérer un passé dont ils se sentent

---

15 Voir à ce sujet Poirier et Clapier-Valladon (1980).
16 Sans parler des problèmes inhérents à la relation inégale enquêteur-informateur où demander est déjà induire, où répondre est souvent se conformer à une attente. Le récit se modèle ainsi dans le jeu des questions et des réponses, avec ses ruses, ses séductions, ses pièges.
17 Voir Abastado (1983:14).

dépossédés par les conditions de vies urbaines, de se «donner une mémoire et une tradition substitutives» (Lejeune 1980:272), de trouver les traces d'une antériorité sécurisante face à l'opacité du présent. Plusieurs auteurs s'accordent pour dire que la «littérature en sabots» est un objet dont le sens est reconstruit par des attitudes culturelles de groupes sociaux n'ayant pas les mêmes critères de valorisation que les ruraux; ainsi Lejeune déclare que «celui à qui l'on demande de se souvenir devant le magnétophone ne se rend pas compte que l'écoute de sa mémoire obéit à une autre stratégie que sa mémoire à lui» (1980:274). La grande ardeur déployée tous azimuts par les généalogistes (amateurs ou non) relève, à notre sens, de la même volonté. La généalogie (par des actes notariés, des tableaux d'ascendance, etc.), le récit de vie (par les souvenirs d'un autre) évoquent – et permettent d'accéder à – un univers que l'on croit reconnaître, dans lequel on peut situer une origine, un terroir dont on serait l'héritier, où il est possible de se projeter.

L'effet Canada dry

«C'est fort comme l'alcool, ça a la couleur de l'alcool, mais ça n'est pas de l'alcool». – Cette publicité pour une boisson gazeuse nous a fourni à la fois l'occasion d'un titre (moyennant quelques aménagements) et une manière de qualifier une dimension fondamentale du phénomène (auto)biographique. Le récit de vie médiatise un monde qui ressemble à s'y méprendre au «vrai», le neutralise afin de conserver, dans sa texture, un élément essentiel pour que cette transmission soit possible: la lisibilité. Sa lecture s'opère sur le mode de la confiance: ce qui est en jeu ici, ce n'est ni la crédulité du lecteur, ni la puissance du leurre, du trompe l'œil, mais la force de l'autorité attachée à la figure de «l'auteur» (modèle et/ou enquêteur)[18]. L'effet de réel est un effet de maîtrise. Le lecteur se constitue 'prisonnier volontaire' d'une histoire où le narrateur (qui par définition connaît les faits à l'avance), par la construc-

---

18 Voir à ce sujet l'extrait du texte d'Anthony Powell cité par Mintz (1979:18). Qui est l'auteur? Si dans une autobiographie classique il est souvent impératif de cacher l'existence d'un «nègre», dans le récit de vie «à deux voix» il peut être nécessaire de garantir (à diverses fins) que le modèle n'a rien écrit. Selon Lejeune, le doute n'est pas permis, l'enquêteur est l'auteur du livre: «il en a eu l'initiative, le récit collecté réalise son projet à lui, et non celui du modèle, il en est le maître d'œuvre, il en est finalement le signataire et le garant par rapport au nouveau circuit de communication (scientifique ou littéraire)» (1980:266). En poussant le raisonnement plus loin, on peut se demander quelle est la part de 'pygmalionisme' dans cette écriture en collaboration; il n'est pas impossible que l'enquêteur soit, en fin de compte, le créateur du récit *et* du modèle.

tion du récit, par des effets structuraux et formels – retours en arrière, insistances, leitmotivs, etc. – agit comme une sorte de guide.

Dans le compte-rendu d'un colloque consacré au phénomène biographique, Frédéric Gaussen esquisse (jusqu'à la caricature) la croyance générale à l'égard des récits de vie, reprenant, non sans une certaine dérision, les formules du marketing éditorial (en l'occurence lui-même inspiré du discours 'bio' prônant une vie saine, proche de la nature, etc.): «face à l'apprêt de l'écrit, à la raideur des chiffres, le récit de vie a l'attrait du spontané, du discours naturel. S'effaçant derrière le magnétophone, l'intervieweur reçoit un produit brut, sauvage: une confidence sans intermédiaire. Le récit de vie est un produit garanti naturel, non trafiqué. Il échappe à la pollution de la théorie ou de la littérature. Il vient à point contenter une époque qui se dit saturée d'idéologie» *(Le Monde* 14 février 1982, p. 3). On pense en effet retrouver, dans le discours du «vécu», des valeurs d'oralité que l'écriture aurait perdues: absence d'artifice, sincérité totale, adéquation sans médiation au réel; ce que le public consomme, dit Lejeune, «c'est la forme personnelle d'un discours assumé par une personne *réelle,* responsable de son écriture comme elle l'est de sa vie. On consomme du 'sujet' plein, qu'on veut croire *vrai»;* et Lejeune de conclure que «l'autobiographie est une nouvelle, immense et vide, rhétorique de la première personne (...). D'ailleurs, plus les médias coupent la communication directe plus ils la restituent sous la forme de leurre et d'image (...). De sorte qu'au terme de cette feinte personnalisation, 'je' a chance de ne plus être personne...» (1980:245 et 316, souligné par nous).

Le récit de vie ne transmet pas une expérience brute mais une sélection d'événements, une reconstitution élaborée; une fois arrangé, monté[19], il clôt une portion de «réalité, la circonscrit entre un début et une fin, en fait ainsi une sorte d'îlot, d'enclave de sens au sein de la totalité non maîtrisable de l'existence. On pourrait à la limite le qualifier d'hyperréaliste dans la mesure où tout ce qu'il présente est peut-être «vrai», mais où cette impression de réalité est un suprême effet de l'art.

L'effet *Canada dry* est possible parce que le récit est autojustificatif, autolégitimant; la preuve qu'il fournit de son existence est aussi celle de la

---

19 Le modèle (mais le plus souvent l'enquêteur) a toujours en vue la construction d'un ordre du récit (pour plusieurs raisons, notamment une meilleure lisibilité) à partir d'éléments qui sont autant de pièces d'un puzzle qu'il faudrait reconstituer – en postulant un modèle virtuel idéal – et dont ces éléments seraient les indices épars et mélangés. Par le montage, on obtient une continuité, une linéarité artificielles du «vécu». On note que plus la transposition est poussée, plus l'effet de «réel» est marqué. Cette mise en ordre, en vue d'obtenir une totalité cohérente, s'opère généralement ou selon un axe chronologique (qui fait croire à une perspective unifiée de l'existence) ou selon un axe thématique (plus près de l'ordre de la mémoire qui procède par associations d'idées, présente des discontinuités, etc.).

véracité des événements qu'il relate. La narration rend présent, vrai, crédible à cause de ce qu'il y a en elle d'affirmation incontournable, à cause de sa nature de discours catégorique et péremptoire[20]. Est-ce parce que tout cet «affirmatif» est en fin de compte source de certitude qu'il donne sens, et par là même, consistance et solidité au réel, en lui fournissant en quelque sorte la possibilité de s'auto-éconcer? Sans doute, cette donation de sens, cette vision d'une réalité structurée, ne font-elles que renforcer, prolonger notre propre volonté de mise en ordre dans l'opacité et la complexité de l'existence. Si *Je, est un autre* compte parmi les meilleures analyses du phénomène biographique, c'est que son auteur, rompu à la critique littéraire et habitué à traiter le texte comme tel, a précisément fait subir le même traitement aux récits de vie, brisant l'idée qu'il fallait y voir une tranche de vie. Si, du côté des publicitaires, la prétention réaliste revendiquée dans toute entreprise de type (auto)biographique est mensongère, du côté du public, la quête d'un discours pur, censé restituer intégralement la personnalité de celui qui l'a produit est, quant à elle, parfaitement illusoire.

«Lisez, ceci est ma vie»

«Je forme une entreprise qui n'eut jamais d'exemple, et dont l'exécution n'aura point d'imitateur»; la phrase initiale des *Confessions* de Rousseau paraît hasardeuse lorsque l'on considère la prolifération actuelle des récits de vie. Qu'est-ce qui pousse quelqu'un à vouloir dire ou écrire sa vie, à se raconter à un enquêteur? Dans sa préface à *Pipes de terre, pipes de porcelaine,* Luc Weibel propose la réponse suivante: «innombrables sont les chemins qui, entre la vie et l'écriture, assurent des passages, ménagent des ouvertures. Certains, revenant sur ce qu'ils ont été, prennent la plume pour écrire leurs Mémoires. D'autres, refermant un livre, se prennent à scruter leur passé, y découvrant les éléments d'une cohérence, la percée d'un sens; ils entrent à leur tour dans un récit, et confient à l'éphémère de la parole les traces vacillantes de ce qui fut» (1978:7). On retiendra la fonction cathartique, stimulante que peuvent jouer d'autres lectures et la volonté de mise en ordre. Il apparaît que, quelle que soit la manière dont il a été provoqué, le récit de vie est le plus souvent une tentative du sujet pour construire et (se)

---

[20] Le lecteur est contraint d'ahérer à ce qui est dit sans esprit critique, les récits de vie étant, pour la plupart, publiés sans mise en place contextuelle (qu'elle soit historique, sociale, culturelle), sans informations complémentaires, sans possibilité de vérifier ou de mettre en perspective les propos du modèle.

donner une image de lui-même face à un interlocuteur réel, l'enquêteur, et virtuel, le lecteur, image diachronique et non portrait synchronique[21]. Le sujet est constitué d'une succession de souvenirs: il n'est pas seulement ce qu'il fait actuellement, il est ce qu'il a fait, et la version conventionnelle de son passé représente presque mieux son «soi» réel que ne le fait son «soi» présent. Ce qu'il *est* semble éphémère et insaisissable, mais ce qu'il *fut* a un caractère immuable, définitif. Situation paradoxale: le sujet se trouve identifié de manière plus fiable par ce qui n'existe plus (sauf sous forme de traces dans la mémoire, lesquelles peuvent être distordues, déformées) que par ce qu'il *est*. Le fait n'est pas sans évoquer le film de Wim Wenders, *L'ami américain*, où l'acteur Dennis Hoper ne cesse de se prendre en photo (et au piège) avec un polaroïd et de se raconter dans un magnétophone; la seule chose qui l'assure de sa réalité, ce sont ces clichés et ces mots qu'il doit multiplier sans cesse car chacun devient aussitôt obsolète.

A travers le récit de vie, il y a, comme l'affirme Marc Lipiansky, un «effort pour ressaisir son identitié à travers les aléas et les avatars de l'existence dans une cohérence qui la rende communicable à autrui. Le récit suppose ainsi un processus de totalisation, à travers lequel l'énonciateur cherche à donner sens et consistance à sa vie» (1983:61). En se racontant, le modèle évoque et réactualise tout à la fois son passé et impose un cadre organisationnel à son existence. Dans *L'Etranger,* Camus en faisant dire à Meursault «je compris alors qu'un homme qui n'aurait vécu qu'un seul jour pourrait vivre cent ans (en prison) il aurait assez de souvenirs», signale les limites de cette entreprise de totalisation. La profusion, le foisonnement anarchique des réminiscences impliquent nécessairement une sélection, des mutilations, menacent sans cesse l'unité que chacun essaie de donner, rétrospectivement, à son existence.

Dans cette opération qui consiste à enchaîner, à linéariser une succession d'événements, à rassembler des souvenirs épars offrant de lui une image fragmentée, le modèle doit se soumettre à des contraintes discursives et langagières, auxquelles s'ajoutent, selon Claude Chabrol, «les déterminations propres au fonctionnement social et psychique de la mémoire qui apparaît comme un système complexe qui sélectionne, synthétise, condense et déplace, selon des *schémes a-prioriques:* cognitifs, psycho-sociaux et inconscients (au sens freudien) qui sont articulés d'ailleurs aux structures

---

21 Un bon «récit», comme une «bonne» photo, sont ceux où l'on se reconnaît, où l'on se voit conforme à une identité imaginée, à l'image que l'on aimerait donner de soi-même. La relation entre la pratique photographique et le langage (parlé ou écrit) serait un domaine à explorer; les publicistes ont déjà franchi le pas: «Apprenez à parler polaroïd (...). Pour parler des choses de la vie, parlez polaroïd: c'est la langue universelle» (publicité, fév. 1986), «la vie s'écrit en Agfa» (publicité, 1983), ou encore «signez vos images avec Kodak ektachrome» (publicité, 1984).

sémantiques et syntaxiques» (1983:81). Une des difficultés d'appréhension du récit de vie vient de ce que le modèle se constitue en objet d'étude; et si le «je» qui raconte et le «moi» raconté sont bien les «mêmes», ils sont séparés par une différence radicale: ils n'ont plus ni la même situation spatio-temporelle, ni la même perception des événements. Non pas double, mais autre, dont l'altérité marque et structure le récit. Le travail de la mémoire, l'acte narratif et scriptural tentent d'annuler cette différence, de nier cette dualité et cette distance du sujet à lui-même et suggèrent une continuité du vécu. Il n'en demeure pas moins que les rapports qui existent entre son récit – parlé ou écrit – et sa vie ne sont pas transparents. La quantité des souvenirs, leur organisation spécifique, leur mise en scène – souvent non consciente – produisent chez le modèle un sentiment d'étrangeté à lui-même, d'opacité. De plus, la construction d'un récit linéaire qui réduit la richesse multiforme de son «vécu» en une suite d'événements artificiellement rassemblés a souvent des incidences sur la vision qu'il a de lui-même.

Si, dans l'univers orwellien, la décision que prend Winston Smith d'écrire son journal, afin de fixer une histoire qui n'en finit pas de lui échapper, apparaît comme l'acte subversif extrême (susceptible d'être puni de mort), à l'ère de la graphomanie, en revanche, écrire – et donner à lire – sa vie est un *must*. Pour le modèle, être sollicité par quelqu'un à se raconter est souvent perçu comme une sorte de distinction. Il peut trouver, dans l'intérêt que l'enquêteur lui manifeste, une sorte de revalorisation de son image, une écoute, et éventuellement, une relation structurante et sécurisante. Et même si cette relation a un caractère indéniablement *artefactuel,* même si elle est par définition inégale, préfaces et autres textes d'escorte insistent surtout sur sa dimension amicale, sur la confiance réciproque, conditions nécessaires pour garantir la sincérité et l'authenticité des propos échangés, pour que le récit fonctionne sur le mode de la confidence et la lecture sur celui de l'écoute. Cette entreprise – stimulée – de mise en ordre de ses souvenirs et de mise en scène de son existence renvoie à une autre situation où l'individu est amené à se raconter devant quelqu'un: la psychanalyse. Celle-ci encourage, comme procédure d'investigation, l'anamnèse du patient, voyant dans l'expression et la réévaluation de son passé l'un des moyens de la cure. Là également, l'individu est engagé dans un travail de déconstruction en vue d'une reconstruction qui ait un sens (dans les deux acceptions du terme), c'est à dire qui soit signifiante et orientée.

Il ne s'agissait pas ici de nier l'apport indiscutable de la méthode biographique en soi mais de dénoncer le leurre sur lequel reposent la diffusion et la multiplication des récits de vie à grande échelle. Il ne s'agissait pas de déconseiller leur lecture mais d'encourager une appréhension *critique,* c'est-à-dire impliquant un travail de part et d'autre de leur production. En d'autres termes, le travail de «l'auteur» n'est fécond que lorsque il oblige le lecteur à une action (et à une réaction), lorsqu'il l'amène à «faire le tour» du texte et non plus à se laisser circonvenir par lui, à l'étudier en le tenant à distance. Alors seulement disparaîtront l'illusion et le prétention de vouloir livrer – paradoxalement par la médiation d'un matériau élaboré – l'immédiateté même du monde, de la vie et l'ambition de jeter à la face du lecteur «le réel pieds et poings liés». Car si le récit de vie a effectivement quelque chose à voir avec la vie c'est qu'il la trahit, aux deux sens du terme: il la révèle et s'en éloigne.

Résumé

Les récits de vie qu'ethnologues et sociologues pratiquent depuis longtemps, que les historiens ont commencé de solliciter à une date plus récente et dont le grand public raffole, représentent tout à la fois une méthode d'investigation en sciences sociales, le moyen d'archiver des «cultures en voie de disparition» et un genre nouveau pour la littérature. Que penser de ces «je» multiples qui «envahissent» l'écriture? Les récits de vie, par lesquels ils s'expriment, sont des produits de grande consommation qui reflètent – et entretiennent – un phénomène général de personnalisation qui touche tous les domaines (politiques, littéraire, sportif, etc.). Dans les années septante, ils ont été également le reflet et le moyen d'expression d'un engouement généralisé pour tout ce qui était le passé. On se mit alors, avec un mélange de nostalgie, de peur et de condescendance, à collectionner les vestiges d'un monde rural d'autant plus cher qu'il disparaissait, à consacrer le «populaire», le «rural» dans tous ses états. Le récit de vie apparaît comme le produit d'une transaction entre plusieurs instances, il est au centre d'un jeu d'interactions triangulaire dans lequel interviennent l'éditeur, le public, «l'auteur». Pour l'éditeur, dont le rôle dans la transmission et la diffusion des biens culturels est déterminant, il est un créneau intéressant qu'il convient d'entretenir pour répondre à une demande croissante de la part du public. Pour celui-ci, le récit de vie peut créer l'impression d'un enracinement fictif dans un milieu, une histoire autres, il permet également l'adhésion, l'identification a des sortes d'archétypes. Mais sa boulimie biophagique repose essentiellement sur la croyance que le récit de vie restitue fidèlement le réel, la vie à l'état brut.

Pour le modèle il y a, dans la résolution d'entreprendre (et éventuellement de publier) le récit de sa vie, la volonté de se survivre, mais il y a également une croyance très forte dans le pouvoir de l'écrit, l'espoir aussi qu'il peut servir de grille capable de déchiffrer sa propre complexité et celle du monde.

Le phénomène biographique doit-il être assimilé à ces «jeux de la vérité, à ces rituels de l'aveu dont, selon Michel Foucault, nous sommes obsédés: de la confession à la psychanalyse en passant par le récit de vie?

Bibliographie

ABASTALDO Claude, 1983. «Raconte! Raconte.!.,»: les récits de vie comme objet sémiotique». *Revue des sciences humaines* (Lille) 191, p. 5–21.

AUTREMENT, 1978. «Avec nos sabots: la campagne rêvée et convoitée». *Autrement* (Paris) 14, 244 p.

BLASQUEZ Adelaïde, 1976. *Gaston Lucas, serrurier: chronique de l'anti-héros*. Paris: Plon. *271 p. (Terre humaine)*.

BONNAIN Rolande et ELEGOET Fanch, 1978. «Mémoires de France: aperçu provisoire des enquêtes en cours». *Ethnologie française* (Paris) 8 (4), p. 337–342.

BOURDIEU Pierre, 1977a. «La production de la croyance: contribution à une économie des biens symboliques». *Actes de la recherche en sciences sociales* (Paris) 13 (fév.), p. 4–44.

– 1977b. «La paysannerie: une classe objet». *Actes de la recherche en sciences sociales* (Paris) 17/18 (nov.), p. 2–5.

BOURDIN Alain, 1984. *Le patrimoine réinventé*. Paris: Presses universitaires de France. 239 p. (Espace et liberté).

CHABROL Claude, 1983. «Psycho-socio-sémiotique: récits de vie et sciences sociales». *Revue des sciences humaines* (Lille), 191, p. 53–60.

COHEN-SOLAL Annie, 1983. «Mode galopante d'un produit mixte». *Revue des sciences humaines* (Lille) 191, p. 133–137.

DEBRAY Régis, 1979. *Le pouvoir intellectuel en France*. Paris: Ramsay, 280 p.

GONSETH Marc-Olivier et MAILLARD Nadja, 1987. *L'approche biographique en ethnologie: points de vue critiques*. Neuchâtel: Institut d'ethnologie; Paris: Maison des sciences de l'Homme. (Recherches et travaux de l'Institut d'ethnologie; 7).

HAMON Hervé et ROTMAN Patrick, 1981. *Les intellocrates: expédition en haute intelligentsia*. Paris: Ramsay, 331 p.

IDT Geneviève, 1977. «Fonction rituelle du métalangage dans les préfaces 'hétérographes'». *Littérature* (Paris) 27 (oct.), p. 65–74.

KARNOOUH Claude, 1978. «Les chantres de la rusticité». *Autrement* (Paris) 14, p. 69–101.

KUNDERA Milan, 1980. *Le livre du rire et de l'oubli*. Paris: France Loisirs, 261 p.

LAMOUILLE Madeleine, 1978. *Pipes de terre, pipes de porcelaine: souvenirs d'une femme de chambre en Suisse romande, 1920–1940* recueillis par Luc Weibel. Genève: Ed. Zoé, 155 p.

LANGNESS Lewis L., 1965. *The life history in anthropological science.* New York (etc.): Holt, Rinehart and Winston, 82 p. (Studies in anthropological method).

LANGNESS Lewis L. et GELYA Franck, 1981. *Lives: an anthropological approach to biography.* Novato, Calif.: Chandler and Sharp. XIII, 221 p. (Chandler and Sharp publications in anthropology and related fields).

LEJEUNE Philippe, 1980. *Je est un autre: l'autobiographie de la littérature aux médias.* Paris: ed. du Seuil, 332 p. (Poétique).

— 1982. «Apprendre aux gens à écrire leur vie». *Revue française d'études américaines* (Paris) 14, p. 167–186.

LEWIS Oscar, 1978. *Les enfants de Sanchez: autobiographie d'une famille mexicaine.* Paris: Gallimard, 639 p. (Tel; 31) [Trad. de: The children of Sanchez, 1961].

LIPIANSKY E. Marc, 1983. «Une quête de l'identité». *Revue des sciences humaines* (Lille) 191, p. 61–69.

METRAILLE Marie, 1980. *La poudre de sourire: le témoignage de Marie Métraillé* recueilli par Marie-Magdeleine Brumagne. Lausanne: Ed. Clin d'œil, 227 p.

MINTZ Sidney W, 1979. «The anthropological interview and the life history». *Oral History Review,* p. 18–26.

MORIN Françoise, 1980. «Pratiques anthropologiques et histoires de vie». *Cahiers internationaux de sociologie* (Paris) 69.

NOIRIEL Gérard, 1986. «Le pont et la porte: les enjeux de la mémoire collective». *Traverses* (Paris) 36 (janv.), p. 98–102.

POIRIER Jean et CLAPIER-VALLADON Simone, 1980. «Le concept d'ethnobiographie et les récits de vie croisés». *Cahiers internationaux de sociologie* (Paris) 69, p. 351–368.

POIROT-DELPECH Bertrand, 1985a. «L'humanisme, comme le thé, ça n'est jamais fini». *Le Monde* (18 janvier), p. 20. [Compte-rendu de *Le miroir qui revient* d'Alain Robbe-Grillet].

— 1985b. «La passion des biographies». *Le Monde* (8 novembre), p. 1.

PREVOST Alain, 1966. *Grenadou, paysan français.* Paris: Ed. du Seuil, 217 p.

ROBBE-GRILLET Alain, 1984. *Le miroir qui revient.* Paris: Editions de Minuit, 232 p.

SARRAUTE Nathalie, 1983. *Enfance.* Paris: Gallimard, 257 p.

Fabrizio Sabelli

Du mythe de l'oralité a l'oralité mythique

> «*La fonction primaire de la communication écrite est de faciliter l'asservissement*»
>
> Claude Lévi-Strauss

L'oralité est une pratique multiforme, multidimensionnelle, pratique vide ou pleine selon les enjeux qui se cachent derrière son fonctionnement. Mais elle est aussi un objet pensé, une représentation désignant à la fois des locuteurs et des paroles spécifiques, inhabituelles, non ordinaires qui, à leur tour, produisent d'autres représentations et images encore plus éloignées de nos univers familiers. Je me réfère à l'«oralité sauvage», exemple extraordinaire de ces représentations capables d'engendrer dans l'imaginaire des situations inédites.

De Certeau, dans un beau texte consacré aux rapports entre l'oral et l'écrit, définit cette oralité comme «l'espace de l'autre», un lieu sur lequel nous avons bâti cet édifice du savoir moderne que l'on appelle ethnologie[1]. Ce champ relativement récent du savoir se constitue ainsi sur le terrain de l'écriture de l'oralité, sur des opérations scripturaires dont le but est de traduire, dans le sens le plus large du terme, la parole proférée sur la scène de la société primitive. «L'ethnologie, écrit Claude Lévi-Strauss, s'intéresse surtout à ce qui n'est pas écrit», l'objet de son étude est «différent de tout ce que les hommes songent habituellement à fixer sur la pierre ou sur le papier»[2]. Une même opération est donc responsable de la construction d'un espace, l'altérité; d'un savoir, l'ethnologie; d'un concept, l'oralité. Parallèlement cette procédure conduit à désigner cette altérité «ethnologisée» comme a-historique et cela jusqu'au moment où l'écriture est en mesure de lui apposer le sceau de la «dignité historique», ce qui veut dire «accès potentiel à la modernité».

Les sociétés dites «sans histoire» ou «sociétés orales» n'auront la possibilité d'être re-connues que si leur continuité est attestée par notre écriture, puisque «le langage oral attend, pour parler, qu'une écriture le parcourt et sache ce qu'il dit»[3]. Mais, nous le savons bien, l'écrit ne restitue pas la parole;

---

1 M. de Certeau 1978, p. 216.
2 C. Lévi-Strauss 1958, p. 33 et 25, cité par M. de Certeau 1978.
3 M. de Certeau 1978, p. 216.

les textes sur l'«autre» ne font que nous raconter comment une société, la nôtre, se pense dans l'expérience d'une rencontre traumatisante avec la différence. «A ce titre, les textes relèvent d'une 'science des rêves', ils forment des 'discours sur l'autre' à propos desquels on peut se demander ce qui se raconte *là,* dans cette région littéraire toujours décalée par rapport à ce qui, d'autre, se produit»[4].

Interrogeons-nous dès lors sur la pertinence d'une position qui consiste à penser le monde comme s'il était partagé en deux blocs: celui des sociétés de l'oralité et celui des sociétés de l'écriture[5]. Bien sûr, il ne s'agit pas de sous-estimer l'intérêt d'études qui portent sur les différences dans l'organisation sociale, entre sociétés qui emploient l'écriture et celles qui ne l'emploient pas. Le problème apparaît lorsque écriture et oralité deviennent deux «oppositions métaphysiques» ayant, comme le dit Jacques Derrida, «...pour ultime référence...la présence d'une valeur ou d'un sens qui serait intérieur à la différence»[6].

L'écriture acquiert ainsi valeur de paradigme qui désigne ce qui est antérieur ou postérieur, efficace ou non efficace, dominant ou dominé, transitoire ou définitif. Sa force ou son pouvoir se trouve davantage lié à la production de représentations de type dualiste engendrant à leur tour des distinctions hiérarchiques, qu'à l'idée d'une spécificité des modes de communication ou des manières de reproduire cumulativement le savoir. Elle est à la fois *mode* de production de représentations et *moyen* de production d'idées, idéalité et instrumentalité.

La représentation que nous partageons de l'écriture est tributaire d'apparences physiques, d'évidences, comme sont évidences les lignes noircissant la feuille blanche qui se trouve en ce moment sous mes yeux. Car, si l'on ne prenait garde aux apparences toujours trompeuses puisqu'elles ne sont que le résultat de notre «sociocentrisme scriptural», on s'apercevrait que toute société est à la fois orale et scripturaire et que seuls les signes employés pour exprimer des idées ou des savoirs sont différents. Ce que nous appelons écriture n'est qu'une sémio-logie graphique parmi d'autres à laquelle seule la société «moderne» assigne le rôle de conquérir les espaces où se manifestent les signes de la mémoire collective et les lieux où s'exprime la Parole identificatoire.

Il n'y a donc pas de société sans écriture, comme il n'y a pas de société sans histoire. Toute société imprime ses savoirs et ses souvenirs quelque part (sur les corps, sur le sol, dans des œuvres d'art, etc.) pour se relire. Seulement les écritures ne fonctionnent pas toujours comme stratégies scripturaires de

---

4 M. de Certeau 1978, p. 217.
5 Voir à ce sujet Jack Goody 1986.
6 J. Derrida 1972, p. 41.

domination et la logique de leurs codes tout comme la complexité de leurs grammaires brouillent systématiquement la compréhension de celui qui tente de les déchiffrer de l'extérieur.

En tant qu'entreprise scripturaire du pouvoir, l'écriture en usage dans la société «moderne» est partout à l'œuvre, dans les banlieues des grandes villes modernes comme dans les sociétés «sauvages», et choisit comme cible les pratiques d'interlocution, reléguées peu à peu et sous son influence au rang de pratiques in-sensées ou mieux encore, in-ouïes.

Les stratégies scripturaires

La distinction proposée par de Certeau (1980) entre *stratégie* et *tactique* recoupe dans une large mesure celle d'entreprise scripturaire et de pratique de l'oralité. Elle nous permet de concevoir la société comme un terrain de combat où s'affrontent deux manières opposées d'envisager la communication: l'une qui repose essentiellement sur de puissants supports de diffusion d'idées, de représentations et d'images et qui s'assigne comme objectif celui d'informer. L'autre qui n'a comme support que le corps, dans toutes ses variations expressives et qui ne vise d'autre but que celui d'inter-loquer. Cet affrontement exprime donc deux manières conjointes de vivre le lien social, l'une et l'autre déterminées par des enjeux dont l'ampleur dépasse largement la conscience et l'intentionnalité des acteurs.

L'hypothèse de Mc Luhan posant que «le médium c'est le message», maintes fois répétée dans *Understanding Media,* garde sa validité si l'on se réfère au rôle de plus en plus puissant joué par l'entreprise scripturaire dans le domaine d'une communication in-formée et in-formante (l'image télévisée, programmée, est écriture). En revanche, la pratique de l'oralité «exorcise» l'agressivité scripturale en glissant dans les interstices de l'appareil de canalisation informationnel la diversité des jeux de langage, leur créativité, leurs ruses, leur pouvoir de dérision. Parfois, en raison d'une pratique spécifique de l'oralité, le médium n'est plus le message.

«Le message devient ce que le récepteur le fait devenir en l'adaptant à ses propres codes qui ne sont ni ceux de l'émetteur ni ceux du chercheur en communication. Le média n'est pas le message parce que pour le chef cannibale, la montre ne représente pas la volonté de spatialiser le temps, mais n'est qu'une breloque cinétique à se mettre au cou.»[7] Ainsi, certains supports de l'information «moderne», même s'ils sont écriture (livre, cas-

---

7 U. Eco 1985, p. 239.

sette, radio, etc.) ne connotent pas nécessairement les caractères de l'entreprise scripturaire du pouvoir; ils peuvent s'inscrire dans le domaine des «tactiques» orales puisque leur emploi est en mesure de détourner la logique qui les a produits. «Il y aurait tout un fonctionnement de l'oralité à analyser en réactualisant les grilles de l'ancienne rhétorique et en reconnaissant le rôle légitime et moteur de l'oral dans la constitution du corps social, même pour une société de l'écriture ou de l'informatique, que ce soit au niveau administratif et politique (information du public) ou dans la vie quotidienne locale.»[8]

Ainsi, écriture et oralité ne renvoient pas à deux espaces géographiques ou à deux domaines culturels, mais à deux logiques simultanément en conflit sur le même territoire. La stratégie de l'écrit ainsi définie, représente et reproduit la domination de la production au détriment d'une communication par l'échange ou l'interaction[9].

Ce que je viens d'écrire concerne essentiellement la dimension pragmatique de l'oralité et de l'écriture, la problématique abordée a été celle du fonctionnement des différents supports de la communication selon leur nature et en liaison avec les enjeux propres à chaque logique sociale. Qu'en est-il du sens? Quelle relation pouvons-nous envisager entre les modes de transmission des messages et leur contenu? Le problème d'une sémantique de la communication est ainsi posé; son exploration s'avère nécessaire afin de compléter l'argumentation introduite jusqu'ici[10].

La Parole mythique de la société «moderne»

La question ne peut être abordée que par tâtonnements. Je me propose d'explorer un domaine particulier et relativement méconnu, celui de notre mytho-logie et les analogies existant entre écriture et mythes modernes d'une part et oralité et mythes primitifs et anciens d'autre part.

Je pense que rien n'a changé fondamentation depuis les origines. Au commencement était la Parole, nous dit la Bible. Au commencement il y a toujours la parole, muthos, le mythe, un récit ou discours, où situations et événements se trouvent, selon les cas, logiquement ordonnés ou étrangement fragmentés. Ce récit s'imbrique dans les pratiques les plus disparates de la société en les articulant symboliquement. Ce que j'appelle oralité mythique est ainsi la réalité première, conglomérat de vérité non sues, capable de

---

8 M. de Certeau et L. Giard 1983, p. 17.
9 P. Watzlawick et al. 1972, p. 47.
10 Pour une définition des concepts de «pragmatique» et «sémantique» de la communication, voir Watzlawick et al. 1972.

fonctionner comme discours absolu et de mettre en marche une croyance. L'oralité mythique produit ce que Eliseo Veron (1974) appelle «effet idéologique... ce discours qui se montre comme étant le seul discours possible sur ce dont il parle». Mais de quoi parle-t-il? Il nous dit notre organisation sociale, notre manière d'être ensemble et, indirectement, il nous indique la trajectoire que notre histoire doit suivre. «Il s'agit... de repenser les conséquences d'une vérité d'évidence, trop évidente peut-être pour qu'on la perçoive toujours clairement. Les grandes lignes de l'organisation économique, sociale ou politique sont l'objet de représentations au même titre que l'organisation religieuse; une organisation n'existe pas avant d'être représentée; il n'existe pas non plus de raison pour penser qu'une organisation en représente une autre, et que la vérité d'un «niveau», dans le langage des métaphores verticales, soit située à un autre niveau»[11].

Les travaux anthropologiques sur la «réalité des mythes», en dépit de quelques variantes déterminées essentiellement par des focalisations différentes du problème, s'accordent à reconnaître aux récits mythiques grosso modo la même fonction. Chez Fraser, même si la parole mythique se présente comme absurde, déraisonnable, elle contribue cependant à la mise en œuvre d'un ordre social «programmé» pour devenir «civilisation». Pour Lévy-Bruhl, quoique «prélogique», la pensée primitive est gouvernée par une «loi de participation» capable de créer cette unité mystique entre les êtres dans le monde si méconnu pour l'homme moderne. Chez Durkheim, et surtout ses disciples, l'oralité mythique devient condition d'existence et de reproduction de la communauté, lieu symbolique qui exprime l'unité non consciente du groupe, langage régissant l'ordre rituel et l'organisation économique. Avec Mauss et Freud, le thème de la nécessité mythique fait son apparition et se trouve systématisé sur un plan théorique. Le mythe est contrainte, sociale ou individuelle, ou les deux à la fois, selon les cas. Les Grecs fournissent à Freud les matériaux pour sa recheche obsessionnelle des fondements et de la réalité de l'inconscient.

Mais les mythes n'expriment pas seulement des valeurs, des principes d'organisation ou des vérités «à suivre». En résumant un peu brutalement la pensée de Lévi-Strauss on dirait qu'ils ne président même pas à des fonctions pratiques; ils cachent, derrière leur apparente hétérogénéité et derrière leurs histoires absurdes et déroutantes, les caractères fondamentaux de l'esprit humain; pour le structuraliste, ils remplissent donc des fonctions logiques. «(Les mythes)... signifient l'esprit qui les élabore au moyen du monde dont il fait lui-même partie»[12].

L'interprétation de la parole mythique dont je ne fournis ici qu'un simple raccourci traverse l'histoire de la pensée anthropologique en se modifiant

---

11 M. Augé 1975, cité par Veron 1974.
12 C. Lévi-Strauss 1964, p. 340.

sans cesse, sans pour autant jamais rejeter un de ses postulats fondamentaux, à savoir que toute société, que ce soit sur le plan des représentations ou de l'inconscient collectif, institue, par le mythe, l'ordre social qui la gouverne et qui garantit sa survie. Au-delà de ses divergences internes, l'anthropologie des mythes réussit, selon la belle formule de Luc de Heusch, «à faire rendre raison à la raison de toutes ses déraisons apparentes» (1971, p. 42).

Si l'oralité mythique est fondement même de la vie sociale et de la culture pour les uns (fonction pratique) et «ordre» qui entretient des rapports avec cet «ordre des ordres» qu'est la société pour les autres (fonction logique); s'il est admis par les uns que le mythe est présent partout et «qu'il n'existe pas», à ce sujet, «de solution de continuité entre le monde archaïque et le monde moderne»[13] et par les autres que l'architecture de l'esprit est fondamentalement la même «pour tous les esprits, anciens et modernes, primitifs et civilisés»[14], qu'en est-il de ces fonctions dans la société dite moderne ou postmoderne? L'anthropologie actuelle reste muette à ce sujet; l'énigme de notre «condition mythique» reste entière même si ici ou là, chez des auteurs comme Eliade, Bastide, Gursdorf, Barthes, de Certeau ou Veyne, nous retrouvons quelques hypothèses à peine ébauchées, des percées théoriques indiquant des chemins que l'on pourrait emprunter lors d'un voyage à la découverte de vérités non sues et qui sillonnent le terrain trouble et mystérieux de la pensée collective.

C'est surtout vers les historiens qu'il faut se tourner si l'on veut entamer une réflexion au sujet de la circulation de la Parole mythique dans notre propre univers. Les travaux de Paul Veyne (1983), par exemple, ouvrent des perspectives intéressantes sur la question, en particulier lorsqu'il aborde la problématique des rapports entre mythe et croyances. Retenons, dans le contexte de notre réflexion sur les fonctions actuelles de l'oralité mythique, un des thèmes de son ouvrage: des problèmes relatifs au mythe ne peuvent pas être posés sur la base de l'alternative du vrai et du faux, comme cela a été le cas pour un grand nombre de philosophes. «Le mythe est un renseignement», écrit-il, et «... le renseignement est une illocution qui ne peut s'accomplir que si le destinataire reconnaît d'avance au locuteur compétence et honnêteté; de sorte qu'un renseignement est situé d'emblée hors de l'alternative du vrai et du faux»[15].

Nous entrons ici dans le vif du sujet, ce qui nous permettra de revenir, en guise de conclusion, aux distinctions précédemment évoquées entre pratique de l'écriture et pratique de l'oralité.

L'histoire est à la fois un lieu de production et un lieu d'expression de plusieurs programmes de vérités, les uns se juxtaposant aux autres dans la

---

13 M. Eliade 1957, p. 22.
14 C. Lévi-Strauss 1958, p. 28.
15 P. Veyne 1983, p. 35.

synchronie ou les uns remplaçant les autres dans la diachronie. Le procédé adopté dans ce dernier cas est celui d'amener ou de contraindre des croyants qui adhèrent à leur propre vérité mythique, à la reconnaître comme fausse et, simultanément, à accepter l'existence d'une autre qui elle serait vraie. Cette «pédagogie» de démolition/reconstitution de croyances s'effectue sur des temps relativement lents; elle se donne des supports adéquats, c'est-à-dire aptes à faire «passer» la nouvelle Parole; elle est pratiquée par des «maîtres» qui s'auto-désignent comme autorité non contestable.

L'anthropologie des mythes a certainement contribué, quoique d'une manière indirecte, à produire et à entretenir les vérités fondatrices de notre ordre par un travail méthodique qui a consisté à «déplacer» systématiquement notre imaginaire vers les régions éloignées dans l'espace et dans le temps où règne la Parole fondatrice, le récit des origines, l'histoire des commencements. Ainsi, sur le plan des représentations ordinaires, il existerait deux manières de «se penser» ou de penser sa propre société: l'une dépendant des fausses vérités mythiques et l'autre libérée de ces dernières. D'une part les sociétés «sauvages» et anciennes où règnent l'irrationnel et la fabulation, de l'autre les sociétés «civilisées», celles qui ont appris à «voir le réel en face», «les pieds sur terre», usant de tous les instruments forgés par la rationalité scientifique.

De Certeau a raison d'affirmer que notre nouvelle Parole mythique, celle qui depuis le XVIIIe siècle s'efforce de conquérir les «âmes» des fidèles des anciens mythes est, paradoxalement, une Parole scripturaire. «L'île de la page – écrit-il – est un lieu de transit où s'opère une inversion industrielle: ce qui y entre est un «reçu», ce qui en sort est un «produit». Les choses qui y entrent sont les indices d'une «passivité» du sujet par rapport à une tradition; celles qui en sortent, les marques de son pouvoir de fabriquer des objets. Aussi bien l'entreprise scripturaire transforme ou conserve au dedans ce qu'elle reçoit de son dehors et crée à l'intérieur les instruments d'une appropriation de l'espace extérieur. Elle stocke ce qu'elle trie et elle se donne les moyens d'une expansion. Combinant le pouvoir *d'accumuler* le passé et celui de *conformer* à ses modèles l'altérité de l'univers, elle est capitaliste et conquérante.»[16]

---

16 M. de Certeau 1980, p. 237.

Conclusion

L'histoire comme champ de production de vérités a ainsi pris le relais des mythes «primitifs» et des théologies anciennes à partir du moment où la civilisation occidentale a entamé le processus de mutation religieuse qui consiste à proposer, comme objet de croyance, l'histoire du «réel» à la place de l'histoire sainte. Pourtant, le «réel» n'est que représentation et celle-ci n'a comme fonction que de cacher derrière sa figuration du passé le présent qui l'organise. Nous sommes en pleine mythologie. La parole écrite se propose comme crédible «au nom de la réalité qu'elle est supposée représenter, mais cette apparence autorisée sert précisément à camoufler la pratique qui la détermine réellement»[17].

L'oralité, les sociétés que l'on dit «sans écritures», les traditions orales n'ont dès lors qu'une fonction de contrepoint. L'alternative faux/vrai revient à la surface pour consolider et reproduire notre «vérité» écrite, celle du «réel», en comparaison avec les fabulations orales des sociétés autres.

Les mythologies exotiques ou anciennes ne sont donc là que pour accréditer notre nouvelle mythologie. Ailleurs les fantasmes, ici, la «réalité». La construction des «vérités» est le résultat d'une opération circulaire qui vise, toujours sur le plan des représentations, à jouer simultanément sur le tableau de l'autorité et sur celui de la réalité ou de l'évidence. «L'horizon de cette procédure», écrit Lyotard, «est celui-ci: la ‹réalité› étant ce qui fournit les preuves pour l'argumentation scientifique et les résultats pour les prescriptions et les promesses d'ordre juridique, éthique et politique, on se rend maître des unes et des autres en se rendant maître de la ‹réalité›, ce que permettent les techniques. En renforçant celles-ci, on ‹renforce› la réalité, donc les chances d'être juste et d'avoir raison. Et, réciproquement, on renforce d'autant mieux les techniques que l'on peut disposer du savoir scientifique et de l'autorité décisionnelle»[18].

L'efficacité performative du réel qui «nous parle» n'a pas de limites. «En produisant des croyants, il produit des pratiquants»[19]. En d'autres termes, la stratégie scripturaire de notre nouvelle Parole mythique s'accomplit aussi et surtout par le travail quotidien du public des croyants, travail qui consiste à valider par la pratique la véracité du mythe. Seules la sensibilité cynique et la lucidité lapidaire d'un comique pouvaient résumer tout cela en quelques mots: «Silence! la majorité silencieuse vous parle!» (Guy Bedos).

---

17 M. de Certeau 1983, p. 7–8.
18 F. Lyotard 1979, p. 77.
19 M. de Certeau 1978, p. 153.

Bibliographie

M. AUGÉ, *Théorie du pouvoir et idéologie,* Paris, Hermann, 1975.

M. DE CERTEAU, *L'écriture de l'histoire,* Paris, Gallimard, 1978.

M. DE CERTEAU, *L'invention du quotidien,* Arts de faire, t. 1, Paris, UGE, coll. 10/18, 1980.

M. DE CERTEAU, «Histoire, science et fiction», *Le genre humain,* t. 7–8, 1983.

M. DE CERTEAU et L. GIARD, *L'ordinaire de la communication,* Paris, Dalloz/Ministère de la Culture, 1983.

J. DERRIDA, *Positions,* Paris, Ed. de Minuit, 1972.

U. ECO, *La guerre du faux,* Paris, Grasset, 1985.

M. ELIADE, *Mythes, rêves et mystères,* Paris, Gallimard, 1957.

J. GOODY, *La logique de l'écriture,* Paris, A. Colin, 1986.

L. DE HEUSCH, *Pourquoi l'épouser?* Paris, Gallimard, 1971.

C. LÉVI-STRAUSS, *Anthropologie structurale,* Paris, Plon, 1958.

C. LÉVI-STRAUSS, *Le cru et le cuit,* Paris, Plon, 1964.

F. LYOTARD, *La condition postmoderne,* Paris, Ed. de Minuit, coll. «critique», 1979.

E. VERON, «Sémiosis de l'idéologie et du pouvoir», *Communication,* t. 28, 1974.

P. VEYNE, *Les Grecs ont-ils cru à leurs mythes?* Paris, Seuil, 1983.

P. WATZLAWICK et al., *Une logique de la communication,* Paris, Seuil, coll. Points, 1972.

Suzanne Chappaz-Wirthner

La parole du carnaval, une critique sociale entre le réel et l'idéal
L'analyse des Schnitzelbänke de Naters en Valais[1]

La critique carnavalesque comme ethnotexte

L'intérêt ethnologique de la critique sociale telle qu'elle s'exerce à carnaval réside dans l'image d'elle-même que la collectivité met en scène à l'intention de ses membres. Image subjective, dessinée de l'intérieur par ceux qui sont promus censeurs publics, elle se construit à partir d'événements et de comportements de la vie quotidienne jugés «insolites» et devenant de ce fait matière à critique parce qu'ils s'écartent des normes en usage. Or les faits incriminés ne sont perçus comme des «écarts» que parce qu'ils révèlent les normes malmenées, si bien qu'au moment même où elle dénonce les transgressions, la critique fait apparaître les normes transgressées, produisant une image double: la réalité sociale imparfaite élaborée explicitement à partir des comportements relevés recouvre une réalité sociale idéale définie implicitement par les règles qui servent de référence à cette dénonciation. Ainsi l'image bosselée du réel évoque en creux l'image lisse de l'idéal mais leurs contours ne coïncident jamais et c'est dans ce décalage permanent entre le réel explicite et l'idéal implicite que naît le rire carnavalesque.

Cette critique sociale se manifeste dans les «sujets» divers qui constituent les thèmes des cortèges, des journaux satiriques et des Schnitzelbänke animant le carnaval de leur verve moqueuse. Elle revêt une dimension collective et publique, s'empare des rues et des cafés où elle colporte les événements qui ont marqué la vie de la collectivité pendant l'année écoulée. L'image, le texte et la parole s'y entremêlent: des commentaires oraux accompagnent les saynètes jouées sur les chars des cortèges, le journal adopte le ton de la conversation et apostrophe le lecteur en lui présentant les

---

1 Cet article représente un «essai» qui s'inscrit dans une recherche en voie d'achèvement sur le carnaval de Brigue, de Glis et de Naters dans le Haut-Valais.

faits critiqués sous la forme de devinettes facétieuses; quant aux Schnitzelbänke, conçus pour être entendus, ils sont bien chantés mais leurs refrains circulent imprimés en livrets ou en *Zettel*. Cette interférence entre l'écrit et l'oral rend les distinctions difficiles, aussi le concept d'ethnotexte convient-il à la critique carnavalesque[2]. Forgé lors de recherches récentes menées dans le Sud-Est de la France pour enregistrer les formes multiples que prend l'expression orale dans les différentes cultures régionales, il se substitue à celui de «littérature orale», jugé trop limitatif. Les contes, légendes, chansons, proverbes et dictons habituellement englobés par ce terme ne représentent pas toute la parole d'une collectivité. A côté de cette tradition orale «fixée», il existe un discours plus informel constitué des conversations quotidiennes, des récits d'événements présents ou passés, et des commentaires que les membres d'une collectivité formulent sur les différentes composantes de leur culture. L'expression «littérature orale» n'en tient pas compte et implique une opposition trop rigide entre les productions transmises par la tradition orale et les productions littéraires écrites, opposition que dément l'interférence constante entre ces domaines, comme l'atteste l'exemple des contes de Perrault. Le concept d'ethnotexte a l'avantage de prendre cette interférence en considération et de mieux restituer la complexité de la réalité. Faisant référence au discours culturel qu'une collectivité tient sur elle-même, il s'applique aussi bien aux diverses productions orales qu'à certains documents écrits, journaux intimes, lettres et cartes postales, monographies d'instituteurs et de curés, qui donnent également accès à la façon dont une collectivité se perçoit et vit la réalité ainsi construite. Le mot «texte» précise que ce sont les termes mêmes employés par les membres de la collectivité qui sont considérés, par opposition aux commentaires de l'ethnologue.

Ces représentations qu'une collectivité élabore d'elle-même, la critique carnavalesque les donne à voir, à lire, à entendre dans les cortèges, journaux et refrains satiriques, et c'est en quoi elle constitue un ethnotexte. Le but de cet article est de mettre en évidence l'image spécifique que produit la critique carnavalesque, la parole des Schnitzelbänke en particulier, et de découvrir la nature du rire que cette parole déclenche à carnaval. Les données sur lesquelles porte l'analyse ont été récoltées à Naters dans le Haut-Valais entre 1979 et 1982.

---

[2] La problématique qui a conduit à l'élaboration de ce concept est exposée par Jean-Claude Bouvier dans «Tradition orale et identité culturelle», 1980.

Les Schnitzelbänke, une critique sociale orale

Les Schnitzelbänke sont les strophes rimées que chante sur les airs connus du moment (les *Schlager*) un groupe de quatre ou cinq musiciens dont l'un accompagne les autres à l'accordéon ou à la guitare. Chaque strophe contient un «sujet», le thème critiqué, et s'achève par la «pointe», trait rapide et acéré lancé contre l'individu ou l'événement visé. Des dessins qui se tournent à chaque strophe comme les pages d'un livre d'images illustrent les différents «sujets», renforçant l'effet de la «pointe», et de longues bandes de papier coloré, les *Zettel,* reproduisent le texte des strophes chantées. Les Schnitzelbänke ont pour origine le Bänkelsang, attesté dans les villes allemandes du 16e au 19e siècle. Musiciens ambulants, les Bänkelsänger se produisaient sur la place publique lors des foires et des marchés annuels. Du haut d'une estrade improvisée, le *Bank,* ils chantaient de petites histoires caustiques traitant des événements recueillis pendant leur périple. Les principaux épisodes de ces histoires étaient dessinés sur un drap tendu derrière les chanteurs et l'un d'eux désignait d'un bâton les images ponctuant les récits scandés dont le texte imprimé était vendu au public[3]. Les premiers Schnitzelbänke sont apparus à Bâle vers 1830; ils sont peu à peu devenus l'un des traits distinctifs du carnaval local et un modèle diffusé dans toute la Suisse alémanique. Attestés dans le Haut-Valais à partir de 1920, ils étaient chantés à l'occasion de mariages ou lors des soirées annuelles des «sociétés» locales mais sont restés confinés dans l'intimité de salles bien closes. C'est en 1969 à Naters qu'ils sont descendus pour la première fois sur la place publique, lorsque la société des *Drachentöter* décida de redonner vie au carnaval. Imitation manifeste du modèle bâlois connu à travers les nombreux disques édités par le Comité du Carnaval de Bâle, les Schnitzelbänke de Naters ont fini par s'intégrer tellement dans le carnaval local qu'ils en sont devenus l'élément le plus caractéristique.

Le carnaval de Naters et le dragon de l'histoire

Peuplée de 6662 habitants en 1980, la commune de Naters appartient au district de Brigue, l'un des six districts du Haut-Valais, la partie alémanique du canton. Située dans la plaine du Rhône sur la rive droite du fleuve, elle fait face à la commune de Brigue-Glis qui s'étend sur la rive gauche et qui,

---

3 Cf. l'introduction au recueil de Schnitzelbänke «Dr Schnitzelbangg», 1976.

issue de la fusion des communes de Brigue et de Glis en 1972, compte actuellement 9608 habitants. Un lourd contentieux historique pèse sur les relations de Naters et de Brigue, qui n'est pas étranger à la forme que le carnaval y revêt aujourd'hui. Du 12e au 16e siècle, Naters joue un rôle central dans l'histoire haut-valaisanne comme chef-lieu du dizain de Naters (l'actuel district de Brigue) et lieu de résidence de l'évêque de Sion qui y convoque périodiquement la diète cantonale. En 1518, à la suite d'un conflit opposant l'évêque de Sion Mathieu Schiner au seigneur de Brigue Georges Supersaxo, Brigue ravit à Naters sa qualité de chef-lieu et donne son nom au dizain. En même temps que le banc de la justice, c'est le dragon ailé des armoiries de Naters qui traverse le Rhône et vient figurer à la place d'honneur dans celles de Brigue, Naters adoptant dès lors la crosse et la mitre épiscopales qui ornent le blason communal aujourd'hui. Ce «vol» historique hante la mémoire des habitants de Naters, alimentant de nombreuses plaisanteries et ce n'est certes pas un hasard si la société carnavalesque des *Drachentöter,* fondée en 1969, prend pour thème le dragon d'une légende locale en vue de réorganiser le carnaval. Cette légende raconte le combat victorieux qu'un forgeron de Naters nommé Jozzelin livra en des temps très anciens contre un dragon *(Natter)* qui dévastait la région et auquel Naters devrait son nom et ses premières armoiries. Tout le carnaval actuel se trouve placé sous le signe de ce dragon emblématique.

Lors de l'ouverture officielle *(Drachenausbruch),* le prince Jozzelin accompagné des Drachentöter conduit une effigie géante du dragon ailé sur la place centrale de Naters où elle reste suspendue dans les airs jusqu'au soir du mardi gras. Le même prince Jozzelin reproduit alors l'exploit du forgeron de la légende *(Drachenvertreibung)* en présence des habitants rassemblés sur la place, puis le dragon regagne son antre au lieu-dit *Drachenloch* et y demeure jusqu'au carnaval suivant. En même temps qu'elle rappelle à qui le dragon appartient réellement, la société des Drachentöter fait revivre à Naters son Age d'Or, l'époque de la suprématie incontestée sur le dizain. Elle se divise en effet en quatre *Gumperschaften*[4] qui se partagent la ville en autant de «baronnies» *(Baronat)* correspondant aux anciens quartiers historiques que dominent les châteaux construits dès le 13e siècle par les familles patriciennes dont ces *Gumperschaften* perpétuent le nom: *Zer Flüe, Ornavasso, Weingarten, Rhodan.* Ainsi grâce aux Drachentöter le passé glorieux renaît chaque année à carnaval et les groupes de chanteurs de Schnitzelbänke formés au sein de la société en 1969 parcourent cette ville redevenue symboliquement pour quelques jours le chef-lieu médiéval du dizain. Chaque *Gumperschaft* a son groupe de *Schnitzelbänke,* à l'exception de celle *d'Ornavasso* dont les

---

4 Le terme *Gumper* désigne une subdivision administrative de l'ancien dizain de Naters.

mémoires animent la Guggenmuzig *Trilli Traller*. Les *Rottuhopschla* (grenouilles du Rhône) relévent de la *Gumperschaft Rhodan*, les *Räbliisch* (nom local donné à un parasite de la vigne) représentent la *Gumperschaft Weingart* et les *Rachufägger* (terme désignant les bonbons «ramoneurs» de gorge) appartiennent à la *Gumperschaft Zer Flüe*.

Ces trois groupes se répartissent les «baronnies» dont ils font la tournée des cafés et où ils animent un «carnaval de quartier» *(Quartierfastnacht)*. Le samedi précédant le jeudi gras, ils participent au *Bunter Abend*, le temps fort du carnaval de Naters, attendu avec impatience par tous les habitants qui s'en disputent les billets d'entrée deux à trois mois à l'avance. Organisée par le comité des Drachentöter, cette soirée a lieu dans la salle de gymnastique de l'école secondaire, transformée pour la circonstance en joyeuse cantine. Plus de mille personnes peuvent s'y asseoir et consommer le *gsottu* (salé hautvalaisan) ou le lapin à la polenta apprêtés par les membres de l'association des hommes cuisiniers et accompagnés de bière ou de fendant. Sur la scène dressée au fond de la salle, un orchestre local joue des airs champêtres ou des rythmes de Glenn Miller qui alternent avec les saynètes humoristiques et les Schnitzelbänke composant l'essentiel du programme. L'arrière de la scène est tendu d'une immense toile où figure un dragon aux ailes déployées, réplique de celui qui domine la place centrale, et les membres du comité des *Drachentöter* trônent à une table d'honneur revêtus de leur cape de velours bleu et coiffés de leur chapeau à panache rouge. Animés et chaleureux, les spectateurs, des habitants de Naters pour la plupart, s'apostrophent de table en table, se rappelant les «sujets» les plus cocasses des années précédentes. Lorsque les musiciens de la Guggenmuzig *Trilli Traller* déguisés en dragons verts et jaunes (aux couleurs des anciennes armoiries de Naters) ouvrent la soirée en jouant l'air d'une vieille chanson du lieu («Trilli Tralli Natischer Challi»), toute l'assistance reprend en chœur le refrain et manifeste son allégresse en applaudissant à tout rompre. C'est dans cette atmosphère de liesse que des chanteurs de Schnitzelbänke vont faire entendre à la collectivité rassemblée sous la protection du dragon emblématique leurs couplets moqueurs. La critique sociale qu'ils exercent recourt à la parole chantée et se veut anonyme. La société des *Drachentöter* ne dévoile en effet jamais le nom des auteurs des Schnitzelbänke et seuls les individus les plus informés de la vie locale en pressentent l'identité. Anonymat et oralité muent cette critique en «commérage carnavalesque» et les chanteurs de Schnitzelbänke en porte-paroles de la rumeur publique. Volontairement coupés de leur contexte, comme si les chanteurs avaient happé au passage les «bruits» de la rumeur, et présentés sous la forme de petites histoires drôles, les faits colportés revêtent un caractère d'irréalité à la limite de la fiction et le doute est soigneusement entretenu quant à leur degré de vérité ou d'invention. Ce statut ambigu de la parole carnavalesque permet de déjouer la censure (l'humour finit toujours par triompher des susceptibilités blessées et la société des *Drachentöter* n'a eu pour l'instant aucun procès à soutenir) et aménage la distance nécessaire au rire avec lequel la collectivité accueille l'image d'elle-même ainsi produite.

L'image élaborée par le commérage carnavalesque

L'analyse des strophes des Schnitzelbänke en fait découvrir les traits essentiels. Un classement thématique révèle trois domaines de prédilection de la critique. Sur les 155 «sujets» présentés par les *Rottuhopschla*, les *Räbliisch* et les *Rachufägger* lors du *Bunter Abend* en 1979, 1980 et 1981, 32% évoquent la vie politique locale avec ses luttes acharnées pour le pouvoir; 32% rappellent les événements qui ont animé la vie de la collectivité depuis le dernier carnaval; 36% enfin dénoncent les accrocs qui perturbent les relations sociales dans le cadre des sociétés locales et dans la vie quotidienne. Un classement géographique des mêmes «sujets» montre l'enracinement de cette critique dans la sphère locale; 60% concernent Naters, 22% les lieux voisins Brigue, Glis et Viège, et 10% d'autres localités du Haut-Valais; 5% traitent de la vie hélvétique et 3% de l'actualité internationale. La description qui suit tente de faire apparaître les deux composantes explicite et implicite de cette image.

***

La première catégorie de «sujets» relevée par l'analyse offre une image de la vie politique à Naters. La critique dénonce les luttes âpres que se livrent pour la conquête du pouvoir les quatre partis qui mènent le jeu: le parti démocrate-chrétien (les «noirs»), le parti chrétien-social (les «jaunes»)[5], le parti radical (les «bleus») et le parti socialiste (les «rouges»). Les noirs et les jaunes l'emportent et leurs rivalités composent l'essentiel de la dynamique politique locale et haut-valaisanne. Il n'est pas rare cependant qu'ils concluent entre eux des alliances «contre nature» pour préserver le pouvoir qu'ils se partagent de la convoitise des bleus et des rouges minoritaires. Ainsi est-ce par ce biais que lors des élections communales de Naters en 1980 ils ont empêché un candidat rouge d'accéder à la vice-présidence de la commune, attribuée finalement aux jaunes, les noirs conservant leur mainmise sur la présidence[6]. En même temps qu'elle souligne les agissements opportunistes

---
[5] Dissidents sur le plan local, les chrétiens-sociaux rejoignent les rangs des démocrates-chrétiens lors des séances du Grand Conseil.
[6] A la suite des élections de 1980, le Conseil communal de Naters comprend quatre «noirs», deux «jaunes» et un «rouge».

des partis majoritaires, la critique s'en prend aux partis minoritaires dont les candidats malheureux constituent une cible appréciée. Leur échec sert de prétexte à rappeler les procédés auxquels ils ont recouru dans l'espoir de se faire élire: changement soudain d'affiliation politique, impression de cartes de visite sur lesquelles ils «se recommandent», tournées des cafés avec leurs dépenses généreuses en «pots-de-vin», visites aux asiles de vieillards et aux couvents locaux. Si la critique laisse entendre que ce sont là pratiques courantes auxquelles les vainqueurs n'ont sans doute pas manqué de recourir, elle n'en considère pas moins la défaite comme une juste sanction «remettant à sa place» l'ambitieux qui a présumé de ses forces, croyant trop vite la victoire acquise. Les candidates fémines sont les plus visées: si elles échouent, ce qui a été le cas de toutes les femmes qui se sont présentées jusqu'ici aux élections communales de Naters, la critique ironise sur leur prétention déplacée; réussissent-elles, les voilà dépeintes comme des mégères négligeant leur devoir de féminité ou comme des créatures falotes dépourvues de la moindre opinion personnelle: à Brigue en 1980, la vice-présidence de la commune échut à une femme aussitôt dessinée dans le journal de carnaval *die Rätschä* (la commère) sous les traits d'une poule mécanique actionnée par le président du parti qui l'avait portée candidate. Quant aux vaincus «étrangers», considérés tels parce que n'étant pas «bourgeois» ou du moins n'étant pas nés à Naters, «ils n'ont qu'à aller se faire élire chez eux». Les candidats victorieux n'échappent toutefois pas à la critique qui se plaît à relever les faiblesses dont ils témoignent dans l'exercice de leur fonction, lorsqu'ils lui préfèrent «la fraîcheur du carnotzet communal» ou la mettent de façon trop flagrante au service de leurs «affaires» personnelles. Mais la verve satirique perd de son mordant quand elle s'attaque aux vainqueurs: parés de l'aura de la victoire, ayant bénéficié d'une «belle élection», ils se voient traités avec un certain ménagement; c'est leur personne et non leur pouvoir que la critique prend pour cible, tournant en ridicule la petite taille de l'un, la vanité de l'autre ou le «sourire acide» d'un troisième. Les auteurs de Schnitzelbänke insistent sur le fait qu'ils en veulent à «l'homme» et non à la fonction. Cette distinction a pour conséquence que les affrontements politiques sont vécus comme un combat mettant aux prises des «personnes» se heurtant pour des raisons de «nature» ou de «caractère», si bien que ni le pouvoir ni l'ordre social qu'il garantit ne se trouvent jamais remis en question. Bien plus, cette insistance de la critique à définir explicitement la vie politique comme une lutte pour le pouvoir qui oppose des individus et non des groupes sociaux et l'acharnement déployé à l'encontre des vaincus dessinent l'image implicite d'un pouvoir fort, mâle et autochtone qu'il faut mériter en manifestant une force quasi animale qui rend la victoire «naturelle». Les caricatures décorant les cafés de Naters pendant le carnaval donnent d'ailleurs à cette conquête pour le pouvoir la forme d'un jeu de cirque ou d'une compétition sportive, ce qui laisse entendre que, pour sortir vainqueur de l'arène, la vigueur physique compte plus que la compétence politique[7].

***

Les «sujets» de la seconde catégorie tracent le portrait d'une collectivité agitée de tensions et de conflits liés à l'évolution accélérée que Naters connaît depuis 1965. Une image mouvante apparaît, tiraillée entre un passé paysan qui s'effiloche et un présent livré à un «progrès» discuté dont la critique souligne pêle-mêle quelques-uns des aspects négatifs. C'est le décor quotidien qui se transforme, envahi par l'architecture «moderne» proposant des constructions dont on ne sait plus s'il s'agit d'une «chapelle» ou d'une «station de téléférique». L'église elle-même est rénovée et ses voûtes romanes évoquent désormais plus un «gâteau d'anniversaire» ou la «robe empesée d'une jeune mariée» que l'édifice vénérable voué au service divin. Les derniers vergers disparaissent, sacrifiés aux nécessités de la circulation automobile ralenti par les multiples feux qui ne contentent guère que les «rouges» dont «enfin la couleur est respectée». Les animaux s'en mêlent aussi: une épidémie de poux suscite l'hilarité générale et les chiens déposent tellement d'excréments dans les rues qu'il faut toute l'ingéniosité d'un conseiller communal pour résoudre le problème grâce à l'emploi de sachets hygiéniques; quant aux vaches, elles ne bénéficient plus de la saillie du taureau et doivent se contenter de la seringue du vétérinaire, ce qui fait dire que «même le sexe devient artificiel». Le tourisme profite aux spéculateurs surtout et il ne reste aux habitants de Naters que la revanche par le rire à opposer aux abus de ces nouveaux «shahs de Blatten»[8]. Ainsi l'un d'eux s'est trouvé la risée de tout le café dans lequel il a attendu pendant des heures le client censé venir conclure avec lui d'alléchants contrats. Un autre est allé en pleine nuit saupoudrer de sel la neige d'une piste de ski coupant la route qui devait mener aux chalets vendus à des «étrangers» auxquels il avait promis, en dépit du refus de la commune, un accès facile «même en hiver». Le transfert de la douane de Brigue à Domodossola surprend: pourquoi les Italiens ne lui ont-ils pas préféré le cabaret «Red Rose» construit à l'entrée de Glis «entre la fabrique d'explosifs et l'usine d'incinération»? Les mœurs changent: le journal chrétien-social «Walliser Volksfreund» consacre ses plus belles pages aux entraîneuses du même cabaret et les femmes de Naters se

---

7 Cette image est le produit d'un jeu auquel le pouvoir se prête à carnaval. Les auteurs de Schnitzelbänke appartiennent en effet pour la plupart à la société des Drachentöter, dont les membres sont en majorité «noirs» et parmi lesquels figurent le président de Naters (Conseiller d'Etat depuis 1984), et quatre des sept conseillers communaux.
8 Blatten est la station de sports d'hiver créée sur les hauts de Naters par la société de développement Naters-Blatten-Belalp.

métamorphosent, aiguisant leur féminisme au cours des longues soirées passées au café après l'heure de gymnastique. Ainsi la collectivité vit-elle les effets du changement qui agite sa réalité quotidienne. Or la norme à laquelle la critique recourt pour juger la situation actuelle, c'est le passé perçu comme une référence sûre et familière dont le souvenir se teinte de nostalgie. A l'incertitude du présent qui apparaît explicitement dans les strophes des Schnitzelbänke répond l'image implicite d'une identité passée devenue idéale car prenant racine dans une terre non démembrée et dans une nature souveraine dont les hommes et les femmes respectaient les prescriptions.

✳✳✳

Quant à la dernière catégorie de «sujets» apparue, elle rapporte les péripéties qui marquent la vie sociale à l'intérieur de la collectivité. Les sociétés locales et les cafés de Naters sont le lieu d'une sociabilité intense dont les habitants célèbrent la vitalité avec fierté: ainsi qualifient-ils de *Dorfgemeinschaft* la communauté unie qu'ils ont conscience de former face à Brigue, «la ville de l'autre côté du Rhône». Une telle intimité des relations sociales a certes ses plaisirs mais engendre en même temps des tensions que la critique ne manque pas de rappeler à carnaval, désignant les individus responsables de cette discordance dans l'harmonie générale, soit qu'ils manifestent dans la poursuite de leur intérêt personnel un aveuglement oublieux de l'existence de leurs semblables, soit qu'ils témoignent d'une «raideur» de caractère incompatible avec la vie en société. Ainsi par exemple la personnalité d'un président de «société» est l'objet d'une observation attentive car de lui dépendent le bon fonctionnement du groupe et les relations avec les autres sociétés locales. Imbu de son statut, il soumet parfois les individus qu'il «dirige» à une discipline trop rude ou au contraire, poussé par l'ambition «d'être vu partout» et «d'avoir sa photographie dans le journal», il néglige sa fonction. S'il a un penchant pour l'alcool, la critique lui remet en mémoire ce soir de carnaval où, à genoux au milieu de la rue, il poursuivait les souris blanches de son délire. Les cafetiers figurent également parmi les cibles de la critique qui souligne les défauts susceptibles de perturber l'ambiance du café. L'un d'eux cède si vite à la colère qu'il n'hésite pas à «gifler le client»; un autre, tourmenté par l'âpreté au gain, orne à chaque carnaval les murs de son café de «la même décoration». La propriétaire de deux restaurants, l'un à Brigue et l'autre à Naters, n'a aménagé qu'une seule cuisine pour les deux établissements, livrant elle-même au café dépourvu de cuisine les repas commandés. Celui-ci bavarde trop et colporte dans tout le village les conversations tenues à l'ombre de son café; celui-là ne précise pas son orientation politique afin de se concilier «des clients de toutes les couleurs». Porté à boire, tel cafetier est devenu «son meilleur client» tandis que tel autre, fier de son chien de race, «le promène en taxi le dimanche». La critique s'en prend également aux particularités physiques, aux défauts et aux comportements insolites de certains membres de la collectivité. Avec «ses lunettes noires et ses manières furtives», le sacristain ressemble à un espion lorsqu'il se glisse entre les bancs pour recueillir l'argent de la collecte dominicale. Il sait d'avance qu'il trouvera parmi les pièces de monnaie le bouton de culotte déposé par un avare incorrigible. En proie aux effets de l'alcool, un habitant de Naters «s'est promené tout nu dans les rues de Domodossola» et devant ce spectacle, les Italiens se sont montrés plus libéraux que les membres de la commission des mœurs à Brigue» qui ont envoyé se rhabiller» les effeuilleuses du cabaret Red Rose. Un autre enfin, auquel le journal local a consacré un reportage célébrant l'esprit avec lequel il anime comme «conférencier» les mariages et les soirées de sociétés, perd soudain tout humour et se fige dans une vanité glacée. Ces accrocs dans les relations quotidiennes, la critique les attribue aux individus dont le comportement rigide ou égocentrique révèle qu'ils oublient leur appartenance à la collectivité. La dénonciation de cet excès d'«individualisme» leur rappelle implicitement que la souplesse de caractère et la capacité d'adaptation réciproque sont les conditions d'une sociabilité harmonieuse et que l'humour demeure le meilleur «liant» social[9].

Le rire paradoxal du carnaval

Telle est, reconstituée par l'analyse des «sujets» des Schnitzelbänke du *Bunter Abend,* l'image que la critique carnavalesque élabore à partir des incidents de la vie quotidienne qu'elle dénonce comme des «écarts», contribuant par là même à redéfinir les normes transgressées. Or si la confrontation ainsi produite ne débouche pas sur une morose leçon de morale mais provoque le rire le plus débridé, c'est parce que l'écart relevé entre le réel mouvant, indiscipliné, et l'idéal figé dans sa perfection, s'avère le plus souvent tel qu'il prend des allures de paradoxe, le réel s'éloignant de l'idéal au point d'en devenir l'envers. Les auteurs de Schnitzelbänke précisent qu'ils retiennent comme «sujets» de leurs strophes les aspects de la réalité qui présentent une dimension paradoxale et qui sont dès lors jugés «bons» pour

---

9 Bergson voit dans la raideur mécanique qui parfois transforme l'être humain en pantin articulé une des sources essentielles du comique. Le rire déclenché a dès lors un effet correcteur qui «assouplit» l'individu (Bergson 1940).

le carnaval[10]. Ainsi par exemple les excréments de chien recueillis comme un or précieux, le sacristain à la mine inquiétante, le spéculateur floué, le politicien trop sûr de sa victoire et évincé par une femme... comme si la critique carnavalesque s'amusait plus de la transgression logique qu'opèrent ces paradoxes vivants que des atteintes qu'ils portent à la morale.

Cette tournure paradoxale que prend la confrontation effectuée par la critique entre le réel et l'idéal confère à celle-ci une malicieuse ambiguïté, source du comique carnavalesque: si le rappel implicite des normes est bien un coup de semonce à l'adresse du réel, celui-ci, par son imperfection explicite, inflige simultanément à l'idéal un pesant démenti, le prenant même en flagrant délit d'être contredit. La spécificité de la critique carnavalesque, c'est de rendre manifeste ce démenti en juxtaposant dans les «sujets» mis en scène dans les cortèges, les journaux satiriques et les strophes des Schnitzelbänke, les deux termes contradictoires que constituent la norme et sa transgression. Les cortèges mettent ce démenti en images dans les saynètes jouées sur les chars où les acteurs reproduisent le paradoxe avec leur corps même tandis que les Schnitzelbänke recourent aux mots et le destinent à être entendu. La parole du carnaval doit donc frapper court: une strophe ne traite en général qu'un seul thème et la succession rapide des «sujets» ne suit aucun ordre logique. Cette prédominance de l'oral détermine la structure des strophes chantées. Chacune se construit sur l'opposition entre la règle et sa trangression formulées en mots brefs et contrastés et juxtapose «en raccourci» les deux termes du paradoxe qui se trouve ainsi comme démontré. Le plus souvent, les premières lignes de la strophe exposent la règle en vigueur, usage familier ou comportement habituel, induisant l'attente du public dans le sens de la norme. La «pointe», concentrée dans la dernière ligne, opère une rupture logique soudaine en énonçant brusquement la transgression qui contredit la norme pressentie. C'est cette juxtaposition inattendue de termes contraires, effectuée au mépris de toute logique, qui déclenche le rire. L'attente frémissante que suscite le début de la strophe se double de la certitude que la ligne amorcée va subir un «coude» dont la direction demeure imprévisible mais grâce auquel le rire impatient pourra se donner libre cours, déferlant en vagues rythmées par les «pointes» qui se succèdent à une allure effrénée, mêlant les différents «sujets» en un joyeux coq-à-l'âne qui défie toute anticipation.

---

10 Le terme paradoxe est pris ici dans son sens commun et désigne ce qui est contraire à l'opinion courante, ce qui va à l'encontre du bon sens. Cette acception est celle que les auteurs de Schnitzelbänke ont donné à l'adjectif «paradoxal» auquel ils ont recouru pour m'expliquer quel fait ou comportement constitue un bon «sujet» de Schnitzelbank. C'est également celle que retient Barel dans son livre «Le paradoxe et le système» (Barel 1979, p. 19.).

Voici en guise d'illustration à l'analyse proposée deux strophes de Schnitzelbänke du groupe *Räbliisch*.

Gmeindschtier

Di Gmeirät heint schi usgipsunnu,
schi megunt halt dä Chié sus gunnu;
mu sellä doch d'Natür la waltu,
di altu Brüch ja doch erhaltu.
A rächti Chüo, di brücht a Muni,
där künschtlich Sex, das sy doch Fludi.

Les cinq premières lignes rappellent «le vieil usage» de la saillie selon lequel une «vraie» vache a besoin d'un taureau. La «pointe» contenue dans la dernière ligne dénonce la transgression à cette loi naturelle que représente le recours à la seringue fécondante du vétérinaire, qui remplace désormais à Naters le taureau communal: «le sexe artificiel, ça ne vaut rien». L'opposition des deux termes «Natür» et «künschtlich» souligne le paradoxe relevé ici, que même la fonction la plus «naturelle» en vient à subir les artifices que l'évolution des techniques de reproduction animale introduit dans la vie quotidienne des éleveurs de bétail.

In Blattu ischt' där Tiful los

Glöübed mär nummu, das ischt no z'erwarte
dass vanne Burge in d'Eija, vanne Wichje in d'Halte
das alles zämu, ischt das nit unerhert,
uf z'mal «Blattsje» heisst und zu Holland kehrt.

Toute la strophe à l'exception de la deuxième moitié de la dernière ligne laisse entendre que la terre appartient aux individus qui y sont nés et que l'identité collective a des racines physiques qu'il importe de respecter. Des «étrangers» dont la «pointe» désigne la provenance transgressent cette règle «naturelle» en s'appropriant des parcelles toujours plus nombreuses du sol communal. Construite sur l'opposition «Blattsje»/«Holland», cette strophe expose le paradoxe que la terre indigène puisse connaître l'empreinte de l'«étranger», ce qui viole la tradition ancestrale qui la lie impérativement à la collectivité autochtone.

✱✱✱

Le rire carnavalesque qui secoue au même instant le corps des habitants de Naters réunis lors du *Bunter Abend* pour écouter la parole des Schnitzelbänke est d'abord un rire identitaire. En effet, rire des «sujets» entendus suppose l'identification immédiate des faits auxquels le commérage carnavalesque fait allusion ainsi que des normes que ces mêmes faits transgressent. Rire, c'est donc partager ce savoir avec la communauté des rieurs et vivre concrètement l'appartenance à la collectivité qui détient ce savoir: c'est «être de Naters» et ressentir jusqu'au tréfonds l'excitation joyeuse qui s'empare des spectateurs sous les ailes du dragon emblématique devant lequel les chanteurs scandent leurs couplets.

Mais le rire carnavalesque se révèle ambigu. S'il implique la reconnaissance des normes qui fondent l'identité collective, il se nourrit aussi du plaisir de les entendre contredites dans les strophes des Schnitzelbänke où elles apparaissent juxtaposées à leurs transgressions. Le démenti que leur impose ce voisinage avec leur contraire les assouplit, les relativise inéluctablement, si bien que le rire carnavalesque, en même temps qu'il est identitaire, contient la virtualité du changement[11] et présente deux faces opposées: moral, il se gausse de l'écart dénoncé et prend cause pour la norme bafouée; insolent il se réjouit des déboires de la norme et se fait complice de la transgression, glissant déjà vers d'autres valeurs. Ces deux faces sont intimement liées et seule la configuration personnelle du rieur détermine qui l'emporte, de la condamnation ou de la connivence. Cependant au moment même du rire, tout choix entre le parti de la loi ou celui de la transgression est suspendu: le rieur, échappant un instant à ce dilemne de chaque jour, s'abandonne à la pure jubilation d'entendre les paradoxes qu'engendre l'entrechoc du réel avec l'idéal. Grâce aux tribulations que la complexité de la vie inflige aux règles de la logique et de la morale, il entrevoit, comme dans un rêve, un univers enchanté où tous les possibles coexistent. Cette ambiguïté du rire déclenché par la parole des Schnitzelbänke permet à chacun des membres de la collectivité de vivre concrètement le paradoxe de l'identité, c'est-à-dire de faire l'expérience qu'il est possible de devenir «autre» tout en demeurant «même», et contribue au processus complexe de l'identité toujours partagée entre le réel et l'idéal.

---

11 Le commérage des Schnitzelbänke contribue à cette dimension du rire carnavalesque: en colportant l'«insolite», c'est-à-dire le nouveau qui s'immisce dans l'univers quotidien, il le rend plus familier et par là même plus acceptable. Elisabeth Stern a analysé ce rôle du commérage dans le changement social et a montré que les valeurs et les comportements «autres» qu'il prend pour objet sont précisément ceux qui ne vont pas tarder à être adoptés (Stern 1981).

Résumé

L'analyse des Schnitzelbänke de Naters en Valais permet de découvrir l'image de la collectivité que produit la «parole» du carnaval. Un classement thématique des «sujets» des strophes chantées révèle les traits essentiels de cette image et fait apparaître trois domaines de prédilection de la critique carnavalesque: la vie politique locale avec ses luttes acharnées pour le pouvoir, les tensions liées à l'évolution accélérée que Naters connaît depuis 1965, et les péripéties marquant la vie sociale dans les cafés et les sociétés locales. Les comportements et les événements qui sont l'objet de cette critique présentent la particularité de s'écarter des normes en usage au point d'en devenir l'envers. Les strophes des Schnitzelbänke s'amusent à souligner ce démenti que le réel inflige à l'idéal et déclenchent ainsi le rire carnavalesque, ce qui offre une solution au paradoxe de l'identité toujours confrontée à la nécessité de devenir «autre» tout en demeurant «même».

Bibliographie

AUGÉ Marc, 1977. *Pouvoirs de vie, pouvoirs de mort*. Paris, Flammarion.

BAKHTINE Mikhaïl, 1970. *L'œuvre de François Rabelais et la culture populaire au Moyen Age et sous la Renaissance*. Paris, Gallimard.

BALANDIER Georges, 1980. *Le pouvoir sur scènes*. Paris, Balland.

BAREL Yves, 1979. *Le paradoxe et le système. Essai sur le fantastique social*. Presses universitaires de Grenoble.

BERGSON Henri, 1940. *Le rire*. Paris, Presses universitaires de France.

LE CHARIVARI, 1981. Actes de la table ronde organisée à Paris par l'Ecole des hautes études en sciences sociales et le CNRS. Publiés par J. Le Goff et J.Cl. Schmitt. La Haye, Mouton, Civilisations et sociétés 67.

DUVIGNAUD Georges, 1985. *Le propre de l'homme. Histoires du rire et de la dérision*. Paris, Hachette.

ECO Umberto, 1984. «The frames of comic 'freedom'», in *Carnival*. Mouton publishers, Berlin-New York-Amsterdam: 1–9.

ELIAS Norbert, 1985. «Remarques sur le commérage». *Actes de la recherche en sciences sociales* 60: 23–29.

FREUD Sigmund, 1930. *Le mot d'esprit et ses rapports avec l'inconscient.* Paris, Gallimard, coll. «Idées».

GUNTERN Joseph, 1981. *Walliser Sagen. Gesammelt und hrg. von Joseph Guntern.* Olten, Walter Verlag.

IDENTITÉS COLLECTIVES ET CHANGEMENTS SOCIAUX. 1980. *Production et affirmation de l'identité.* Colloque international de Toulouse, septembre 1979. Privat, Sciences de l'homme.

IMESCH Dionys, 1907. *Beiträge zur Geschichte und Statistik der Pfarrgemeinde Naters.* Bern, Stämpfli.

IVANOV V. V., 1984. «The semiotic theory of carnival as the inversion of bipolar opposites», in *Carnival.* Mouton publishers, Berlin-New York-Amsterdam: 11–35.

LEFEBVRE Joël, 1968. *Les fols et la folie.* Paris, Klincksieck.

MORIN Violette, 1966. «L'histoire drôle». *Communications* 8: 102–119.

NARRENFREIHEIT, 1980. Beiträge zur Fastnachtsforschung. Untersuchungen des Ludwig-Uhland-Instituts der Universität Tübingen. 51. Band. Tübinger Vereinigung für Volkskunde.

NAUMANN Hans, 1922. «Studien über den Bänkelsang». *Zeitschrift des Vereins für Volkskunde,* Jahrgang 1920–1922 (Berlin): 1–21.

SCHENDA Rudolf, 1967. «Der italienische Bänkelsang heute». *Zeitschrift für Volkskunde* LXIII: 17–39.

SCHINDLER Norbert, 1984. «Karneval, Kirche und die verkehrte Welt. Zur Funktion der Lachkultur im 16. Jahrhundert». Jahrbuch für Volkskunde: 9–57.

DR SCHNITZELBANGG, 1976. *Zeitkritisches aus Basel.* Zusammengestellt von Markus Fürstenberger. Bern, Benteli Verlag.

SPERBER Dan, 1974. *Le symbolisme en général.* Paris, Hermann, coll. Savoir.

STERN Elisabeth, 1981. *The role of gossip in social transformations.* University of California, San Diego. Master thesis.

THOMPSON Edward P., 1980. *«Rough Music» oder englische Katzenmusik, in Plebeische Kultur und moralische Ökonomie.* Aufsätze zur englischen Sozialgeschichte des 18. und 19. Jahrhunderts. Ullstein Materialien. Frankfurt a.M.-Berlin-Wien.

TRADITION ORALE ET IDENTITÉ CULTURELLE, 1980. Problèmes et méthodes. Sous la direction de Jean-Claude Bouvier. Paris, Editions du CNRS.

François Borel

Une tradition orale de classe chez les Touaregs du Niger

C'est au cours d'enquêtes ethnomusicologiques chez les Touaregs du Niger (1973–1983) que j'ai recueilli un certain nombre de chants appartenant à des catégories de musique déterminées: la musique vocale des hommes, chantée *a capella* en soliste ou en duo, accompagnée ou non de la vièle monocorde *anzad* (toujours jouée par une femme); la musique vocale des femmes, avec chœur responsoriel et tambour-sur-mortier *tendey* (toujours frappé par une femme) ou celle, non accompagnée d'instruments, de la danse ou des chants de louanges religieux. Deux zones bien distinctes du point de vue touareg, mais aux frontières géographiques assez floues ont été prises en considération: la zone des Iullemmeden de l'est, comprise schématiquement entre Tahoua et In Aggar, et la zone des kel Fadey: un rayon de 100 km autour d'Ingal[1].

En étudiant ces textes de chants, du moins ceux qui ont fait l'objet d'une traduction[2], il s'est avéré indispensable de les classer selon leur genre, leur forme, le style de l'exécutant et surtout la catégorie sociale traditionnelle à laquelle ce dernier appartient[3] et les circonstances dans lesquelles se déroule l'événement.

1 Les kel tamajaq (= «ceux de la tamajaq») étudiés ici sont des sociétés de pasteurs purement nomades, à la différence de ceux du massif de l'Aïr, la plupart semi-nomades, et des kel Gress, sédentarisés dans la zone haoussa du sud du Niger. Les Iullemmeden de l'est (*Iullemmeden kəl dənnəg* ou *tegaregare* = «ceux du milieu») forment une importante confédération dont la chefferie (*əttəbəl*) est détenue par le groupe des kel Nan, proche de Tchin Tabaraden. Les kel Fadey constituent un petit ensemble politique nomadisant aux alentours d'Ingal. Bien que faisant partie des Touaregs de l'Aïr, il s'en sont toujours démarqués par une indépendance farouche et par de nombreuses alliances avec les Iullemmeden au cours de leur histoire mouvementée.
2 Les textes de chants en tamajaq, plus précisément en dialecte *taullemmet* de l'est (dialecte des Iullemmeden de l'est) et en *taert* (dialecte de l'Aïr), ont été traduits par Altinine ag Arias, du CELHTO de Niamey et par Abdurahmane ag Akhmudu, de la tribu maraboutique des kel Eghlal à Ekizman (est d'Abalak).
3 La société touarègue traditionnelle se structure très schématiquement ainsi:
   – suzerains: *imajeghen*, sg. *amajegh* (= «guerriers», «nobles»);
   – maraboutiques: *ineslemen*, sg. *aneslem* («religieux», «lettrés»);
   – tributaires libres: *imghad*, sg. *amghid* (= «vassaux»);
   – artisans: *enaden*, sg. *enad* (= «forgerons»);
   – captifs: *iklan*, sg. *akli* (= «serviteurs», «esclaves»).

Cet article a pour but d'esquisser ces quelques approches typologiques sur la base de trois exemples représentatifs: chant épique, chant d'amour, chant de louanges, faisant partie des catégories avec *anzad,* en solo et avec *tendey,* tels qu'ils sont pratiqués dans les deux régions envisagées par les membres des diverses strates de la société touarègue.

Les poèmes épiques

Les poèmes épiques constituent l'ossature de l'histoire orale de la société touarègue. Les chroniques guerrières y prédominent, mais elles sont fréquemment noyées dans un flot de digressions métaphoriques sur l'inaccessible amour d'une bien-aimée, sur la vie des campements, des chameaux et du bétail. La créativité personnelle du récitant ou du chanteur n'intervient que rarement. Il lui est toutefois permis de mêler des poèmes, d'intercaler des vers empruntés à d'autres auteurs. Il lui faut cependant respecter soigneusement la métrique, la rime et la scansion qui confirmeront l'origine guerrière («noble») du poème chanté, et citer au moins un des vers du poème original.

Alors qu'un grand nombre de ces poèmes hérités de la tradition guerrière des Iullemmeden kel Denneg ont été recueillis par Bernus (1970), Alojaly (1975), Khamidoun (1976) et surtout Nicolas (1944), afin d'écrire l'histoire des kel Denneg, il n'existe pratiquement pas jusqu'ici de versions chantées *(tǝsawit tiggat dagh ezele* = «poème fait dans chanson») susceptibles de fournir des indications précieuses quant au mode d'expression et au style régional de l'auteur du chant. Ce qu'on connaît par contre, du moins partiellement, ce sont les «rythmes poétiques» *(aggayan; sg. aggay)* sur lesquels ces poèmes doivent être scandés (Nicolas 1944:14–15; Alojaly 1975:174–175). A chacun de ces rythmes correspond un nom, par exemple *Ener* (= la gazelle Dama), *Balla* (surnom de Bodal ag Katami, chef des Iullemmeden kel Denneg entre 1820 et 1840) ou *Shin Ziggaren* (bataille entre les Iullemmeden et les kel Gress en 1871).

Il est possible de réciter ou de chanter différents poèmes *(shishiway; sg. tǝsawit)* sur un même rythme[4]. Selon Ghoubeïd Alojaly (loc.cit.), les

---

[4] Francis Nicolas a introduit un certain malentendu en confondant les notions de «rythme de chant» *(anea* dans le Hoggar, *aggay* chez les Iullemmeden) et d'«air de violon», qu'il qualifie d'*ezele,* alors que ce terme se réfère à un chant quelconque. Mon informateur principal, Hamed Ibrahim d'Abalak, précise à ce sujet: «Quand on entend un chant déjà connu dans la tradition, on dira *'ma imoos aggay win?'* ('Quoi est rythme celui-ci?'); pour une autre chanson, on demandera: *'ma imoos ezele wen?'* ('Quoi est cet air-là?').

rythmes fondamentaux des Iullemmeden sont au nombre de six. A chacun d'entre eux correspond un air déterminé qu'on joue sur la vièle monocorde *(anzad)* et qui est aussi chanté par les hommes. Un rythme et son air respectif ont probablement été créés par le même auteur. Il y a des rythmes (airs) anciens, d'autres plus récents qui en sont des dérivés. D'après Nicolas (1944:9–10) et Hamed Ibrahim, ces différents rythmes sont la «propriété» de l'une ou l'autre des fractions suzeraines des Iullemmeden[5]. A une certaine époque en effet, et souvent encore aujourd'hui, les textes et chants rattachés aux rythmes «personnels» des guerriers ne pouvaient être récités ou chantés que par leur auteur ou par son forgeron attitré. Ils étaient donc soumis à une sorte de «droit d'auteur». Seules les joueuses d'*anzad* avaient le droit de diffuser le rythme et l'air, mais sous forme instrumentale uniquement[6]. Encore aujourd'hui, quand on leur demande de nommer l'air qu'elles sont en train de jouer, elles répondent par le nom du rythme ou par l'un de ses dérivés.

Chant sur «Ener»

Le chant présenté ci-dessous peut être qualifié d'*Ener* à double titre: il est d'une part composé selon un mètre de quatre pieds et neuf syllabes selon le schéma / – – / – . – / – (–) (.) / – – / et d'autre part, l'incipit commence par le nom de *Ener*. C'est un rythme «ancien». Il est mentionné par Alojaly (1975:174–176) comme étant le dérivé «de l'Est» d'un rythme plus ancien encore venant des Iullemmeden de l'Ouest (kel Attaram). Cet *«Ener* de l'Est» fut créé par Afellan ag Hawal, un guerrier des Izeryaden (tribu aujourd'hui éteinte) qui jouissait d'un grand prestige dû à son courage, ses talents de poète *(amessewi)* et de séducteur (pour la vie d'Afellan, voir Bernus 1970:467–471). Il avait, dit-on, baptisé son cheval *Ener,* mais c'est plutôt à lui-même qu'il avait attribué ce surnom[7].

---

5 Dans son journal personnel rédigé en tamajaq mais écrit en arabe, Hamed Ibrahim, frère de l'Iman des Iullemmeden de l'est et «Chef de Canton» d'Abalek, a relevé les titres (rythmes) suivants: *Balla, Ener, Khay, Telgu, Libaw, Federenka, wər t ila isəm, Tabangajwat.*
6 D'ordinaire, chez les Iullemmeden kel Denneg, les femmes ne chantent pas en soliste, sinon dans le cadre du *tendey.*
7 Il est en effet courant que les hommes possèdent un surnom, car on ne dévoile pas facilement son nom de baptême. Dans les poèmes, les hommes et les femmes sont fréquemment désignés par des métaphores animales (chameau, éléphant, gazelle, vache).

Dans ce poème très connu, Ener (Afellan), exilé par Musa ag Bodal (fils et successeur de Bodal à la tête des Iullemmeden) dans la région d'Agadez parce qu'il avait courtisé la femme de ce dernier, se tourne avec nostalgie dans la direction d'Asos (puits situé à des centaines de kilomètres de là) en pensant à Elweter, sa bien-aimée. Le premier vers est cité par Bernus (1970:469), tandis que les vers 7 à 12 sont présents dans Alojaly (1975:69), intégrés à un autre poème.

Cette version fut enregistrée à Shin Tezzamay, près de Kao (Dpt de Tahoua), le 6 avril 1981. Le chanteur, Mejila ag Hamed-Akhmed, est le fils d'un chanteur célèbre[8]. Il était accompagné par Almuntaha, joueuse d'*anzad* décédée depuis (voir photo 1). La séance d'enregistrement fut effectuée «sur commande», sous la tente de Mejila, dont la fonction était alors de surveiller le parc à véhicules d'une entreprise de construction. Mejila appartient au groupe des Ayt Awari n adragh, groupe maraboutique (ineslemen) des Iullemmeden kel Denneg. Son statut n'est donc pas celui des «guerriers» (imajeghen), mais des «lettrés» religieux. Les ineslemen sont souvent, en effet, les dépositaires les plus fidèles de la tradition orale, tels les auteurs Ghoubeïd Alojaly et Akhmedou Khamidoun, tous deux issus du groupe des kel Eghlal.

Connu dans toute la zone touarègue par l'intermédiaire de la cassette, Mejila est réputé non seulement pour ses qualités de chanteur (mélismes[9] et voix de tête exceptionnels), mais surtout pour son répertoire qui restitue par le chant les poèmes de la tradition épique des Iullemmeden.

8 S'agit-il du chanteur Hamed-Akhmed ag Ezzou cité par Nicolas (1944:189), mais donné comme appartenant au groupe des Issherifen?
9 Mélisme: dessin mélodique de plusieurs notes ornant une des syllabes, accentuées ou non, d'un texte chanté.

Photo 1 Le chanteur Mejila, accompagné à l'*anzad* par Almuntaha. Shin Tezzamay (Kao), 6 avril 1981. (Photo F. Borel)

Notation «brute» du texte du chant (Archives MEN Ni 81:12, durée: 3'45")

0. A bingi llanga yebi la ya ha bingi la na
1. Enenger ingibdad ingiswad daghangasus
2. Inəngabi langa subringi llaka d ingi manas
3. Slinge shingi samanga tenesingidas
4. Tofengener iflingi feystananga man
5. Illingi langa zemanga araningingbingriman
6. Ilingi wangay aningi sha ka lingiidan
7. Nekzanga taag ghənga dayanga ghingidan
8. Dəklanga dingidre dmerina mangaasseyn ya!
9. Netkəlngəlishingi təsingiradingi ghangazinen
10. ənsa daa yazangaghi sheysanangatin
11. Edshinginaamningiidi wənga ranga kimen
12. Aningiidaa ha səniitangəngar ingigan
13. Madeeghingi dighla yaningiisan.

A défaut d'illustration sonore, cette notation[10] appelée «brute» donne une idée de ce à quoi l'auditeur est confronté: un énoncé dont toutes les syllabes vocaliques longues (sauf les syllabes initiales de chaque vers) sont allongées d'un motif /**ing**/ ou /**ang**/ sans signification particulière, dont la fonction est manifestement de permettre au chanteur d'exprimer son style mélismatique, mais dont la présence modifie le rythme *Ener* original au point de le remplacer par un autre, celui de Mejila. S'agit-il d'un style hérité des Anciens ou d'une tendance actuelle répandue parmi les chanteurs régionaux? Une analyse approfondie de l'emplacement de ces motifs en fonction des accentuations mélismatiques et du mètre original devrait apporter une réponse, dans la mesure où cette analyse est opérée à partir d'un corpus représentatif.

---

10 Le système de notation utilisé ici est celui qui a été adopté par les services d'alphabétisation du Niger, mais sous une forme simplifiée:

consonnes
- **g** toujours occlusif (**gare**)
- **j** comme en français
- **gh** évoque le **r** français ni roulé, ni grasseyé
- **kh** correspondant sourd du **gh** et comme **ch** allemand dans Achtung
- **m,n** toujours consonnes, jamais nasalisation d'une voyelle
- **q** occlusive vélaire; arabe **qaf**
- **r** roulé
- **s** toujours sourd
- **sh** correspond à **ch** français
- **w** semi-voyelle, comme **ou** en français dans **ouate**
- **y** semi-voyelle, devant une voyelle, comme dans **yeux**
  semi-voyelle, après une voyelle, comme dans **l'aïc**

voyelles
- **e** **é** du français
- **u** **ou** du français
- **ə** **e** muet ou voyelle centrale

Il n'a pas été tenu compte des consonnes emphatiques, étant donné qu'elles n'entraînent pas de modifications sémantiques.

Le mot **touareg**, ne faisant pas partie de la *tamajaq*, est francisé: un Touareg, une Touarègue, des Touaregs; adj. touareg (ègue) (s).

Notation et traduction mot-à-mot

0. A   Billa   A   Billa   A   Billa
    Par   Dieu!   Par   Dieu!   Par   Dieu!

1. Ener   ibdad   iswad   dagh   Asus
    Ener   est-debout   regarde   dans   Asos

2. Inəbləs   ghur   illakad   i-ma-s
    Inebles   à   aller-rencontrer   âme-d'elle

3. Isli   shisamaten   isərdəs
    J'ai-entendu   réjouissances   jeux

4. Tof   Ener   fəll   əfistan   aman
    Meilleure-que   Ener   à-cause-de   a-cessé   eau

5. Illil   azəmmur   ən   Inbərman
    Il-longe   dune-plate   de   Inbarman

6. Illəwəyən   i-shokəl   idan
    Il-marche-lentement   il-voyage   il-paît

7. Nakkza   taggagh   ad - ayyagh   idan
    Moi   je-vais-faire   pour - laisser   chiens

8. D - eklan   d-əddənet   mer   damasseyn
    Et - captifs et - gens   maintenant   calmes

9. Nətkəl   shintəsərrad   əghaznen
    Je-prends   sabre (celui des)   sillons

10. Ansagh   dayyazagh   shisalaten
    Je-passe-nuit   je-foule   roches-lisses

11. əd   shənannən   id   i-wər   əkmen
    Et   épines   qui   me-pas   faire-mal

12. Anin   dasan   itagg   arəggan
    Comme   ce-que   font   grands-chameaux

13. Madegh   idi   əghlayən   isan.
    Ou (bien)   chien   tourne-autour   viande.

Traduction

1. Ener est là, debout, il regarde vers Asos.
2. Il va la rencontrer à Iniblis.
3. J'ai entendu la rumeur des réjouissances et des jeux.
4. Elle est plus belle qu'Ener luisant sous la pluie
5. Il longe la dune plate de Inbarman,
6. A pas lents, il voyage tout en paissant
7. Moi, ce que je fais, c'est de laisser les chiens,
8. Les captifs et tout le monde tranquille,
9. De prendre le sabre gravé de sillons,
10. De passer la nuit à fouler les roches lisses,
11. Sans que les épines ne me blessent,
12. Comme ce que font les grands et beaux chameaux,
13. Ou les chiens qui rôdent autour de la viande.

Commentaires

Vers 1: Afellan parle de lui-même à la 3ème p. du sg.

Vers 2: Le sens de ce vers est ambigu, car *Inebles* (ici lieudit) peut être aussi interprété par *Iniblis* = «de Satan» et, par extension selon Drouin (1982:114), «du tentateur» ou encore «de mon sentiment amoureux». On obtiendrait ainsi: «Son amour le pousse à la rencontrer».

Vers 3: *Shisamaten:* d'abord indiqué comme un lieudit (vallée à l'est d'Abalak), puis interprété comme le pl. de *tazama* = «bruit de foule, réjouissances».

Vers 4: Reprise du cpl. d'obj. dir. du vers 2: la bien-aimée qui est toujours «meilleure que soi-même». Les «eaux» (= «la pluie») ont cessé, laissant les peaux luisantes.

Vers 5: *azemmur* = peut-être *ademmur* = graminée du Nord sahélien (Nicolas 1944:182, v. 38, note).

Vers 7 à 12: Semblables à ceux du poème d'Afellan cité par Alojaly (1975:69).

Vers 8: *damasseyn* = «immobiles, silencieux»; ici: «endormis».

Vers 9: *shin tǝsǝrrad* = «celle des raies»
eghaznen = «creusées».

Vers 10: *shisalaten* = il existe un lieudit «Shin Salatin», près de Tchin Tabaraden.

Le chant d'amour

Tous les Touaregs, quelle que soit leur origine, peuvent prétendre composer des poèmes d'amour. S'il est un domaine dans lequel les hommes ne sont jamais à court d'inspiration, c'est bien celui-là. Face à des femmes souvent moqueuses, critiques et exigeantes, l'amoureux doit se surpasser pour compter parmi les prétendants, en espérant avoir la chance d'être un jour sinon l'élu, du moins un des favoris de la femme convoitée. Il s'efforce donc de soigner ses poèmes, de les personnaliser afin de ne pas être accusé de plagiat. Ce qui explique pourquoi, lorsqu'il récite ou chante un poème d'amour, le candidat a coutume d'en citer l'auteur au début ou à la fin de la déclamation.

Celle-ci a lieu la nuit, en petit comité masculin, à l'occasion des joutes oratoires dont sont friands les Touaregs. N'y participent en principe que les membres de la parenté «à plaisanterie» avec lesquels n'existe pas la relation de «pudeur» (ou «respect») *takarakit:* les cousins et cousines croisés *(tǝbbubǝza)* et la parenté par alliance *(tǝllusa)*. Les femmes et jeunes filles présentes demeurent en retrait. Elles rapporteront à la principale intéressée les vers qui lui sont dédiés. Il n'est pas concevable, en effet, de réciter un poème d'amour en la présence de la destinataire, à moins de le faire en tête-à-tête.

Chant pour Madyen

Le rythme de ce poème chanté ne fait pas partie des rythmes «historiques». Il n'est donc pas connoté socialement. Il s'agit de vers de huit syllabes répartis en quatre pieds selon le schéma suivant: //.-/.-/.-/.-//. La rime y est particulièrement bien respectée, sans ajout de syllabes de «remplissage». Spécialistes de ce genre, les artisans-forgerons (enaden) sont les auteurs de petits bijoux, ciselés avec passion et minutie. Ce «poème à Madyen» *(tǝsawit i Madyen)* fut composé par Bubakrin, forgeron, aujourd'hui décédé, de l'Imam des Iullemmeden, Mohammed ag Hamed el Mumin (toujours vivant), en l'honneur d'une femme kel Eghlal du campement. Il m'a été récité, puis chanté, à Ingal, le 19 septembre 1980, par Abdurahmane Musa (voir photo 2), jeune forgeron du même campement et de la même famille. Il n'a pas été nécessaire de faire figurer les deux versions de l'énoncé puisque le rythme, la scansion et la segmentation y sont également respectés. Une petite lacune toutefois: la version chantée ne comporte pas les deux dernières strophes, les plus expressives pourtant du poème. Il est vrai que la présence de l'enquêteur et de son magnétophone peut parfois jouer un rôle perturbateur.

Notation et traduction mot-à-mot (Archives MEN Ni 80:86, durée: 0'20")

1. əss| ənd-od | d | əngom | d | ənd-azəl nad |
   Hier-nuit et temps-passé et avant-hier

2. Harkid shilil shin dat shinad
   Et-même lunes celles-de avant celles-passées

3. Neha meddan naqqim ningad
   Je-suis-parmi hommes je-suis-assis je-porte

4. Alassho nin ofan winad
   Turban de-moi plus-beau-que ceux-d'autrefois

5. Iknan tasədid tolas ləmmid
   Bien-arrangé mince encore souple

6. Tara n Madyen z - ofet dagh fad
   Amour de Madyen est-mieux dans soif

7. Madegh temse n erzag n əqqəd
   Ou feu de cour-de-nuit dans brûlure

8. Kha iman - in aləs todad
   Ah! âme-de-moi homme elle-presse-en-appuyant

9. Dagh admar net kud degh tebdad.
   Dans poitrine d'elle si encore elle-est-debout.

Traduction

1. La nuit dernière et déjà avant-hier,
2. Et même des lunes et des lunes auparavant,
3. J'étais parmi des hommes, nous étions assis, voilés.
4. Mon turban était alors plus beau que ceux d'autrefois:
5. De bonne qualité, mince et soyeux.
6. L'amour pour Madyen, je le préfère encore dans la soif,
7. Ou le feu de la veillée amoureuse dans lequel je me brûle.
8. Ah! Si seulement j'étais l'homme qu'elle serre
9. Contre sa poitrine, alors qu'elle demeure inaccessible.

Photo 2 Abdurahmane Musa, jeune forgeron des kel Eghlal. Ekizman (Abalak), mars 1981. (Photo F. Borel)

Commentaires

Vers 1, 2: allusion probable à l'âge ou au temps qui s'est écoulé depuis que l'auteur est tombé amoureux.

Vers 3: «Je fais partie des hommes de valeur, car je m'assieds avec eux et moi aussi, je porte le turban.»

Vers 4, 5: «Ce turban neuf que j'ai acquis pour remplacer l'ancien, pour être beau (= pour faire peau neuve)» Le poète ne parle-t-il pas de lui-même?

Vers 6, 7: «Je préfère encore la soif et la brûlure du feu aux tourments qu'engendre l'amour de Madyen que je vais retrouver la nuit» (Madyen est une femme taneslemt, le poète n'est que forgeron).

Vers 8: *iman-in* = «moi-même», «ma personne», d'où: Ah! moi-même, l'homme qu'elle serre».

Vers 9: *tebdad*, de *ǝbdǝd* = «se tenir debout», «s'arrêter». Pour Aghali-Zakara et Drouin (1979:39, v.35), «elle se tient debout» peut vouloir dire d'une femme qui regarde des cavaliers: «qu'elle assiste et qu'elle juge de la valeur de chacun des cavaliers.»

Le poète semble commencer par se valoriser lui-même vis-à-vis des autres hommes, ou alors il déplore son âge, ou encore le temps passé à subir un amour insatisfait. Il se présente ensuite sous l'aspect le plus attrayant, mais s'apitoie sur son sort, faisant allusion implicitement à la cruauté de Madyen, à son inaccessibilité. Il ponctue son amertume d'un vœu fou, aussitôt réprimé.

Les chants-de-tendey

Chez les Iullemmeden de l'est et les kel Fadey, le domaine des chants-de-tendey *(izeliten n tendey)* est exclusivement féminin. C'est une femme qui frappe le tambour construit à partir d'un mortier, c'est elle aussi qui chante en soliste, accompagnée d'un chœur responsoriel composé de femmes uniquement.[11]

L'instrument est frappé à deux occasions bien distinctes:

a) pour les «courses de chameaux» qui ont lieu lors d'un mariage, d'un baptême, d'une réunion officielle ou de toute manifestation prétexte aux hommes à s'exhiber sous leur meilleur jour;

b) pour les séances de danse «assise» (ou debout) qui mettent en œuvre un processus de guérison de certaines affections physico-psychiques appelées «maladies des génies» par les Touaregs.

Les critères de différenciation de ces deux «genres» peuvent être déterminés dans le répertoire des rythmes frappés, mais plus difficilement dans celui des chants (contenu et expression). En effet, les thèmes évoqués (anecdote ou louanges d'un personnage) se rencontreront aussi bien dans l'un ou l'autre des genres.

La grande différence avec les répertoires masculins réside dans la possibilité pour la soliste de créer et d'improviser des chants (texte et mélodie) en s'inspirant des thèmes de son choix et de les mettre en forme sans contraintes, sinon celle du rythme. Il lui est aussi possible de reprendre des textes ou des fragments de textes créés par d'autres chanteuses-tambourinaires de la région.

La meilleure représentante de cette catégorie musicale est sans doute Khadija, ex-captive du groupe des Ighalgawen kel Fadey (guerriers) (voir photo 3). Elle n'a pas de concurrentes dans son campement, ni dans la région d'Ingal. Son talent et sa renommée sont à ce point reconnus qu'elle est fréquemment invitée à se produire lors des fêtes et des réceptions officielles qui se succèdent à la période de la Cure salée. Il lui est même arrivé de composer un chant pour la visite du ministre français Yvon Bourges en 1971. Cependant, ce sont surtout les personnages du campement et la chronique régionale que Khadija évoque dans ses chants. Tel est le cas du chant «Akhmed Egerew».

---

11 Dans le massif de l'Aïr, où les Touaregs sont plutôt des semi-nomades, ce sont les hommes (forgerons) qui frappent le tambour.

Histoire d'Akhmed Egerew

Akhmed Egerew semble être un bandit de grand chemin et justicier, une sorte de Robin des Bois qui, d'après les informations recueillies auprès de Sidaghmar ag Sidi, chef actuel des kel Fadey, en 1980 et chez les kel Eghlal en 1982, errait au nord du Niger, près du Mali, d'où il s'était enfui, pourchassé par les Français. On ne connaît pas son groupement d'origine.

Il est possible que ce personnage ait déjà été évoqué par Francis Nicolas, car dans son recueil de poèmes (1944:385), il fait allusion à un auteur nommé Angulu, «célèbre voleur de chameaux contemporain, originaire d'Aer (tribu Ifadeyen), de son vrai nom Ahmed, connu pour ses rapines d'une audace inouïe et par ses évasions de toutes les prisons de la colonie du Niger».

Dans son chant, enregistré à Shin Mumenin (Ingal) le 7 juin 1973, Khadija relate un événement qui s'est déroulé au début des années cinquante à Ingal. Un goumier (garde nomade armé) nommé Akwel avait humilié en public le chef *ad interim* des kel Eghlal pendant la période de transhumance pour la Cure salée. Ce chef, Mohammed ag Shafighun (décédé en 1954) était très aimé et très respecté par sa communauté (son père, Shafighun, avait signé avec les Français la reddition des kel Eghlal en 1918). Le lendemain de cet incident, le mystérieux Akhmed Egerew tua Akwel et ses compagnons. Il ne fut jamais repris par les Français et il mourut de mort naturelle dans l'Aïr.

Cette version des faits est celle des kel Eghlal. Celle des kel Fadey ne comporte pas l'anecdote relative à l'humiliation du chef mais explique la réaction d'Akhmed par la tentative d'Akwel de lui confisquer son fusil. C'est probablement pourquoi le texte du chant de Khadija met l'accent sur le fusil d'Akhmed qui représente «sa vie et sa sauvegarde».

L'expression

Comme Francis Nicolas l'indique dans l'introduction à *Folklore twareg* (1944:12), on rencontre fréquemment dans les poèmes chantés des syllabes sans signification au début, au milieu et à la fin des vers. Elles servent en général à compléter le nombre de pieds manquants et à faire jouer les rimes. Dans le même but, on recourt à la contraction ou à l'élision de syllabes, ce qui ne facilite pas la transcription des chants. Pour s'en rendre compte, il suffit de comparer les notations «brute» et «nette» du chant.

Autre procédé souvent utilisé par Khadija, les vers à caractère onomatopéique, sans signification particulière. Au-delà de leur fonction purement rythmique, on peut se demander si ces vers ne sont pas là pour donner un

Photo 3 Khadija, chanteuse-tambourinaire des kel Fadey, en train de préparer son *tendey*. Shin Mumenin (Ingal), avril 1978. (Photo F. Borel)

certain relief à ceux qui les suivent, dont le contenu doit être particulièrement mis en valeur.

Lorsque le chœur répond à la chanteuse, soit il reprend le vers que cette dernière a chanté au début du chant, soit il récite un vers purement onomatopéique non chanté par la soliste, mais bien «équilibré» rythmiquement, ou encore, il répète chacune des fins de strophe.

Quant à la longueur des poèmes, elle peut varier du simple au double. Tout dépend du contenu, de l'inspiration de la soliste et de l'enthousiasme des participants.

Le texte de ce chant a été composé par Khadija elle-même. Il ne s'agit donc pas d'une improvisation intégrale. Elle a fait en sorte que les strophes en soient interchangeables. Cette hypothèse semble d'ailleurs être confirmée par la seconde version du même chant (Archives sonores MEN Bo:141) dont les strophes sont souvent interverties, et même morcelées.

Notation «brute» du texte du chant (Archives MEN BO:51, durée: 3'10")

(La segmentation du texte en vers a été opérée en fonction de la «réponse» du chœur.)

	Soliste	Chœur
	Ha ima ni naa, ma ima ni naa	a i sa na
1.	Dissha tagday taa, ma da ra hajjara	a i sa na
2.	Asshat ingallaa, nari shin ayara	a i sa na
3.	Na dissi la ma taa, ma d emud akhmǝda	a i sa na
4.	Ma das isibalbalaa, ma shi mi batana	a i sa na
5.	Ma dis shid ewadda, ma dakwelida hara	a i sa na
6.	Ma dis shid ewadda, ma dis kantitana	a i sa na
7.	Ma digh rashallakha, ma gari darwanna	a i sa na
8.	ǝd imujjar inaa, mallan ghur kollow kha	a i sa na
9.	Awarbaghya khaa, ma shigarrashinna	a i sa na
10.	a wǝr ila shika, ma wǝlinshinshika	a i sa na
11.	ma wǝr ikkosata, ma daghnazzulama	a i sa na
12.	ma dissǝlfaghdisa, ma tasan tohara	a i sa na
	Ha ima ni naa, ma ima ni naa	a i sa na
	Ma ima ni naa, ma ima ni naa	a i sa na
13.	Ma de gammalleka, ma dabbaz wanina, ma wǝr dak imosa, ma tessay nalkasa	a i sa na
14.	Akhmǝd irhukaa, ma dik inshilalta	na i sa na
15.	Irma d attlaghaa, ma dijja fǝll as a,	a i sa na
16.	Distagh tamzaka, ma fǝl in shikasta	a i sa na
17.	A zaghnen warata, ma kurad gilmasa	a i sa na
18.	Ma tenertinhaya, ma tidew d amnisa	a i sa na
19.	Ma das ǝlkamnata, ma das izzibata, ma das ǝddaynata	a i sa na
20.	Shihulawena, ma nakmat naghlasa	a i sa na
21.	Ma ehansalakha, ma nǝshwakh nettasa	a i sa na
22.	D akhmǝd ihooraa, ma daghlam mallana	a i sa na
23.	D aghlam mallanaa, ma wan nettatana	a i sa na
24.	Tiggar tamzakaa, ma dasshakwatana	a i sa na
25.	D arbaghya khaa, nawan asshashena	a i sa na
26.	Attǝdnay temsay kha, ma busattatana	a i sa na
27.	D ihoor damzadaa, ma das aggatana	a i sa na

Notation «nette» avec traduction mot-à-mot

0.	*Ha*	*iman - in*	*ha*	*iman - in*		
	Ah!	âme-de-moi	ah!	âme-de-moi		
1.	*Shin*	*Tagdayt*	*ar*	*Ahaggar*		
	Celles-de	Tagdayt	jusqu'au	Hoggar		
2.	*Asshet*	*Ingal*	*ar*	*shin*	*Ayar*	
	Filles d'	Ingal	jusqu'à	celles-de	Aïr	
3.	*Nin*	*təslaamat*		*amud*	*n*	*Akhmad?*
	Est-ce que	vous-avez-entendu		fête	de	Akhmed?
4.	*As*	*isabəlbəlen*	*s - imi*	*ibatan*		
	Quand	cris-de-victoire	avec-bouche	ils-sont-morts		
5.	*As*	*t-id*	*yewad*	*Akwel*	*idhaar*	
	Quand	vers-lui	est-arrivé	Akwel	arrogant	
6.	*As*	*t-id*	*yewad*	*dat*	*kantitan*	
	Quand	vers-lui	est-arrivé	devant	boutiques	
7.	*Ighra-as*	*Ella*	*gər*	*i*	*dər*	*wan*
	Il - invoque	Dieu	entre	moi	avec	vous
8.	*Imugar-in*	*illan*	*ghur*	*Kollow*		
	Chameaux-de-moi	sont	chez	Kollo		
9.	*Arbaghya*	*shighərras-shin*				
	Fusil	vies-à-moi				
10.	*wər ila*	*shi-k*	*wəla*	*shi-s n shi-k*		
	Il-ne-possède pas	ton-père	ni	ton-grand-père		
11.	*wə*	*ikkosat*	*dagh*	*nəzzulam*		
	Pas	tu-hérites	dans	infidèles		
12.	*asəlfəgh*	*dis*	*t-asan*	*tohar*		
	Faire-éclater	sur-lui	elle-à-eux	ensemble		

	Ha	*iman - in*		*ha*	*iman - in*		
	Ah!	âme de-moi		ah!	âme de-moi		

	Ha	*iman - in*		*ha*	*iman - in*		
	Ah!	âme de-moi		ah!	âme de-moi		

13. *Egamm-all-ek* *abbaz* *wa-nin* *wər* *dak*
    Malheur-à-ta-fille! saisir de-moi pas pour-toi

    imoos *tesse* *n* *elkas*
    est boisson d'un verre

14. *Akhməd* *irhuk* *ikka* *Inshililt*
    Akhmed s'en-va est-parti Inshililt

15. *Irma-s-du* *atlagh* *igər* *fəl* *as* *shidarsawən*
    Il-saisit chameau-acajou-clair lance sur lui ornement

16. *Istagh* *tamzak* *fəl* *ənshikast*
    Relève selle sur Inshikast

17. *Zaghnen* *wa* *arat* *kuura* *əd* *əgelməs*
    Vraiment! cette chose tunique et voile

18. *Tenert* *inəy* *tiddew* *d* *əmnas*
    Antilope il-voit accompagnée de chameau

19. *As* *əlkəm* *as* *izzəbat* *as* *ədeynet*
    Quand elles-suivent quand il-descend quand elles-discutent

20. *Shihulawen* *nakmat* *naghlas*
    Salutations à-vous je-me-porte-bien

21. *Ehan* *Salakh* *nəshwa* *akh* *nəttas*
    Je-suis-chez Salakh je-bois lait je-dors

22. *Akhməd* *ihor* *d-aghlam* *mallan*
    Akhmed mérite avec-chameau blanc

23. *D - aghlam* *mallan* *wan* *ettatan*
    Avec-chameau blanc celui-des «t»

24.	*Tiger*	*tamzak*	*d-asshakwaten*
	Est-jetée	selle	avec-sacs
25.	*D-arbaghy*	*wan*	*əsshashen*
	Avec-fusil	du	fourreau
26.	*Tədnəy*	*temse*	*busattatan*
	Est-rempli-de	feu	armes
27.	*Ihor*	*d*	*anzad*
	Il-mérite	avec	violon.

Traduction

0. Ah! mon âme, ah! mon âme
1. Filles de Tagdayt jusqu'à celles du Hoggar
2. Filles d'Ingall jusqu'à celles de l'Aïr
3. Avez vous entendu la fête d'Akhmed?
4. Quand les hurlements ont retenti, ils sont morts.
5. Akwel était arrivé vers lui plein d'arrogance,
6. il s'était approché de lui devant les boutiques,
7. Akhmed avait pris Dieu à témoin «entre moi et vous tous».
8. «Mes chameaux sont chez Kollo».
9. «Le fusil, c'est ma survie.»
10. «Il n'appartient ni à ton père, ni à ton grand-père»
11. «Tu ne l'as pas hérité des Infidèles».
12. C'est alors que le coup est parti sur eux tous ensemble.
13. «Que ta fille soit maudite! On ne m'attrape pas comme on boit un verre de thé».
14. Akhmed se lève, veut partir à Inshililt.
15. Il saisit Atlagh, jette sur lui l'ornement de selle de femme,
16. Relève la selle d'apparat sur n-shikast.
17. En vérité, il voit une tunique indigo et un voile,
18. Une (des) gazelle(s) accompagnée(s) d'un (de) chameau(x).
19. Elles, elles le suivent lorsqu'il met pied à terre et elles discutent.
20. «Je vous salue, femmes! Moi, je me porte bien!»
21. «A l'intérieur de la maison de Salekh, nous buvons du lait, nous dormons».
22. Akhmed mérite un chameau blanc,
23. Un chameau blanc marqué avec des «t»,

24. Sur lequel est posée une selle d'apparat, des sacs,
25. Le fusil et son fourreau,
26. Des armes remplies de cartouches.
27. Il mérite qu'elles lui jouent du violon.

Commentaires

Titre: *Egerew (egaraw)* = litt. «fleuve, mer, lac, vaste étendue d'eau». Par extension, «fleuve Niger». Ici: «Akhmed du fleuve» (Alojaly 1980:59, Foucauld 1918 I:345).

Vers 0: *Iman-in:* = litt. «âme de moi»; p. ext. «la personne de moi», «moi-même».

Vers 1: *Tagdayt* = lieudit inconnu. Peut-être Tagayt (Teggida nTagayt, à l'ouest d'Agadez).

Vers 3: *Amud* = «fête religieuse, prière canonique» (Alojaly 1980:123). P. ext., «fête».

Vers 4: *Isabəlbəlen (sebelbel)* = produire un son 'belbel', cris exprimés lors de la réalisation d'un grand exploit ou de la victoire à la lutte. *Ibatan* = du verbe *iba:* «ne plus exister, être mort». Pourrait se référer à ceux qui poussent les cris.

Vers 5: *Akwel* (la racine kwl signifie «noir» en tamajaq).

Vers 7: litt. = Akhmed appelle Dieu pour être protégé d'Akwel et de ses comparses.

Vers 8: *Kollo* = le «logeur» d'Akhmed à Ingal.

Vers 9: *Arbaghya* = provient probablement de l'arabe *albarud*. *Shighər-ras:* pl. de *taghrest* = «longue vie, durée de vie». Ici, licence poétique pour allonger la phrase et l'alléger.

Vers 10 et 11: v. à la 2ème p. du sg. parce que c'est la chanteuse qui s'adresse à Akhmed.

Vers 11: Infidèles = il s'agit ici des Français.

Vers 12: *t-asan* = le *t* représente la balle de fusil. L'histoire dit que Akhmed a tué ses adversaires d'une seule balle. Balle d'arme à feu: *tasawat/tisawaten*.

Vers 13: *Egamm-all-ek* = expression qui résume la satisfaction de quelqu'un vis-à-vis d'un individu qui cherche à le tromper sans y parvenir.

Vers 14: *Inshililt* = lieudit non localisé (aussi dans Nicolas 1944:192, vers 34).

Vers 15: *Atlagh* = nom de chameau très courant, à robe «acajou clair» (Alojaly 1980:190).
Shidarsawen = pl. de *tedarse:* «Disque en poil de chèvre tressé, avec longues franges en fil de poil de chèvre (se suspendant,

comme ornement, à la selle de méhari pour femme)» (Foucauld 1951–52, I:288). Ce qui confirmerait la présence d'une femme dans l'histoire.

Vers 16: *Tamzak* = selle *(tərik)* faite à Tamzak (Aïr) et particulièrement bien décorée.

-n-shikəst = litt. «(celui) des morceaux d'étoffe» (Alojaly 1980:101). P. ext., nom d'un chameau à robe tachetée.

Vers 17: *Kuura* = ville haoussa du nord du Nigéria où sont confectionnés les tissus indigotés rendus brillants par martelage.

Vers 18: *Tenert* = antilope Mohor (ou gazelle Dama) femelle. Symbolise la bien-aimée dans les poèmes touaregs.

Vers 21: *Salekh* = homme non identifié.

Vers 23: *Ettatan* = il s'agit du signe de propriété tribal marqué au fer sur les chameaux et le bétail.

Vers 26: «remplies de feu» = chargées de cartouches.

busattatan = *bu-settaten* (Nicolas 1944:354, dial. Tajert); voir aussi *bouzerara* «Fusil Gras d'infanterie (modèle 1874)» (Foucauld 1951–52, I:119).

Vers 27: Le fait de «mériter l'anzad (ou imzad)» constitue pour un homme la reconnaissance implicite de sa valeur et de son courage.

Conclusion

Sur la base de ces trois exemples, il est possible d'entrevoir une classification des répertoires de poèmes et de chants de la tradition orale touarègue en fonction de leur appartenance à tel ou tel groupe de la hiérarchie traditionnelle. Pour ceci, il est nécessaire d'examiner de près les thèmes abordés, la forme et l'expression de l'énoncé chanté par rapport à la version récitée.

Certes, les différences hiérarchiques de la société touarègue auront bientôt disparu et avec elles les répertoires de «classe», si bien qu'il faudra plutôt parler d'un patrimoine commun à toute la société touarègue, car, comme l'écrivent Edmond et Suzanne Bernus (1975:30–31): «[...] s'il y a des différences entre les répertoires et les thèmes chantés par les suzerains et les captifs, s'il existe des différences de comportement (la bravoure étant la qualité essentielle qui marque le guerrier), captifs et maîtres sont imprégnés d'une même culture, parlent le même langage. Tous appartiennent au même ensemble linguistique et culturel, celui des Kel Tamasheq.» Ce qui reste valable dans la mesure où la tradition orale épique survit. En effet, comme le souligne ailleurs Edmond Bernus (1981:145): «Aujourd'hui, il [le jeune guerrier] en est réduit à répéter les récits des guerres révolues, et à s'occuper des travaux d'élevage qu'il trouve bien prosaïques. Seules les joutes amoureuses, surtout orales, peuvent lui permettre d'exprimer ses talents.»

Quant aux femmes touarègues, si elles n'ont traditionnellement pas accès au répertoire historique «personnel» chanté et récité des guerriers et des forgerons, certaines d'entre elles «possèdent» l'*anzad* qui leur permet de reproduire instrumentalement les airs de ce répertoire. En revanche, dans leur grande majorité (tributaires, forgeronnes, captives), elles ont le monopole du chant dans le genre *tendey* et, gage d'enrichissement et de préservation des genres, la liberté d'improviser et de créer.

Résumé

Peut-on établir une classification des chants et poèmes touaregs en fonction de leur appartenance à un répertoire réservé à une catégorie d'individus dans la hiérarchie traditionnelle touarègue? C'est à l'aide de trois exemples (chant épique, chant de louanges, chant-de-tendey), dont la forme et le contenu font l'objet d'une brève description, que les prémisses d'une telle analyse sont exposées ici.

Bibliographie

AGHALI-ZAKARA Mohamed, 1981. A propos de la notation du touareg. *Bulletin des études africaines de l'INALCO* I, 1: 9–23.
- 1984. Vous avez dit «Touareg» et «Tifinagh»? *Bulletin des études africaines de l'INALCO* IV, 7: 13–20.

AGHALI-ZAKARA Mohamed et DROUIN Jeannine, 1979. *Traditions touarègues nigériennes*. Paris: L'Harmattan.

ALOJALY, Ghoubeïd, 1975. *Histoire des Kel-Denneg*. Copenhague: Akademisk Forlag.
- 1980. *Lexique Touareg-Français*. Copenhague: Akademisk Forlag.

BERNUS Edmond, 1970. Récits historiques de l'Azawagh. Traditions des Iullemmeden kel Dinnik (Rép. du Niger). *Bulletin de l'IFAN* XXXIII, S. B, no. 2: 434–485.
- 1981. *Touaregs nigériens: unité culturelle et diversité régionale d'un peuple pasteur*. Paris: ORSTOM [Mémoires no. 94].

BERNUS Edmond et Suzanne, 1975. «L'évolution de la condition servile chez les Touaregs sahéliens». In: *L'esclavage en Afrique précoloniale: dix-sept études présentées par Cl. Meillassoux*. Paris: Maspéro: 27–47.

BOREL François, 1981. Tambours et rythmes de tambours touaregs au Niger. *Annales suisses de musicologie* N.S. 1: 107–129.

CASAJUS Dominique, 1979. La passion amoureuse dans les poèmes et les chants des twaregs de l'Aïr. *Tisuraf* 4–5: 129–149.

DROUIN Jeannine, 1982. Iblis, tentateur et séducteur dans les poèmes touaregs nigériens. *Bulletin des études africaines de l'INALCO* I, 2: 107–116.

FOUCAULD Père Charles de, 1918. *Dictionnaire abrégé Touareg-Français (dialecte de l'Ahaggar)*. Alger: Jules Carbonel [2 vol.].
- 1951–1952. *Dictionnaire Touareg-Français (dialecte de l'Ahaggar)*. Paris: Imprimerie nationale [4 vol.].

KHAMIDOUN Akhmedou, 1976. *Contes et récits des Kel-Denneg (publiés par Karl G. Prasse)*. Copenhague: Akademisk Forlag. [Textes en dial. taullemment de l'est].

NICOLAS Francis, 1944. Folklore Twareg: poésies et chansons de l'Azawarh. *Bulletin de l'IFAN* 6, 464 p.
- 1950. *Tamesna: les Ioullemmeden de l'est ou Touareg «Kel Dinnik»*. Paris: Imprimerie nationale.

PETITES SŒURS DE JESUS, 1974. *Contes touaregs de l'Aïr*. Paris: SELAF.

Claude Savary

Le patrimoine oral chez les Fõ de l'ancien royaume du Dãxomę (Bénin)

Introduction

On a souvent affirmé que les sociétés traditionnelles africaines étaient des sociétés sans écriture, des sociétés basées sur l'oralité, où la transmission des connaissances culturelles se faisait essentiellement par le moyen de la parole. Or, ceci n'est vrai qu'en partie, dans la mesure où l'on ne parle que d'une écriture semblable à la nôtre, d'un système de signes graphiques à valeur phonétique. De tous temps, les peuples africains ont connu d'autres types d'écriture qui leur ont permis de fixer leurs connaissances, leur histoire, leurs croyances et ceci de manière tangible et selon un mode de représentation originale qui n'en était pas moins codifiée. A titre d'exemple, on peut citer les statuettes qui retracent chez les Kuba la généalogie de leurs rois, les masques à fonction didactique utilisés dans l'initiation du *Poro*[1] chez les Sénoufo, les poids à peser l'or des Akan, les couvercles à proverbes des Woyo ou les bas-reliefs des palais royaux chez les Fon d'Abomey, etc.

Il ne faut pas oublier non plus qu'un certain nombre de peuples africains se sont dotés eux aussi d'écritures plus ou moins élaborées qui correspondent à ce que l'on entend habituellement sous ce terme. C'est le cas pour l'écriture *nsibidi* chez les Efik au Nigeria, l'écriture mende en Sierra Leone et vai au Liberia, les écritures bete en Côte d'Ivoire et bamum au Cameroun.

En réalité, toutes ces sociétés dites sans écriture ont su trouver des moyens efficaces pour assurer la viabilité de leurs traditions orales, en institutionnalisant en quelque sorte ce qu'on appelle leur mémoire collective. Elles l'ont fait de différentes manières selon les endroits, non seulement à l'aide des sculptures ou des signes graphiques que l'on vient de mentionner, mais aussi

---

1 Tous les termes vernaculaires sont en italique, à l'exception des toponymes. Ils ont été transcrits selon le système du *Dictionnaire Fon-Français* du R.P.B.SEGUROLA (Cotonou, 1963), mais en graphie simplifiée, sans les accents de tonalité et sans D rétroflexe. Il faut noter aussi que la cédille sous les voyelles e et o marque l'aperture, que le tilde sur toutes les voyelles indique une nasale et sur le n, un n mouillé.

à travers d'autres moyens d'expression tels que la musique, la danse, le costume et la parure, la décoration en général ou le rituel, qui sont autant de points d'ancrage des traditions orales. Néanmoins, dans toutes ces sociétés domine le verbe, l'oral ou la parole institutionnalisée, qui se distingue du discours individuel et quotidien au même titre que les chants profanes se distinguent des chants religieux. Dans différents endroits, la mémoire collective est confiée à des spécialistes, des individus ou des groupes d'individus qui ont la charge de la conserver et de la transmettre. En Afrique de l'Ouest, c'est souvent l'affaire des griots, ces gens de la parole si bien décrits par Sory Camara chez les Malinke[2]. Le terme griot viendrait du portugais *criado* («client» ou serviteur) ou serait peut-être la déformation d'un terme africain comme *gewel* (qui signifie héraut en wolof). Les griots sont aussi bien des historiens, généalogistes attachés à la personne du chef ou du roi, que des musiciens et conteurs itinérants. Selon les endroits, ce sont des femmes, mais dans tous les cas les griots appartiennent à une caste sociale considérée comme inférieure, souvent au même niveau que les forgerons ou d'autres artisans. Tout comme eux, ils forment une caste professionnelle endogame, sont tout à la fois craints et méprisés: craints à cause de leur habileté diabolique à manier les mots, méprisés parce qu'ils sont tenus à l'écart des activités sociales et échappent aux normes habituelles.

Les griots les plus célèbres exerçaient jadis leur talent à la cour des chefs ou des rois, en paticulier chez les Wolof, Songhay, Malinke et autres Mande du nord. On en trouvait également chez les Peul, Haoussa et Touareg. voire même chez les Maures. Avec la colonisation et le bouleversement des structures politiques traditionnelles, bon nombre de griots on dû se reconvertir dans toutes sortes de petits métiers, mais il en reste encore qui continuent à pratiquer leur art de conteur et de musicien, se louant pour encenser ceux qui les paient ou au contraire les dénigrer lorsqu'ils s'estiment mal rétribués. Parfois, ils peuvent exercer un véritable chantage et certains griots se sont enrichis tout simplement en acceptant de se taire...

Ainsi les griots de l'Afrique de l'Ouest et notamment les griots malinke jouent un rôle ambigu: d'une part, ils sont chargés de transmettre l'histoire et l'éthique de la société, d'autre part, ils peuvent critiquer ouvertement le comportement de leurs contemporains, y compris celui des chefs les plus puissants, ce qui représente en fait une sorte de contre-pouvoir.

Dans d'autres sociétés de l'Afrique de l'Ouest, les détenteurs de la mémoire institutionnalisée étaient au contraire des notables, des hauts fonctionnaires qui occupaient une place privilégiée dans la hiérarchie sociale. C'était par exemple le cas chez les Akan où ils portaient le titre de «maîtres

---

2 CAMARA, Sory (1976): *Gens de la parole. Essai sur la condition et le rôle des griots dans la société malinké*. Paris.

de la parole» (chez les Ashanti, les Abron, les Agni, etc., qui se répartissent entre le Ghana et la Côte d'Ivoire). Ces «maîtres de la parole» étaient surtout chargés de conserver l'histoire officielle du royaume, la biographie des rois ainsi que les leçons morales tirées de leurs règnes, et d'en assumer la transmission à l'aide des tambours royaux.

Au Bénin, chez les Fō de l'ancien royaume de *Dāxomę*, l'histoire orale était conservée par des groupes de spécialistes désignés par le roi et répartis selon le type d'instrument qu'ils emploient pour leurs prestations. Cette histoire orale *(hwenuxo)* se distingue des autres genres de littérature orale (contes, fables, proverbes, etc.) dans ce sens qu'elle se rapporte à une époque donnée et toujours en liaison étroite avec les anciens souverains du *Dāxomę*. Elle reflète en fait la version officielle de l'histoire du royaume.

Mais avant d'aborder ce sujet, il convient de rappeler brièvement que le royaume du *Dāxomę* a été fondé aux alentours de 1625 par une branche dissidente de la famille royale d'Allada, qui elle-même était originaire d'Adja-Tado (de l'autre côté du Mono, au Togo). Le terme *Fō* ou *Fōnu*, qui désigne les habitants de l'ancien royaume du *Dāxomę*, daterait seulement du règne de *Tegbesu* (milieu du XXIIIe siècle) et aurait pour origine une comparaison entre le *Dāxomę* et l'arbre *fōtī* (Cola cordifolia) devant lequel s'inclinent les autres arbres.

Il faut dire que les débuts du royaume furent modestes et qu'il ne prit de l'ampleur qu'à partir du XVIIIe siècle, notamment en assujettissant les royaumes côtiers qui jouxtaient le mouillage de Ouidah. Dès ce moment-là, le *Dāxomę* participa activement à la traite des esclaves et ceci jusque vers la fin du XIXe siècle, à tel point que toute cette partie de l'Afrique prit le nom de Côte des Esclaves. Ce trafic négrier entraîna le royaume dans de nombreuses guerres avec ses voisins et surtout avec le puissant royaume yoruba d'Oyo, devant lequel il dut s'incliner à plusieurs reprises. Finalement, le *Dāxomę* fut conquis par les Français dans les dernières années du XIXe et la royauté abolie au début du XXe siècle.

Jadis, le roi du *Dāxomę* détenait un pouvoir quasi absolu sur tous ses sujets et sur le trafic de traite avec les Européens à Ouidah. Il gouvernait le pays de manière très efficace grâce à ses ministres, les *Gbonugā*, toujours choisis dans le peuple et non chez les princes. C'était aussi le roi qui supervisait toute la vie religieuse du pays en ayant placé les divinités du panthéon *vodū* sous la tutelle des cultes royaux.

Dès le XVIIIe siècle, le *Dāxomę* commença à se faire connaître des Européens et plusieurs voyageurs, traitants ou directeurs des forts établis à Ouidah, furent amenés à rendre visite au roi dans sa capitale d'Abomey. De ces voyages à l'intérieur de l'Afrique précoloniale, peu courants en ce temps-là, existent des relations plus au moins fidèles, la plupart du temps très romancées. Les auteurs s'y indignent des pratiques barbares auxquelles ils durent assister, en particulier des sacrifices humains accomplis au cours des cérémonies annuelles en l'honneur des anciens rois, les «Coutumes» comme on les appelait alors. Mais les sacrifices humains existaient dans beaucoup de régions voisines et ne dépassaient pas en cruauté le traitement inhumain infligé aux esclaves par les négriers européens. Néanmoins, ce fut une des raisons invoquées, entre autres, pour justifier la conquête coloniale.

Après l'abolition de la royauté, le *Dāxomę* fut réuni par les Français à d'autres territoires pour former la colonie du Dahomey, partie intégrante de l'immense AOF à qui elle fournit de nombreux fonctionnaires subalternes. Devenu indépendant en 1960, le Dahomey connut une longue période d'instabilité politique et plusieurs coups d'Etat. Depuis 1973, il s'est donné un régime d'inspiration marxiste et en 1975 a pris le nom de République populaire du Bénin. Aujourd'hui le pays compte environ 4 millions d'habitants et son économie est essentiellement basée sur l'agriculture (cultures vivrières, oléagineux, coton, café, etc.) et sur les revenus que lui procure le port de Cotonou (le Bénin est en effet le pays où transitent la plupart des marchandises à destination du Niger ou provenant de ce pays).

Les trois principaux genres de conservation de l'histoire au Dāxomę

Les kpāligā

Ce genre est sans doute le plus important pour la conservation de l'histoire du royaume. Le *kpāligā* désigne une cloche de fer sans battant de 30 cm de haut environ, à deux pavillons de longueurs inégales disposés sur le même manche. On le frappe à l'aide d'une baguette de bois, ce qui donne deux tons différents. On trouve aussi des *kpāligā* à trois pavillons et ornés de motifs symboliques en bronze fondu à la cire perdue. Les frappeurs de cloches *kpāligā* portent le nom *d'axǫmlatǫ,* ce qui veut dire louangeurs royaux, mais on les appelle aussi *kpāligā*.

Jadis, les *axǫmlatǫ* avaient pour mission de recueillir les sentences royales, les noms forts *(ñi syēsyē)* que prononçaient les rois au moment de l'intronisation, leurs hauts faits de guerre ou d'autres épisodes marquants de leurs règnes.

La charge se transmettait de père en fils. Elle rapportait certes beaucoup d'avantages mais comportait des risques. Toute erreur ou omission était en effet sévèrement sanctionnée et le coupable était souvent décapité sur le champ. Pour éviter de commettre une erreur, les *axǫmlatǫ* vivaient de manière plutôt renfermée et ne touchaient pas à l'alcool. On dit encore aujourd'hui à Abomey «taciturne comme un *kpāligā*».

Les *kpāligā* devaient, au temps du royaume, réciter les litanies royales plusieurs fois par jour, le matin à l'aube, au début de l'après-midi et tard dans la soirée, tout en faisant le tour du palais. Ils avaient également la tâche de proclamer les ordres du roi dans la ville d'Abomey, sur les places publiques et les marchés. Devant être toujours présents pour saisir les paroles royales, ils habitaient à proximité du palais et accompagnaient le roi en campagne. Pour leur service, ils recevaient une pension royale, des femmes, des terres et des esclaves, ainsi qu'une part des sacrifices au cours des rituels (animaux, noix de cola, huile de palme, étoffes, etc.).

En 1966, à deux reprises, pour la fête des prémices du petit mil *(jahuhu)*, qui marque le début de l'année traditionnelle, ainsi que pour le rite *gbe biǫ*, inaugurant les cérémonies commémoratives des *Tǫxǫsu*, il nous a été possible d'enregistrer les litanies royales dans leur intégralité, de les faire traduire et commenter avec l'aide des *axǫmlatǫ* eux-mêmes.

Au cours de ces cérémonies, les *axǫmlatǫ* étaient au nombre de cinq. Ils appartenaient tous à la famille Agboglo et l'un deux, le chef de famille, *Da Afosogbe Agboglo*, entonnait les louanges en les ponctuant sur son *kpāligā*, alors que les autres se contentaient de reprendre en chœur en frappant sur leurs cloches de la même manière. Les litanies ne sont pas chantées mais simplement modulées en finale (en général, la voix monte d'une quinte).

A leur arrivée sur la place de l'ancien palais royal *(Hōmę)*[3], les *axǫmlatǫ* s'avancent en frappant sur leurs cloches un rythme lent et balancé, ce qui pour certains symbolise leur marche au milieu du sang répandu à terre lors des sacrifices. Ensuite, ils s'agenouillent et entament leur récitation. Celle-ci suit l'ordre chronologique des différents règnes mais commence toujous par le dernier roi reconnu (à l'époque des enregistrements il s'agissait de *Glęlę*, puisque le représentant officiel de la dynastie, *Dada Sagbaju Glęlę*, était un des derniers descendants directs de ce roi).

Structure et contenu des kpāligā

Le répertoire ne comporte pas un nombre équivalent de faits et de louanges pour chacun des treize règnes recensés (y compris celui de *Sagbaju Glęlę*, considéré comme roi uniquement en tant que représentant officiel des familles princières et gardien de la tradition). Un des règnes a été volontairement rayé de la liste, c'est celui *d'Adādozā*, successeur du roi *Agōglo* à la fin du XVIIIe siècle et renversé par son frère *Gezo* en 1818.

---

3 L'ancien palais d'Abomey couvre une superficie de 37 ha environ, chaque souverain ayant ajouté le sien à côté de ceux de ses prédécesseurs. Une grande partie de ces constructions en terre de barre (pisé) sont en ruines aujourd'hui ou ont complètement disparu. Seuls les palais de *Gezo* et de *Glęlę* ont été restaurés. C'est là qu'est installé le Musée historique d'Abomey.

Photo 1 Da Afosogbe Agboglo, de la communauté des *Axǫmlatǫ*, récite les louanges des rois en s'accompagnant d'une triple cloche *kpāligā*. Photo de l'auteur (Abomey, 1966).

Chaque partie consacrée à l'un des rois commence par une sorte de salutation solennelle *(avalu),* soit la forme abrégée du nom royal, par exemple:

Axǫsu Glęlę	Roi *Glęlę*
Axǫsu Gbęhāzī	Roi *Gbęhāzī*

ou alors la sentence d'où est tiré le nom fort du roi:

So ję de b'agō glo	La foudre tombe sur le palmier
	mais épagne le rônier (ou l'ananas)

C'est le nom complet du roi *Agōglo.* Mais il peut arriver que le nom royal soit exprimé de manière plus complète. Ainsi, pour le roi *Gbęhāzī,* on commence par la forme abrégée:

Axǫsu Gbęhāzī	Roi *Gbęhāzī*

suivie de la sentence complète:

Gbę wę hē azī bo ai jrę	C'est le monde qui tient l'œuf
	que la terre soupèse (ou mesure)

que l'on explique ainsi:

Atī e jǫ do ai o ji le	L'arbre qui pousse sur cette terre
Hẅi ai wę jrę	C'est toi la terre qui le soupèses
Kā e jǫ do ai o ji le	La liane qui pousse sur cette terre
Hẅi ai wę jrę	C'est toi la terre qui la soupèses
Vodū e do ai o ji le	Les vodū qui sont sur cette terre
Hẅi ai wę jrę	C'est toi la terre qui les soupèses
Gbętǫ e jǫ do ai o ji le	L'homme qui naît sur cette terre
Hẅi ai wę jrę	C'est toi la terre qui le soupèses

et pour conclure:

Gbę wę hē azī bo ai jrę	C'est le monde qui tient l'œuf
	que la terre soupèse

La portée de ces phrases peut paraître obscure et l'on est en droit de se demander si le roi se compare à cet œuf qui fait sentir son poids à la terre ou au monde, ou encore que la terre soupèse, évalue, mesure, etc. On peut également penser que le roi se compare à la terre qui soupèse tout ce qui se trouve sur elle. En effet, un peu plus loin dans les louanges figure cette phrase:

Hẅi ai Sogwe gbatǫ	Toi la terre qui as détruit Sogwe
	(nom d'un village en pays *waci*)

Naturellement, chaque roi possédait plusieurs noms forts qui n'ont pas été forcément tous retenus par les *kpāligā;* ils l'étaient certainement jadis. En outre, les rois n'en choisissaient qu'un ou deux pour leur usage courant, par exemple pour figurer sur leurs emblèmes, notamment les récades ou bâtons sculptés qui servaient de lettres de créance aux messagers royaux (exemples: un lion pour *Glęlę*, un requin pour *Gbęhāzī*, une jambe pour *Agoli Agbo*, etc.). Plusieurs de ces noms symboliques ont trait tout d'abord aux événements ayant marqué l'intronisation royale. Par exemple, un des premiers rois ou plutôt chefs de la dynastie naissante, car ils ne portaient pas encore le titre de roi *(Dada)*[4], *Dakǫdonu* est présenté ainsi:

Dakǫdonu ñi axǫsu bo	*Dakǫdonu* s'appelle «le roi qui
mętō nō ci akpo	en a fait échouer un autre»

En effet, il s'empara du pouvoir pendant l'absence de son frère *Gāñixęsu*, parti à Allada pour y recevoir l'investiture en tant que chef de clan des émigrés installés à Houahoué (près d'Abomey). A cette époque (i.e. dans le premier quart du XVIIe siècle) le culte dynastique était encore entre les mains de *l'ajahutonō* à Allada, le grand prêtre du culte rendu au fondateur du clan dissident d'Adja-Tado *(Agasu* représenté, sous forme de léopard).

Un autre exemple est rourni par l'un des «noms forts» de *Tegbesu* (6ème règne):

Tegbesu, awu ję agbo-kǫ	*Tegbesu*, le vêtement est tombé sur le cou du buffle
Hāde, Ahāde,	*Hāde, Ahāde* (autre nom de *Tegbesu)*,
awu wę ję agbo-kǫ	ce vêtement est tombé sur le cou du buffle[5]
Awu wę ję agbo-kǫ	Ce vêtement qui est tombé sur le
bo kōklō vę ku e,	cou du buffle, pour le lui arracher
kōklō vę ku e	il faut le tuer, pour le lui arracher, il faut le tuer

Cette sentence existe sous une forme plus condensée:

Tegbesu, awu wę ję	*Tegbesu*, ce vêtement qui est tombé
agbo-kǫ ma ñō klō	sur le cou du buffle ne peut être arraché

Le sens reste sensiblement le même et le roi signifie par là qu'on ne peut l'empêcher de succéder à son père le roi *Agaja*, à moins de le tuer (ce que personne n'oserait faire). Le vêtement en question représente la tunique royale qui servait à l'intronisation. D'après la plupart des commentateurs, les

---

[4] *Dada* était un chef local de la région d'Abomey qui fut tué par *Axo* dit *Hwegbaja*, troisième souverain de la dynastie et véritable fondateur du royaume. Le nom du vaincu servit dès lors de titre officiel pour le roi d'Abomey *(Axǫsu)*.

[5] *Ahāde,* autre nom courant du roi *Tegbesu* et qui est mentionné dans l'ancienne relation de voyage de l'Anglais R. Norris: A Journey to the Court of Bossa-Ahadee, King of Dahomy, In the Year 1772. In: DALZEL, A. (1793): *The History of Dahomy, An Inland Kingdom of Africa.* London.

demi-frères (de mères différentes) de *Tegbesu*, notamment les princes *Agidisu* et *Zēgā*, s'étaient ligués pour l'empêcher d'accomplir jusqu'au bout la cérémonie d'intronisation, en glissant des feuilles urticantes à l'intérieur de la tunique. Mais le roi *Tegbesu* supporta stoïquement l'épreuve, ce qui accrut encore sa renommée en matière de pouvoirs magiques.

D'autres rois ont également immortalisé les conditions de leur accession au trône, ainsi par exemple *Agoli Agbo* (douzième et dernier souverain du *Dāxomę*) proclama:

Ago'li Agbo, Alada klē	Gare au chemin *Agbo* (Abomey),
afǫ ma j'ai	Allada trébuche mais ne tombe pas à terre

ce qui est explicité par:

Flāse blo Alada to do e	Les Français ont relevé Allada
Lo bo Dāxomę se gbe	Et le *Dāxomę* a obéi

A la suite de la défaite du roi *Gbęhāzī* en 1892 devant les troupes coloniales françaises, le prince *Gucili* s'était proclamé roi avec l'appui de l'occupant qui cherchait simplement à mettre la main sur *Gbęhāzī*.

Bien entendu, les louanges *kpāligā* ne révèlent pas seulement les difficultés ou les péripéties qui se reproduisirent pratiquement au début de chacun des règnes, elles comportent aussi d'autres indications.

A. Sur le caractère du roi et ses intentions quant à la manière de gouverner le pays, par exemple:

(Dakǫdonu)
Donu gā hwi bǫ mę ku	*Donu* aiguise son sabre et l'homme meurt.

Le roi se fera craindre de tous.

(Hwegbaja)
Sū nu hwe le di lele	Tout comme la lune, le soleil
kpe to	s'étend partout

Le pouvoir du roi s'étend sur tout le royaume.

(Gezo)
Akpǫ wę ci gedehūsu b'ę	C'est pour dissiper son ennui que
yi xę do	le grand fromager solitaire attire les oiseaux

Le roi veut étendre sa protection sur tous ses sujets.

(Glęlę)
Nu w'atī bǫ kā ma ko	S'il arrive quelque chose à l'arbre, la liane ne s'en moque pas

S'il arrive malheur au roi, ceux qui vivent à ses dépens, comme la liane aux dépens de l'arbre, en pâtiront aussi.

B. Les louanges relatent les hauts faits de guerre des rois, soit à travers les noms des villes et villages conquis (cassés comme disaient les anciens habitants du *Dāxomę*), soit à travers celui des chefs vaincus, en général tués sur le champ de bataille ou exécutés à Abomey en l'honneur des anciens rois (seulement à partir du règne *d'Agaja* qui introduisit la coutume des sacrifices humains) :

(Gāñixęsu)
Akiza gbatǫ   Celui qui a conquis Akiza

Akiza se trouve à mi-chemin entre Allada et Abomey, au nord du marécage qu'on appelait jadis *Lama*. C'est par là que durent passer les émigrés d'Allada avant de s'arrêter à Houahoué, non loin d'Abomey.

(Dakǫdonu)
Bulukutu hutǫ   Celui qui a tué *Bulukutu*

Bulukutu était un chef local de la région d'Abomey, son nom signifierait le fusil qui tue sournoisement. A cette époque les armes à feu étaient encore peu répandues à l'intérieur du pays. Par la suite, l'appellation *Blu* servit à désigner un régiment spécialisé dans l'attaque par surprise.

(Hwegbaja)
Dada hutǫ   Celui qui a tué *Dada*

Dada était un chef local de la région d'Abomey, son nom servit à partir de *Hwegbaja* de titre officiel aux rois du *Dāxomę*.

(Akaba)
Yahēze kpolu hutǫ   Celui qui a tué *Yahēze*, alors
                                 accroupi

Ce chef *wemenu* fut tué lors de la fameuse bataille de *Lisse'zoun*. Akaba s'était en effet juré de le tuer dans n'importe quelle position.

(Agaja)
Savinu Hufō hutǫ   Celui qui a tué *Hufō* de Savi

Hufō était un chef *xwęda* qui régnait sur un petit royaume de la côte près de Ouidah, le royaume de Savi (que les Européens appelaient Xavier). Il détenait au XVIIe siècle le monopole du commerce avec les Européens. Grâce à sa victoire, le roi *Agaja* put dès lors étendre les limites du *Dāxomę* jusqu'à la côte et jouer une part active dans le commerce de traite, lequel allait durer près de deux siècles. Cette conquête est encore soulignée par deux autres sentences :

Lo wuli nu tǫ ma dǫ adikā	(Lorsque) le crocodile attrape quelque chose, la rivière ne lui en fait pas procès (littéral.: ne demande pas le poison d'épreuve)
Dosu hū-yi-tǫ lǫ adētǫ	Dosu l'intrépide «bateau qui va sur les flots»

Dosu est le nom que l'on attribue aux enfants mâles nés après des jumeaux. *Agaja* était en effet le puîné des jumeaux *Akaba* et *Ahāgbe*.

(Gezo)

Maxi Hūjroto gbatǫ	Celui qui a conquis le pays *maxi* d'Houndjro

Cette victoire fut décisive pour le roi d'Abomey et lui permit de soumettre les *Maxi*, ce que ses prédécesseurs n'étaient pas parvenus à faire[6].

Anago Lefulefu gbatǫ	Celui qui a conquis (le village) *nago* de Lefulefu

Lefulefu ou Refurefu en yoruba, important centre *nago-yoruba* conquis en 1843 avant la première campagne contre la ville *egba* d'Abeoukuta.

Ayǫnu Acade hutǫ	Celui qui a tué *Acade* d'Oyo

Acade était le général en chef de l'armée d'Oyo. Le roi *Gezo* fut le premier à oser s'attaquer à ces *Yoruba* que l'on appelait *Ayǫnu* en *fōgbe*, c'est-à-dire gens d'Oyo, et auxquels le *Dāxomę* payait tribut depuis plus d'un siècle.

Le roi *Glęlę*, aussi populaire que son prédécesseur, possède dans ses louanges une impressionnante énumération de victoires remportées sur les *Nago-Yoruba* d'Ishaga, de Kétou et d'autres localités sises au-delà de l'Ouémé.

C. Les louanges comportent aussi une dimension mystique, par exemple en rappelant la nature exceptionnelle du souverain, ses pouvoirs magiques, qui lui sont révélés notamment au cours du rituel d'intronisation par les deux grands ministres du royaume, le *Migā* et le *Męhu*:

(Akaba)

Akwę Yeūmę	Riche en cauris (coquillage servant de monnaie jadis)
Ję Yeūmę	Riche en perles

---

6 Victoire commémorée par l'installation du marché principal d'Abomey qui porte le même nom *(Hūjroto)*.

Les perles étaient un symbole de richesse, surtout les petites perles de couleur bleu clair appelées perles d'agris ou d'aigry. A partir d'*Akaba,* tous les rois portèrent le titre de *Jęxǫsu,* c'est-à-dire roi des perles.

Avǫ Yeūmę   Riche en pagnes

Il est question ici d'étoffes tissées en coton qui n'étaient pas très répandues à cette époque, où l'on devait se vêtir assez sommairement de vêtements en écorce battue ou en fibres de raphia tissées.

Le roi passe pour détenir un pouvoir magique incomparable et le personnifie en même temps, sous la forme d'un nom magique:

(Agaja)
Cakucaba agidiwǫlǫ   *Cakucaba* = mélange magique
                                       agidi = très grand
                                       wǫ = découvrir
                                       lǫ = démonstratif mis pour *elǫ*
                                       (ce, ceci)

Pour certains rois, le nom magique s'inspire de la légende qui entoure leur naissance ou l'existence qu'ils ont menée avant d'accéder au trône:

(Kpēgla)
Sī mę kpē (gla) ma j'avivǫ   Dans l'eau, le plomb (courageux)
                                          ne craint pas le froid

Kpē désigne tout à la fois le plomb, la pierre, le projectile ou... la toux, d'où une possibilité de jeu de mots intéressant. Le mystère de la naissance du fils présumé de *Tegbesu* et de *Nae Cai* n'a jamais pu être éclairci. A Abomey, on raconte habituellement que *Ñāsunu,* futur *Kpēgla,* fut enlevé à sa naissance et jeté dans un marigot.

(Tegbesu)
Mamā-degwē lǫ adētǫ   L'intrépide *Mamā-degwē*

Le nom magique *Mamā-degwē* peut se décomposer ainsi: *Mamā* est mis pour *Ama ma nō (gbę gbe nu Tegbesu),* les feuilles ne peuvent refuser (la voix, l'ordre) d'obéir à *Tegbesu; degwē* est formé de *de* (puiser), *go* (gourde ou flacon), *wē* (message, commission ou otage). Ce qui pourrait donc se traduire par: Les feuilles ne refusent pas d'obéir à l'envoyé (ou l'otage) qui puise dans sa gourde.

Les feuilles constituent la base de tous les rituels. L'épisode se rapporte à la captivité du prince *Avisu* (futur *Tegbesu*) chez les *Yoruba* d'Oyo, qui avaient exigé *d'Agaja* non seulement un tribut élevé mais aussi de leur livrer l'un de ses plus valeureux fils en otage, après l'invasion de 1708. La mère *d'Avisu* n'était autre que *Nae Hwājęle* (ou *Hwājile*), originaire du pays *aja* et qui organisa les premiers grands cultes *vodū* introduits dans le royaume *(Mahu-Lisa,* les *Tǫxǫsu).* On lui prêtait des pouvoirs extraordinaires. C'est elle qui aurait préparé les deux gourdes magiques qui pemirent à son fils, selon la légende, de subsister durant plusieurs années sans toucher à la nourriture des Yoruba, pour ne pas en être corrompu!

Toutefois, nulle part les louanges n'attribuent au roi une qualité divine, c'est-à-dire qu'il n'est jamais assimilé à un *vodū* de son vivant. Même s'il possède des dons extraordinaires, le roi du *Dāxomę* n'en est pas pour autant un «roi-dieu» comme l'ont prétendu certains auteurs[7]. Il arrive cependant que soit mentionné dans les louanges le nom du *jǫtǫ*, c'est-à-dire de l'ancêtre protecteur qui a favorisé la naissance et se retrouve par conséquent dans l'une des trois âmes de l'individu (les éléments constitutifs de sa personne en quelque sorte), en l'occurrence le *Sę*. Par exemple, dans les louanges pour *Gbęhāzī* on découvre la sentence:

So ję de b'agō glo	La foudre tombe sur le palmier mais épargne le rônier (ou l'ananas)

c'est le nom fort *d'Agōglo, jǫtǫ* de *Gbęhāzī;* ou bien dans celles *d'Agoli Agbo,* lorsqu'il est dit:

Tǫsisa mō nō gō tǫ kpletē	Les cours d'eau se rassemblent pour la plupart
Ye tǫ lę kple sa kaka lo Kpēgla-agbetǫ	Ils se rassemblent après leur long périple dans l'océan de *Kpēgla*

Sentence prononcée par le roi *Kpēgla* après sa victoire sur le chef *xwęda Agbamu* (près de Ouidah, aux alentours de 1775). *Kpēgla* était en effet le *jǫtǫ d'Agoli Agbo* qui pouvait donc inclure cette sentence à ses louanges.

Ces noms de *jǫtǫ*, ainsi que les faits qui leur sont attribués, ont souvent induit en erreur ceux qui, les premiers, recueillirent la tradition orale pour écrire l'histoire du royaume.

Les louanges pour chacun des rois sont introduites par une salutation comme on l'a vu plus haut et se terminent par des formules du genre:

B'agala dele	Exemple de courage

que l'on peut décomposer de la manière suivante:

Bo e gla de le	Et qui est le courage même (ou en plus)

généralement suivi de l'un des noms forts accompagnés de la formule:

lǫ adētǫ (ou *adātǫ*), c'est-à-dire l'audacieux ou l'intrépide.

Si les louanges *kpāligā* s'avèrent utiles pour situer un règne, rappeler certains épisodes historiques ou donner des indications sur la personnalité

---

7 PALAU-MARTI, Montserrat (1965): *Le roi-dieu au Bénin.* Paris.

des souverains du *Dāxomę*, il faut reconnaître qu'elles ne suffisent pas à elles-seules pour reconstituer l'histoire du royaume. Elles représentent en fait un moyen original pour fixer le passé sous une forme condensée, selon un procédé mnémotechnique où la mémorisation est facilitée par la succession de courtes phrases rythmées, par les assoncances, les répétitions, etc. A côté des *kpāligā* existent d'autres sources ou moyens de conservation de l'histoire orale, notamment grâce au répertoire du *dogba,* le tambour des rois d'Abomey.

Photo 2 Les *Axǫmlatǫ* ou louangeurs des rois, au palais durant le rite des prémices du mil *(Jahuhu)*. Photo de l'auteur (Abomey, 1966).

Chants et rythmes du dogba

Le *dogba* est un tambour de taille moyenne (90 cm de long et 30 cm de diamètre environ), de forme cylindrique un peu renflée vers la base, qui se termine par une sorte de tuyère. Il est creusé d'une seule pièce dans un tronc d'arbre, en général une essence de couleur claire et relativement tendre, comme le *guxotī*; beaucoup d'autres tambours sont taillés dans le bois du fromager *(hūtī)*[8]. L'ouverture supérieure du *dogba* est recouverte d'une peau d'antilope (peau de chèvre pour les autres membranophones), fixée par des chevilles de bois et des lanières découpées à la base de la peau. Il se joue posé à terre, presque horizontalement, à l'aide d'une baguette recourbée que tient le tambourinaire de la main droite, alternant les coups secs et aigus donnés par la baguette, avec les coups longs et sourds produits par la paume de la main gauche. Cette succession de tons hauts et bas, de coups brefs et longs, permet de transmettre des messages en langage rythmé[9]. Le *dogba* n'est certes pas le seul à pouvoir le faire, d'autres tambours peuvent aussi «parler» de la sorte, par exemple le *hūgā* ou tambour des princes, ou encore les différents tambours utilisés dans les cultes *vodū*, etc. Mais le *dogba*, lui, ne parle que des rois et, à l'instar des *kpāligā,* relate les louanges royales, les hauts faits des souverains du *Dāxomę,* leurs traits de caractère ainsi que les épisodes les plus marquants de leurs règnes.

Selon la tradition, le *dogba* fut ramené du pays *xwęda* de Dègbé par le roi *Agaja,* lors de sa fameuse conquête de Savi (Ouidah), en 1727. Au début, le rôle du *dogba* se limitait à annoncer l'arrivée du roi. Ce n'était pas un tambour de guerre, mais il pouvait avertir le peuple quand le roi revenait d'une campagne victorieuse. En fait, le *dogba* ne quittait pas le palais où il était déposé dans la case *Lęgędę,* là où se tenaient les ministres convoqués par le roi, dans une des cours extérieures du palais.

La charge de *dogbahūtǫ* (tambourinaire du *dogba)* se transmettait de père en fils. Toutefois, chacun des souverains au moment de son avènement, choisissait son propre tambourinaire. Par la suite, on décida d'attribuer également un tambourinaire à chacun des rois antérieurs au règne *d'Agaja.* Les titulaires recevaient du roi des terres et des esclaves et, tout comme les *kpāligā* ou *axǫmlatǫ,* avaient droit à une part des sacrifices. Au même titre que les princes, ils avaient en outre le privilège de porter des noms symboliques qu'ils transmettaient à leurs successeurs. En voici quelques-uns:

---

8 *Hū* est le terme générique pour toutes sortes de membranophones, même pour ceux qui ne sont pas en bois.
9 La langue des *Fō*, le *fōgbe*, est en effet une langue tonale, habituellement classée avec *l'ewe* par les linguistes dans le groupe *kwa*, qui présente certaine parenté avec le groupe des langues *akā* du Ghana et de Côte d'Ivoire.

Ajado (premier titulaire nommé par le roi *Agaja*):

Ago xǫ tǫ gbe nō golo a ku	Si le crapaud se dispute avec la rivière, il ne peut éviter la mort

Lēze (nommé par le roi *Tegbesu*):

Ase kuku bǫ ajaka nō fli kpo	Le chat mort, le rat renverse le bâton
Lā e nō fō mi du ǫ edie	Voici l'animal qui se réveille pour danser

Kpǫdā xęxę (nommé par le roi *Kpēgla*):

Kpǫ adā bǫ lā yi ku	(Si) la panthère se fâche, les animaux vont mourir

Lākpō (nommé par le roi *Agōglo*):

Lā kpō ǫ bo i kǫ	C'est l'animal qui regarde qui va crier

Lǫde (nommé par le roi *Gezo*):

Lǫde kū kpō gbede Aja yi wolo	*Lǫde* refuse de regarder *l'Aja* qu'il va écraser

Sude (nommé par le roi *Glęlę*):

Xę du vo ma du gbęgbę, e glo hūtagbe	L'oiseau mange le *vo* (fruit d'une sorte de Ficus) mais pas le *gbęgbę* (Entada abyssinica), il évite d'avoir la tête troublée

Le *dogba* possède trois sortes de rythmes, un pour la marche, un second pour le langage rythmé et un troisième pour la danse. C'est au cours des rituels de commémoration des *Tǫxǫsu* royaux en 1966 (rite dit *gbe biǫ*) qu'il nous a été possible d'enregistrer le répertoire complet des louanges du *dogba* et surtout de nous les faire traduire et expliquer avec l'aide du tambourinaire qui les avait exécutées, *Da Lǫde*[10].

Dans ce court article, il n'est pas possible de citer tous les textes transcrits à partir des enregistrements et qui ont été par ailleurs publiés in extenso dans notre thèse[11]. Nous nous contenterons d'en souligner les points les plus importants et de les comparer avec d'autres sources de transmission de l'histoire orale dans ce pays.

---

10 Sans doute décédé depuis, car il était déjà âgé en 1966. C'était l'un des derniers tambourinaires à bien connaître les rythmes du *dogba* et leur signification.
11 *La pensée symbolique des Fō. Tableau de la société et étude de la littérature orale d'expression sacrée dans l'ancien royaume du Dahomey.* Genève, 1976.

Tout d'abord, il faut noter que le *dogba* ne se produit pas seul, mais en compagnie d'un petit tambour de forme semblable qui, lui, est seulement frappé de la paume des mains et assure le rythme de base. Le groupe comprend encore deux autres instruments: une cloche de fer sans battant *(gā)* et une paire de hochets musicaux en vannerie *(asā)*.

Structure et contenu du répertoire du dogba

Le répertoire ne comporte pas seulement des louanges transmises par le rythme du tambour, mais aussi des chants: d'abord un chant de marche dans lequel on annonce que le tambour va parler et que chacun doit l'écouter, car c'est par la volonté du roi *Agaja* qu'il fut institué; en même temps, on rend hommage au premier tambourinaire, *Ajado,* et à son second, *Dāgbo*.

Puis, parvenu sur la place du rituel, le groupe entonne un chant *(avalu,* c'est-à-dire hommage) en l'honneur du roi *Glęlę,* tout comme l'avaient fait les *kpāligā*. Après quoi, le *dogba* exécute devant le roi (c'est-à-dire devant son représentant actuel) le rythme:

Kpǫ zō godomę	La panthère avance prudemment
Kpǫ zō gūdādomę	La panthère avance précautionneusement
To le mi se ce?	Ne l'entendez-vous pas ainsi?
Kpǫ zō godomę	La panthère avance prudemment

La panthère *(kpǫ)* représente le roi et en même temps l'ancêtre mythique de la dynastie d'Allada *(Agasu)*. On devrait dire plutôt le léopard, nom de la panthère d'Afrique au pelage fauve tacheté de noir. La distinction existe en *fōgbe* où l'on trouve le terme *kpǫvę* pour désigner le léopard (littéralement: panthère rouge). Ce rythme fait allusion au roi *Agaja* qui porte aussi le nom symbolique de *Kpǫvęsa* (littéralement: panthère rouge-saisir de force).

C'est ensuite que sont frappées sur le tambour les devises ou louanges des rois, en suivant l'ordre chronologique, mais à partir du roi *Agōglo* seulement. Ces louanges ressemblent d'une certaine manière à celles des *kpāligā*. Elles contiennent aussi les noms forts des rois, à commencer par les plus courants:

(Gezo)	
Ge de zo ma si gbe	L'oiseau cardinal possède un feu qu'il ne communique pas à la brousse
(Glęlę)	
Glę lę ma ñō zeze	Les champs ne peuvent vraiment pas être soulevés

Photo 3 L'arrivée du *dogba* au palais pour le rite de *Jahuhu*. Photo de l'auteur (Abomey, 1966).

En réalité, le répertoire des louanges du *dogba* ne contiennent que les noms forts des rois, devises qu'ils se sont données tout au long de leurs règnes. On y fait peu mention de leurs victoires comme dans les louanges *kpāligā,* mais on y retrouve, tout comme dans celles-ci, l'indication de leurs différents *jǫtǫ*.

Ces devises se présentent sous la forme de courtes sentences et peuvent se comparer aux maximes et proverbes si prisées jadis par les *Fō*. Elles expriment en somme d'une manière imagée une certaine logique ou sagesse populaire:

(Gezo)
Gu ja ma ja xo zo   On ne peut battre le fer sans le mettre au feu

Les images ont régulièrement une portée symbolique, en premier lieu par le choix des éléments qui les composent (personnages, animaux ou choses):

(Sagbaju Glęlę)
Xovęsīdā bǫ logozogo Le serpent venimeux et la carapace de tortue

Le serpent venimeux représente globalement les ennemis du roi, ceux qui instillent leur venin à longueur d'année. La tortue est connue pour la résistance de sa carapace, et aussi parce que c'est un animal qui apparaît fréquemment dans la divination (dans les devises des signes du *Fa)*. Or, *Sagbaju Glęlę* s'était fait une solide réputation de devin *(bokǫnō)*.

A travers cet exemple, on découvre un des mécanismes les plus importants de la littérature orale chez les *Fō:* le«mi-dit»[12] ou ce qui est énoncé à moitié; à l'auditeur de faire l'effort pour rétablir le message complet. Il lui faut donc saisir l'allusion ou la comparaison en faisant jouer sa mémoire. Cela suppose de solides connaissances, tant sur le plan des traditions que sur celui de la langue, de l'expression très particulière (différente du langage courant) des louanges. Ainsi, par cette nécessité même de rétablir l'intelligibilité du message, la tradition orale échappe à l'érosion continue qui menace toute forme achevée du discours. Seuls, les anciens possédaient cette faculté, et encore fallait-il qu'ils aient appartenu aux milieux les plus directement concernés. Ce n'était pas forcément les princes qui s'en montraient les plus capables, car chaque famille princière, issue de l'un des souverains du *Dāxomę,* conservait sa propre version, celle qui lui paraissait la plus avantageuse pour elle. Et les rois d'Abomey l'avaient si bien compris qu'ils recrutaient leurs historiographes parmi le peuple, tout comme leurs ministres et leurs épouses royales *(kpǫsi)*.

Pour terminer, si l'on voulait comparer le *dogba* aux autres genres historiques des *kpāligā* et de *l'agbaja* (dont on va parler en fin d'article), on pourrait dire par exemple que ses louanges comportent moins de figures de style, que l'expression y est plus ramassée, sans toutefois aboutir au style télégraphique. Au contraire, les phrases sont très bien construites, car n'oublions pas qu'elles sont uniquement transmises par le rythme du tambour. Enfin, elles paraissent plus riches de symboles ou d'images que dans les louanges des *kpāligā,* plutôt stéréotypées, ainsi que dans les chants de *l'agbaja,* dont la forme est beaucoup plus libre et permet davantage l'improvisation.

---

12 Ce procédé a été mis en évidence par AGUESSY, H. (1972): Tradition orale et structures de pensée: essai de méthodologie. *Cahiers d'histoire mondiale* 14, 2: 269–297.

Les chants de louanges du tambour agbaja

C'est le troisième genre officiellement reconnu pour la transmission de l'histoire royale.

L'agbaja désigne tout d'abord un tambour de taille moyenne (40 à 50 cm de haut) qui ressemble au *dogba,* avec une caisse en bois un peu renflée et qui se termine en tuyère, une peau tendue au moyen de chevilles de bois et de lanières de cuir. On le joue non pas posé à terre mais porté verticalement au moyen d'une courroie, et uniquement avec la paume des mains. Il y a toujours deux tambours qui jouent à l'unisson, accompagnés par des hochets musicaux en vannerie *(asā)* et des cloches sans battant *(gā)* pour soutenir le rythme. On dit à Abomey que ce tambour fut introduit par la reine *Nae Hwājęle*. Ceci semble bien le cas, d'une part parce qu'il se produit, à l'exclusion de tous les autres tambours, lors des rituels commémoratifs pour cette reine au centre de *Jęna* (important centre cultuel qui regroupe les principaux *vodū* de la création installés par *Nae Hwājęle au Dāxomę: Mahu, Lisa, Agę, Gu et Ji),* d'autre part, parce que ses louanges ne commencent qu'à partir du règne de *Tegbesu* (fils de *Nae Hwājęle).* On l'appelle encore tambour des princesses, car il servait à l'origine à rythmer les danses des princesses, en particulier de *Męno* (reine-mère, autre appellation de *Nae Hwājęle)* et des princesses de son entourage. Après sa mort, le tambour lui fut consacré par son fils, le roi *Tegbesu.*

Le répertoire de *l'agbaja* comprend les louanges des rois, celles des reines-mères ainsi que des chants à la mémoire des anciens rois. Le groupe de *l'agbaja* se produit à la suite du *dogba* lors des festivités royales. Le chef du groupe, *l'agbajanō,* déclame plus qu'il ne chante les louanges des différents rois qui sont entrecoupées par le rythme rapide des tambours. Les versets pour chacun des rois sont à peu près de même longueur. Ils contiennent évidemment les noms forts et devises des souverains, mais exprimés de manière plus personnelle que dans les *kpāligā* ou par le *dogba.* Par exemple en s'adressant au roi *Tegbesu, l'agbajanō* déclare:

E Hūdo xo nu bo mlā we agbajahū	C'est lui *Hūdo* (nom de *l'agbajanō)* qui frappe le tambour *agbaja* pour te louer

et plus loin pour le roi *Kpēgla:*

Ū sǫ hā nu mlāmlā	Je vais chanter pour louer
Dada kpē de gla	le roi (dont) le plomb fait la force

On retrouve aussi l'énumération de quelques-unes des victoires remportées par les rois du *Dāxomę,* mais la liste en est moins longue que dans les *kpāligā.*

Photo 4 Les tambours royaux au palais: à gauche le groupe du *dogba* et à droite, celui de *l'agbaja*. Photo de l'auteur (Abomey, 1966).

En résumé, le répertoire de *l'agbaja* comporte d'avantage de leçons morales que les deux autres genres:

(Sagbaju Glęlę)
Wonō nō xo zo do a   Celui qui a de la pâte (de la nourriture) n'a pas besoin de se disputer

(Gbęhāzī)
Ū do gbǫ dokpo do męsi ǫ,   Si je n'ai qu'un seul cabri
mō nō jǫ gbǫ jǫ ū kū,   je me rends bien compte que je ne
n'ajo bǫ jǫ hu e glo   peux l'offrir, à moins d'en voler un autre, c'est impossible

Dans cette phrase typique de l'ancien *fōgbe*, on joue sur les assonances et allitérations, en particulier sur le verbe *jǫ* (offrir) et *ajo* (vol et ici voler).

121

Enfin, il existe à côté des louanges des chants historiques où l'expression est encore plus individuelle, où le chanteur peut ajouter de nouveaux éléments à la trame, un peu à la manière des griots de l'Afrique de l'Ouest. A ce genre, qui ne manque pas d'une certaine qualité poétique, peuvent se rattacher les chants du *Hāye,* réservés jadis aux seules familles princières[13], et aussi les histoires mimées dans le cadre des rituels pour les *Tǫxǫsu* royaux.

Résumé

Cet article a pour but de montrer, à travers l'exemple de la transmission de l'histoire dans l'ancien royaume du *Dāxomę* (Bénin), que des sociétés dites sans écriture se sont dotées de moyens originaux pour conserver leur patrimoine oral, en faisant appel soit à des objets matériels, soit à des spécialistes, voire à de véritables systèmes de signes qui ne sont pas très éloignés du phénomène de l'écriture.

Après avoir brièvement situé l'ancien royaume du *Dāxomę,* trois principaux genres historiques sont envisagés ici: les louanges royales des sonneurs de cloches *kpāligā*, les rythmes et chants du *dogba,* tambour royal, enfin les chants de *l'agbaja,* tambour des reines et des princesses. Les textes, réunis au cours des grandes cérémonies qui se sont déroulées à Abomey en 1966, révèlent les différentes formes qu'emprunte la transmission de l'histoire institutionnalisée chez les *Fō:* succession rigide de faits et de caractères historiques pour les *kpāligā*, devises teintées de leçon morale pour le *dogba,* épopée offrant plus de liberté créatrice pour *l'agbaja.*

Mais dans tous ces genres domine une des caractéristiques essentielles de la littérature orale chez les *Fō,* à savoir ce procédé du «mi-dit» qui oblige l'auditeur à rétablir la clarté du message et qui sans doute, grâce à cet effort constant, a permis de maintenir vivante pendant longtemps la tradition orale dans ce pays.

---

13 Le style du *Hāye* a été repris par l'Eglise catholique pour ses chants de messe.

Bibliographie sommaire

AGBLEMAGNON F. N'sougan (1969): *Sociologie des sociétés orales d'Afrique noire. Les Eve du Sud-Togo.* Paris, Mouton.

CAMARA Sory (1976): *Gens de la parole. Essai sur la condition et le rôle des griots dans la société malinké.* Paris, Mouton.

GLELE Maurice Ahanhanzo (1974): *Le Danxomę. Du pouvoir aja à la nation fon.* Paris, Nubia.

HOUIS Maurice (1971): *Anthropologie linguistique de l'Afrique noire.* Paris, PUF.

LOHISSE Jean (1974): *La communication tribale.* Paris, Editions universitaires.

NIANGORAN-BOUAH Georges (1981): *Introduction à la Drummologie.* Abidjan, Editions Sankofa.

SAVARY Claude (1976): *La pensée symbolique des Fō du Dahomey. Tableau de la société et étude de la littérature orale d'expression sacrée dans l'ancien royaume du Dahomey.* Genève, Editions Médecine et Hygiène [Thèse de l'Université de Neuchâtel].

Rupert R. Moser

Oraltraditionen der Mwera über ihre Vergangenheit: Eine Bantu-Nordwanderung von Malawi über Moçambique nach Tanzania im 9. Jahrhundert

Die mündlichen Überlieferungen, deren historische Daten hier zusammengefasst werden sollen, wurden im Sommer 1983 in den Dörfern Mnero (Nachingwea District) und Nkowe (Lindi District) gesammelt. Vor der Veröffentlichung einer Publikation über die Oraltraditionen der Mwera sind noch ein zweiter Aufenthalt sowie weitere Aufnahmen vorgesehen. Für die bisherigen Aufnahmen habe ich besonders zu danken den Informanten Paulinus Nnembuka, Theo Shitanda, Rainald Shitanda, Elisabeth Kambona, Maria Libaba, Hassani Magomba, Rashidi Makwinya und Ali Mpunga.[1]

Der Census von 1967 zählt 181 701 Mwera. Davon leben 172 184, d.h. mehr als 95% noch im ruralen Bereich.[2] Sie sind matrilineare und matrilokale Hackbauern[3] und siedeln heute in der Mtwara Region von Südtanzania im Lindi District und im Nachingwea District. Ihr Siedlungsgebiet wird begrenzt im Süden vom Lukuledi-Fluss, im Norden vom Lionja- und Mbemkuru-Fluss, im Westen von der Strasse Masasi – Nachingwea – Liwale und im Osten vom Rondo-Plateau. Ihre südlichen Nachbarn sind die Makonde, die nördlichen Ngindo, Majingo, Ndone und Matumbi, die westlichen Makua, Yao und Hamba und die östlichen Machinga, Maraba und Swahili. Ihre Sprache ist im nächsten verwandt dem Yao, mit diesem jedoch nicht wechsel-

---

1 Weiters zu danken habe ich den Benediktiner Missionaren von Ndanda für die Hilfe beim Transport im Landesinneren und für die Unterstützung durch den Schweizerischen Nationalfonds zur Förderung der Wissenschaftlichen Forschung. Eine leicht geänderte hektographierte Fassung dieses Artikels erschien in den Wiener Ethnohistorischen Blättern, Heft 27, 1984. Da die Forschung noch nicht abgeschlossen ist, sind die Daten als vorläufig anzusehen.
2 United Republic of Tanzania: 1967 Population Census. 5 Bde., Dar es Salaam 1969–1971. Vol. III, 1971.
3 Moser, R.R.: Der Rückgang von Matriorientierung: Die Mwera in Süd-Tanzania. In: Genève-Afrique, Vol. XXII, No. 2, 1984.

seitig verständlich.[4] Berichte über sie sind nur spärlich vorhanden.[5] Sie vermitteln ein relativ statisches Geschichtsbild, das den Eindruck erweckt, als ob die Mwera immer schon in diesem Gebiet ansässig gewesen wären. Dieser Anschein beruht jedoch nur auf mangelnden ethnohistorischen Kenntnissen der europäischen Autoren. Die Mwera selbst haben dagegen weitreichende und detaillierte Kenntnisse über ihre eigene Vergangenheit, die sich mindestens bis ins 9. Jahrhundert zurückverfolgen lässt, und die sich auf verschiedenen Wegen der mündlichen Überlieferung bis heute erhalten haben. Das stammeseigene Geschichtsbewusstsein beinhaltet eine Vergangenheit, die gekennzeichnet ist von Wandermobilität und Aufgabe der Zentralinstanz, und zeigt eine Geschichte mit wechselnden Ereignisperioden, die im Folgenden dargestellt werden sollen.

Entsprechend ihrer Oraltradition[6] lebten die Mwera einst in der Landschaft Unangu, östlich am Südende des Malawi-(Nyasa-)Sees gelegen. Sie hatten ihr eigenes Oberhaupt, das den Titel «*mwenye*» (Besitzer) trug, bildeten jedoch einer grösseren Nation *(taifa)* unter einem König *(mfalme)*. Nach dem grössten Felsen in der Gegend, der «*yavo*» bezeichnet wurde, trug diese den Namen Yavo oder Hyao. Sie setzte sich zusammen aus Vorfahren der heutigen Yao, Masaninga, Nkula, Njesye[7], Makale, Ngulu und Mwera oder Mwela.[8] Das Königreich besass eine Hauptstadt, Vela, in deren nördlicher Umgebung die Mwera siedelten, und von der auch ihr Name stammt.[9]

Unter ihrem Oberhaupt Che-Mbango, der auch Che-Mwera genannt wurde, und dem König Sadala, der, da er Nyasa seinem Reich einverleibt hatte, den Beinamen Mnyasa trug, erfolgte der Exodus der Mwera. Die

---

4 Moser, R. R.: Initiation – Konjugation – Enumeration: Ethnolinguistische Anmerkungen zu Differenzierungen in Anrede, Referenz und Zählweise im Mwera. In: Afrikanistische Arbeitspapiere, Köln, Heft 3, 1985.
5 Maples, Ch.: Masasi and the Rovuma District in East Africa. In: Proceedings of the Royal Geographical Society, 1880, pp. 337–353.
   ders.: Makua Land between the Rivers Rovujma and Luli. In: Ibid., 1882, pp. 79–89.
   Thomson, J.: Notes on the Basin of Ruvuma, East Africa. In: Ibid., 1882, pp. 65–79.
   Adams, A.: Lindi und sein Hinterland. Berlin 1902.
   Fülleborn, F.: Das Deutsche Nyassa- und Rovumagebiet, Land und Leute. Berlin 1906.
   Weule, K.: Wissenschaftliche Ereignisse meiner ethnographischen Forschungsreise in den Süden Deutsch-Ost-Afrikas. Mitteilungen aus den Deutschen Schutzgebieten, Ergänzungsband I. Berlin 1908.
   Ohm, T.: Stammesreligionen im südlichen Tanganyika-Territorium. Köln-Opladen 1953.
6 Wie am Schluss unter Punkt c) beschrieben.
7 Njesye bedeutet übersetzt 'Vogel' und ist daher möglicherweise ein Klanname. Auch Masaninga, Nkula, Makale und Ngulu könnten Klannamen sein.
8 /r/ und /l/ sind im Mwera wechselseitig vertauschbar.
9 Die Orsnamen der heutigen am Südende des Malawi-Sees gelegenen Ortschaften Namwera, Mvera und Mvela mögen daran erinnern.

Mwera beherrschten die Kunst der Eisengewinnung und des Schmiedens und mussten Eisengeräte und Elfenbein an den König abliefern. König Sadala verlangte immer mehr. Während seiner Regierungszeit wurde auch die Stadt Vela erweitert und mit Befestigungsanlagen umgeben. Mwera wurden zur Arbeit in den Steinbrüchen und an den Befestigungen gezwungen. Da sie sich der Zwangsarbeit zum Teil widersetzten, wurde Militär gegen sie eingesetzt, worauf Che-Mbango ihre Flucht organisierte.

Eine kleinere Gruppe zog nach Norden und liess sich in der Gegend der Mbamba-Bay und von Manda am Fusse der Livingstone-Berge nieder. Dort vermischten sie sich mit Matengo im Süden und Ndendeule im Norden, bzw. mit deren Vorfahren.[10] Eine weitere kleinere Gruppe zog in nordöstlicher Richtung, überquerte den Ruvuma bei Sasawala und erreichte die Gegend von Tunduru. Dort stiess sie auf Ndone, mit denen sie sich vermischten.

Die Hauptgruppe unter Che-Mbango zog etwas weiter östlich nach Nordosten und liess sich in der Gegend westlich der Einmündung des Lujenda in den Ruvuma nieder. Doch König Sadala sandte seine Armee hinter ihnen her, um sie gewaltsam zurückzuholen. Dies gelang ihr bei einigen Gruppen von Nachzüglern, dann geriet sie jedoch in Versorgungsschwierigkeiten und wurde von den Mwera unter Che-Mbango bei Lujenda geschlagen. Die Mwera beschlossen nun weiterzuziehen, überquerten den Ruvuma und gelangten weiter nach Norden, nach Majeja, auf der Höhe von Masasi zwischen den Flüssen Lumesule und Mbangala gelegen. Hier starb Che-Mbango. Schlecht Ernte, wilde Tiere und Besessenheit verursachende Buschgeister – auch deren Namen werden noch tradiert –, die den Berg Majeja bewohnten, veranlassten sie zum Weiterziehen. Der Aufbruch erfolgte ungeordnet.

Eine Gruppe wandte sich nordwestlich, überquerte den Mbemkuru-Fluss in seinem Quellgebiet, drehte dann nach Nordosten und erreichte das Hinterland von Kilwa. Eine zweite Gruppe wandte sich nordöstlich, überquerte den Lukuledi-Fluss und den Mbemkuru-Fluss und traf im Hinterland von Kilwa wieder auf die erste, mit der sie sich wieder vereinigte.

Die dritte Gruppe zog ostwärts, erreichte wieder den Ruvuma und folgte ihm bis zum Indischen Ozean. Dort bogen sie nach Norden, überquerten den Lukuledi in seinem Mündungsgebiet, drehten wieder nach Westen und liessen sich in mehreren Gruppen in ihrem heutigen Siedlungsgebiet nieder, wo sie nach wie vor den Namen Mwera führen. Unterwegs waren sie auf Makonde getroffen und hatten mit diesen den Lukuledi als Grenze zwischen

---

10 Nach Oraltraditionen der Ngoni, die selbst wiederum Ndendeule und Matengo assimilierten, siedelten diese beiden Gruppen einst in einem zusammenhängenden Gebiet, das erst durch das Dazwischenschieben der Ngoni geteilt wurde. Moser, R. R.: Aspekte der Kulturgeschichte der Ngoni in der Mkoa wa Ruvuma, Tanzania: Materialien zum Kultur- und Sprachwandel. Wien-Berlin 1983.

deren (südlichem) und ihrem (nördlichem) Siedlungsgebiet bestimmt. Ihr nördliches Gebiet erwies sich als noch frei[11] und fruchtbar.

Die Einwanderungen müssen sich vor dem 10. Jahrhundert oder zu Beginn desselben ereignet haben, denn in Kilwa war noch keine arabische Landnahme erfolgt.[12] Bald nachdem diese stattgefunden hatte, traf eine weitere Gruppe von Mwera im Hinterland von Kilwa ein. Es war die, die sich nach dem Exodus in der Gegend von Tunduru niedergelassen und dort mit Ndonde vermischt hatte. Zwischen den bereits ansässigen Mwera und den mit Ndonde vermischten neu hinzugekommenen wurden alte Verwandtschaftsbeziehungen festgestellt,[13] und man einigte sich friedlich bei der Landverteilung. Die Gruppen verschmolzen, und aus Mwera, Mwera-Ndonde und Ndonde entstand das Ethnos der Matumbi, benannt nach der Bezeichnung für das Hügel- und Berggebiet im Hinterland Kilwas. Seither nahmen die Mwera südlich des Mbemkuru und die Matumbi nördlich des Mbemkuru eine getrennte Entwicklung: auch ihre Sprachen sind nicht mehr wechselseitig verständlich. Viel später kamen auf der Flucht vor den Ngoni in der zweiten Hälfte des 19. Jahrhunderts noch Ndonde nach, siedelten südwestlich der Matumbi, vermischten sich jedoch nicht mehr mit diesen, sondern zu einem Teil mit den wildbeuterischen Hamba, die möglicherweise im heutigen Siedlungsgebiet der Mwera gelebt hatten und von diesen – soweit nicht assimiliert – nach Nordwesten abgedrängt worden waren. So leben nördlich der Mwera heute Matumbi, nordwestlich Ndonde und einige wenige bis vor kurzem noch jägerische Hamba-Ndonde und Hamba.

Wie die arabische Landnahme an der Küste, beobachteten die Mwera später auch die portugiesische.[14] Sie blieb für sie vorerst folgenlos. Vor den Portugiesen auf der Flucht trafen jedoch im 16. Jahrhundert Makua aus Moçambique in Südtanzania in der Gegend von Masasi ein.[15] Mwera und

---

11 Möglicherweise lebten dort jedoch bereits wildbeuterische Hamba, von denen ein Teil von den Mwera assimiliert wurde. Hinweis dafür ist eine bis vor kurzem starke jägerische Komponente in der Kultur der Mwera. Heute ist das Wild fast gänzlich verschwunden.

12 Nach der Kilwa-Chronik in ihrer arabischen Fassung erfolgte die Landnahme im Jahr 957. British Museum, Manuskript Or. 2666.

13 Da beide Gruppen die gegenseitigen Verwandtschaftsbeziehungen noch feststellen konnten, dürfte ihre Einwanderung zeitlich nicht weit auseinander liegen, d.h. ihre Ankunft muss kurz vor und kurz nach der Ankunft der Araber und Shirazi in Kilwa erfolgt sein.

14 1498 landet Vasco da Gama in Kilwa, 1505 wird Kilwa von Francisco d'Almeida geplündert. Er setzt einen neuen Sultan ein, Muhamed Anconi (= Muhammad Makâtu der Kilwa Chronik?) und macht die Stadt tributpflichtig. Vgl. Balthasar Springer, zit. bei Hümmerich, F.: Quellen und Untersuchungen zur Fahrt der ersten Deutschen nach dem portugiesischen Indien 1505/6, Abh. d. Kgl. Bayerischen Akad. d. Wissenschaften, Phil.-hist. Klasse, XXX, Bd. 3, München 1918, pp. 112–115 und Barros, J.: Da Asia, Lissabon 1728, Hrsg. A. Baiao, Coimbra 1930, Dekade I, 1. VIII, c.6.

15 Entsprechend einer Genealogie der Makua wäre ihr Eintreffen jedoch später anzusetzen. Danach trafen sie unter Hunauwa, genannt Hattia I. Ein Hattia V. wurde jedoch bereits von deutschen Missionaren getauft.

Makonde stimmten ihrer Ansiedlung zu. Ein Makua-Oberhaupt, Nankumba bei den Mwera, Nangumba bei den Makua genannt, suchte jedoch, weiter nach Osten vorstossend, kriegerische Auseinandersetzungen mit den Mwera. Er wurde von einem Mwera mit einem Pfeil erschossen, der zur gleichen Zeit selbst durch Nankumbas Pfeil tödlich getroffen wurde. Dies wurde von beiden Seiten als böses Omen für den Verlauf weiterer Auseinandersetzungen angesehen, worauf diese gütlich beendet wurden.

Weil die Nachfahren von König Sadala die Mwera nicht vergessen hatten und sie wieder botmässig machen wollten, eher jedoch, weil sie einfach mit Kilwa Handel treiben wollten, folgten Leute vom Südende des Malawi-(Nyasa-)Sees, angeführt von Makunganya, genannt der Mnyasa, der ehemaligen Route der Mwera und trafen in der Umgebung von Kilwa ein. Dies geschah, als an der Küste bereits die zweite arabische Einwanderung von Muskat erfolgt war, also zu Beginn des 19. Jahrhunderts.[16] Da Mwera und Matumbi durch den Kontakt zur Küste bereits zum Teil islamisiert waren ud auch waffentechnisch einen Vorsprung erhalten hatten, verzichtete Makunganya auf eine Auseinandersetzung bzw. auf die Rückholung der Mwera und etablierte Handelsbeziehungen zwischen der Gegend um das Südende des Malawi-Sees und Kilwa. Sklaventransporte erreichten nun Kilwa auf der alten Wanderroute der Mwera, und Makunganya gelang es, inzwischen Moslem mit dem Namen Mohamad geworden, die Herrschaft über Kilwa Kivinje an sich zu reissen.

Auch die Yao von Moçambique nahmen Handelskontakte mit Kilwa und aus Oman stammenden Arabern an der Küste Südtanzanias auf. Aus dem Wunsch, die portugiesische Oberhoheit zu verlassen und am Reichtum der Küste teilzuhaben, beschloss der Yao-«Sultan» Machemba in das Gebiet der Mwera einzufallen. Er überquerte mit seinen Leuten den Ruvuma, und seine Armee, angeführt von Che-Chiwonda, begann die Mwera zu attackieren. Diesen gelang es jedoch, die Yaou in drei Kriegen zurückzuschlagen und in ihr heutiges Siedlungsgebiet westlich von ihnen abzudrängen.

Unmittelbar darauf begannen die Einfälle der Ngoni, die von den Mwera nicht so erfolgreich zurückgewiesen werden konnten – einige Clans wurden tributpflichtig – und die erst durch die deutsche Landnahme beendet wurden.

Die deutsche Kolonialzeit ist in übler Erinnerung geblieben: 1905 von ihren Nachbarn, den Ngindo, über die Maji-Maji-Freiheitsbewegung unterrichtet, schloss sich die Mehrzahl der Mwera-Clans dieser an. Im Verlauf der deutschen Attacken und während der darauffolgenden Hungersnot kamen

---

16 Erste Araber aus Oman trafen in Kilwa bereits 1709 ein. Die Portugiesen blieben jedoch noch im Indischen Ozean präsent. (1769 versuchten sie ein letztes Mal die Wiedereinnahme von Mombasa). 1784 wird Zanzibar Kolonie von Muskat. 1840 verlegt der Sultan von Muskat seinen Hauptsitz von Oman nach Zanzibar und auch das Landesinnere Tanzanias wird verstärkt für den arabischen Handel erschlossen.

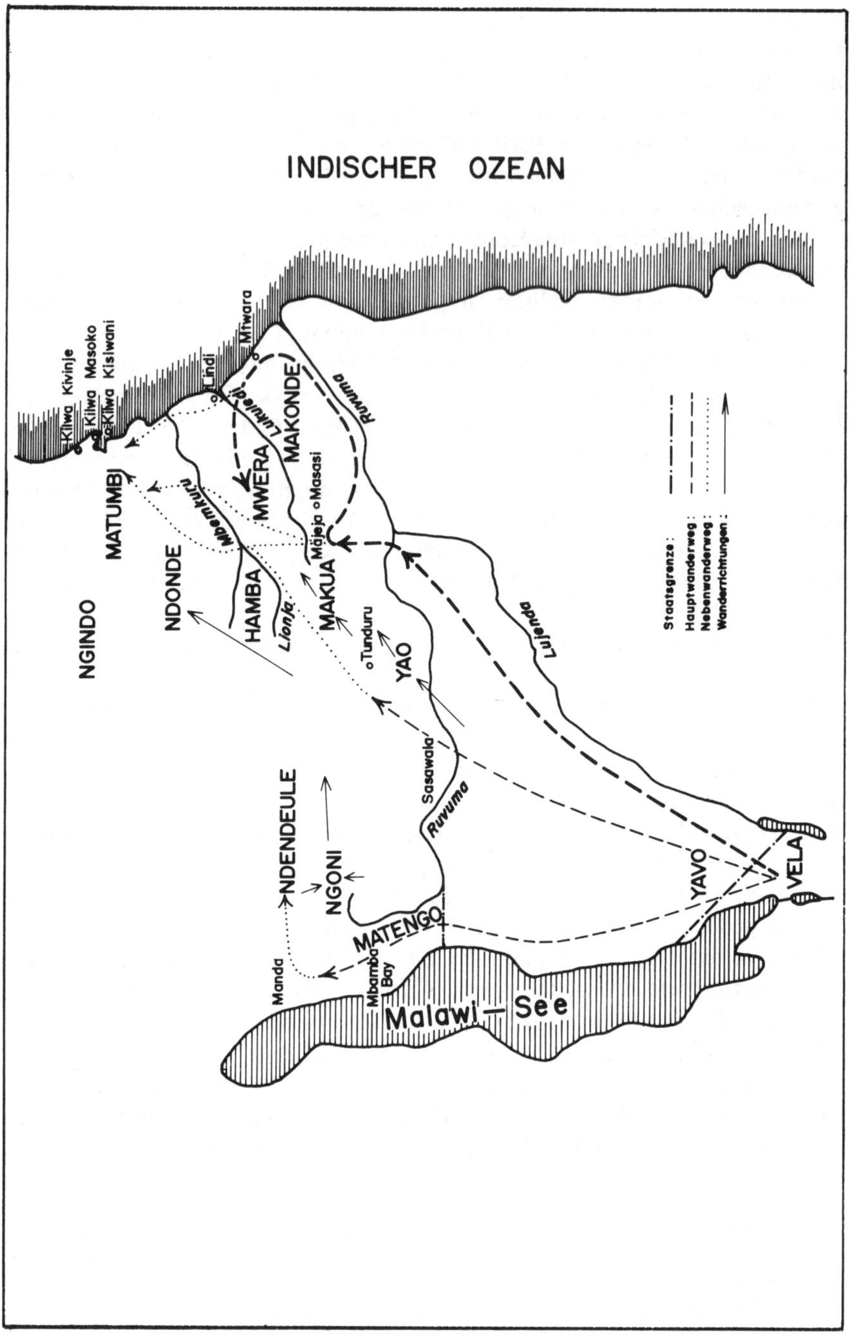
INDISCHER OZEAN
Kilwa Kivinje
Kilwa Masoko
Kilwa Kisiwani
Lindi
Mtwara
MAKONDE
MWERA
Lukuledi
Ruvuma
Masasi
Mbemkuru
MATUMBI
NDONDE
NGINDO
HAMBA
Lionja
MAKUA
Majeja
Tunduru
YAO
Lujenda
Sasawala
Ruvuma
NDENDEULE
NGONI
MATENGO
Manda
Mbamba Bay
Malawi-See
YAVO
VELA
Staatsgrenze:
Hauptwanderweg:
Nebenwanderweg:
Wanderrichtungen:

zwei Drittel der Mwera ums Leben. Erst ab ca. 1940 begannen sich die Mwera von der damaligen Entvölkerung wieder zu erholen. Die Ngindo hingegen sollen auch heute noch immer nicht die zahlenmässige Stärke der Zeit vor der Freiheitsbewegung erreicht haben. Von Umsiedlungen wurden die Hamba während der britischen Kolonialzeit betroffen. Sie mussten Plantagen weichen und sind heute als eigenständige Gruppe nahezu verschwunden. Derzeit führt die moderne Siedlungspolitik zur Verschiebung einzelner Clans. Dadurch bedingt ist besonders die einstige Grenzlinie zwischen Mwera und Yao in Auflösung begriffen.

Die Mwera sind segmentär in matrilinearen Clans organisiert und besitzen keine eigene Zentralinstanz. Dementsprechend fehlen Herrschergenealogien, und ihre Geschichte erweist sich vornehmlich als von aussen bestimmt und deffensiv orientiert. Namen eigener Anführer sind nur zu Beginn ihrer Geschichte – Che-Mbango führte den Exodus an – und dann erst wieder seit den Einfällen der Yao und Ngoni überliefert: Die Yao wurden zuerst von Nakotyo und Litolito geschlagen, später von Mpubme, Nchilima, Ndomondo und Shiwalo; mit den Ngoni verhandelten Litolito, Makanjila und Nakotyo, dies jeweil nur mit dem Mandat einiger weniger Clans.

Wenn auch wegen fehlender eigener Genealogien die Ereignisse nur anhand externer Daten in relativer Chronologie vage zeitlich bestimmt werden können – vor/nach der ersten arabischen, der portugiesischen, der zweiten arabischen oder der deutschen Landnahme –, so wird doch Geschichte tradiert. Geschichte, die ein neues Bild über den Verlauf der Besiedlung Südtanzanias vermitelt, auch wenn dieses nach noch ausstehender quellenkritischer Behandlung und den Vergleich mit anderen Traditionen und Quellengattungen sicher noch einige Modifikationen erfahren wird. Die Tradierung erfolgt auf drei Wegen:

a) Bei der Initiation von Knaben und Mädchen. Unterweiser sind der Tutor/die Tutorin jedes einzelnen Knaben bzw. Mädchens, ein Lehrer für die männlichen und eine Lehrerin für die weiblichen Initianden, der alte Mann, der den Platz für die Feiern zur Verfügung stellt, genannt *mwenye uwanja*, und der alte Mann, der die Medizinen für die Initiation aufbewahrt, genannt *mwenye shinumba*. Gelehrt werden hier richtige Verhaltensweisen – diese werden jedoch historisch begründet und mit historischen Beispielen illustriert. Durch moderne Einflüsse sinkt jedoch das Initiationsalter, und die Dauer der Belehrung wird immer kürzer. Unter Missionseinfluss verdrängen christliche und islamische die traditionellen Inhalte. Altes Wissen ist auf diese Weise bereits geschwunden; ein weiterer Rückgang ist sicher.

b) lokale, das Siedlungsgebiet des Clans betreffende Traditionen werden matrilinear von Mutter auf Tochter weitergegeben.

c) Die interessanteste Form der Weitergabe ist die quasi socrilineare von Schwiegervater auf eingeheirateten Schwiegersohn. Auch sie ist zum Teil auf das Siedlungsgebiet des Clans, in den der Mann jeweils einheiratet, gebunden. Das Gerüst für die Kontinuität bildet die Geschichte des Clans der Frau bzw. Schwiegermutter. Gleichzeitig werden jedoch Elemente der Geschichte des eigenen Clans und Clans des Schwiegervaters, dessen Schwiegervaters usw. mit aufgenommen, so dass das Geschichtsbild nicht mehr segmentär auf einen Clan bezogen bleibt, sondern weitere erfasst und eine Synthese bildet. Da Schwiegersohn, Schwiegervater, dessen Schwiegervater usw. jeweils aus einem anderen Matriclan stammen, können Ereignisse tradiert werden, die das gesamte Ethnos betreffen. Leider sind auch Matriliearität und Matrilokalität im Rückgang begriffen – Patrilokalität bzw. Utrolokalität wird durch moderne Einflüsse gefördert[17] –, so dass auch hier bereits ein Wandel einsetzt. Die bisherigen Ergebnisse konnten jedoch bereits ein Bild über die Dynamik der Geschichte der Mwera vermitteln. Periodisiert lässt sie sich in folgende Phasen einteilen:

1. Entwicklung einer Zentralinstanz im Ursprungsgebiet der Mwera südöstlich des Malawi-Sees. Vereinigung mehrerer ethnischer Gruppen in einem Reich, das als Sakralkönigtum angesehen werden kann. Herausbildung einer Stadtkultur über Tributpflicht und Zwangsarbeit. Die Mwera sind von der Ausbeutung besonders betroffen. Möglicher Grund dafür ist ihre besondere Kenntnis der Eisengewinnung und -bearbeitung.

2. Die Mweras entziehen sich der Zentralinstanz und der damit verbundenen Drucksituation durch Abwanderung. Als spätestes Datum dafür ist das 9. Jahrhundert anzunehmen. Später folgen weitere Gruppen.

3. Wanderung nach Nordwesten in Richtung Küste in mehreren Gruppen. Während der Wanderung Verlust der eigenen Führungsinsanz.

4. Etablierung im heutigen Siedlungsgebiet und teilweise Assimilation anderer Ethnien.

5. Teilweise Islamisierung und teilweise zeitweise Integration in den Küstenhandel.

6. Zurückschlagung aus dem Südwesten und Süden nachfolgender Ethnien.

7. Neuerliche Dependenz durch europäischen Kolonialismus. Kulturwandel durch Missionierung und Schulwesen und zunehmender Verlust der Matriorientierung und des traditionellen Wissens durch moderne Einflüsse.

---

17 Siehe Fussnote 3.

Summary

According to their oral tradition, the Mwera, who live now north of Luku-ledi-River in Mtwara-Region in Tanzania, originate from a realm south of Lake Malawi. When they were forced by King Sadala to build fortifications for his town Vela, they fled to the northeast, crossed River Ruvuma and after several stops arrived southwest of Kilwa. There they watched the arrival of the Arabs. They were followed by Matumbi and later by Makua. They had wars with Yao, who also came from Moçambique, and received Ndone, who were pushed by Ngoni. Their own wars with Ngoni ended with the arrival of the Germans, who severely decimated them during the Maji-Maji-freedom-movement. According to the data of arrival of Arabs, Portuguese and Arabs again in Kilwa, a relative chronology of the settlement of Mwera and other tribes in Southern Tanzania is reconstructed. At the end of the article ways of passing on oral tradition among the Mwera are described. The data were collected in 1983.

Jean-Luc Alber/Michel Carayol

Analyse d'une enquête ethnolinguistique à la Réunion: L'histoire d'un reproche

Les aspects collectifs des activités d'énonciation retiennent l'attention des chercheurs en sciences humaines depuis une dizaine d'années avec le développement de courants linguistiques centrés sur l'étude du discours. Si aucune véritable typologie projective des situations de communication[1] n'a encore jusqu'ici vu le jour, d'importants progrès ont déjà été réalisés dans la détermination des processus interactifs et des «stratégies» conversationnelles. En relation avec ces travaux, il convient aujourd'hui de se poser sérieusement la question des conditions de production des données en sciences humaines. La nécessité de décrire avec précision les différentes étapes qui vont de la phase initiale dite de «recueil» au produit fini, la monographie, le récit de vie, l'étude de cas etc., constitue une des interrogations essentielles sur la constitution du savoir en sciences humaines.

L'idée que le discours en situation est à l'origine de toutes les élaborations ultérieures fondées sur des opérations de recontextualisation, de transcodage et de reformulation est totalement admise actuellement. C'est donc bien d'une dynamique d'interlocution – dont il s'agit d'appréhender le type spécifique – que sont extraits et «retraités» les prétendus faits bruts des ethnosociologues. Ce faisant, l'enquête tend à devenir elle-même un objet de recherche à part entière en même temps qu'un instrument d'observation sur un domaine qui serait situé au-delà. Le magnétophone enregistrant le moindre mot, les plus infimes hésitations, est déjà, depuis peu, réputé ne restituer que la partie sonore du déroulement de l'enquête, d'où un intérêt croissant pour les moyens d'enregistrement audio-visuels, intérêt qui fait

---

[1] On continue à opposer grossièrement les interactions qui se déroulent dans des cadres «naturels» vs institutionnels un peu comme on distingue les conversations dites «ordinaires» et les conversations formelles. Certains modèles qui prennent tout de même en compte la notion de gradation classent les situations d'interaction selon leur degré de formalisme en tenant compte notamment du lieu d'effectuation, de la distance sociale entre les interlocuteurs, de leurs status et rôles respectifs, etc. Le besoin de raffiner ces typologies paraît nécessaire avec la restriction toutefois que toute typologie a pour défaut constitutif de figer «le réel».

parfois oublier que l'utilisation de nouvelles technologies a immanquablement pour effet d'entraîner des modifications de la situation d'observation[2].

Toute enquête est d'abord réponse d'un (d') informateur(s) à la demande d'un enquêteur[3]. La caractère d'artefact d'une telle activité de production discursive ne doit pas masquer le fait que cette relation complexe de co-énonciation n'implique pas aussi profondément l'enquêteur que l'informateur. Structurellement, la relation est de nature asymétrique. En principe, le sens des questions est univoque, l'évolution et les changements thématiques sont à l'initiative de l'enquêteur, l'exploitation et le bénéfice de l'enquête à sa solde. Son rôle est censé se limiter à un guidage distancé et orienté vers un but dont il est seul à pouvoir saisir le contenu réel. Médiateur autorisé d'une parole qu'il entend transmettre dans toute son authenticité, son inscription dans le texte passe alors pour purement technique et socialement transparente.

Cette vision trompeuse a déjà été critiquée à maintes reprises mais selon nous, seule l'analyse conversationnelle permet de lui porter «le coup de grâce». En marge de la collaboration entre les partenaires, qui garantit la possibilité même de tout entretien semi-dirigé, l'étude microscopique de protocoles d'enquête nous fait en effet découvrir un monde où la négociation est susceptible de remettre subitement en question un équilibre contractuel instable. L'enquête apparaît alors comme le relais privilégié entre le personnel et le social, sorte de lieu intermédiaire où l'intime et le privé sont rendus publics au moyen d'une mise en scène assurant le passage. Les enjeux et les attentes des partenaires étant souvent divergents, la relation enquêteur/ enquêté se joue nécessairement dans un espace d'interlocution à risques où chacun peut à son tour être mis en péril.

L'objectif de cet article est de tenter de montrer, à travers l'analyse sommaire d'un entretien, que ce sont des processus de catégorisation intercommunautaires qui sont constitutifs de cette dynamique et que les attitudes

---

2 Il ne s'agit ici que d'une première approche que nous envisageons d'élargir par la collecte et l'analyse de séquences vidéo principalement biographiques centrées sur des phénomènes identitaires perçus comme cruciaux à la Réunion. L'analyse des traces conversationnelles (hésitations, pauses, enchaînements, interruptions etc.) et pragmatiques (modalités, actes illocutoires etc.) se limitent ici à l'essentiel. Ce faisant, il s'agit d'une version provisoire d'un travail qui sera approfondi ultérieurement. La difficulté à déterminer systématiquement la part réellement assumée par chacun conduit à opter pour une vision moins tranchée, et faisant plus problématique de la répartition des rôles dans tout processus d'enquête. Les récits de vie offrent sous cet aspect un champ d'études privilégié, tant il est difficile, voire souvent impossible, d'interpréter par des marques linguistiques explicites quelles sont «les voix» qui s'expriment derrière les locuteurs comme autant d'énonciateurs distincts au cours de la phase de recueil des données.
3 Les termes «informateur» et «enquêteur» sont utilisés ici faute de mieux, mais il convient de signaler leur inadéquation à leur contenu dans la relation d'échange interactionnel qui est à l'origine de la production ethnologique.

envers les manières de s'exprimer constituent en dernière analyse le critère dominant des évaluations qui l'alimentent à la Réunion.

Le cadrage de l'entretien et de la situation d'énonciation

L'entretien analysé s'est déroulé en juin 1976 à la Plaine des Grègues, village des Hauts de Saint-Joseph, dans le sud de l'île, dont la population est exclusivement blanche. L'enquêteur, Réunionnais, de *l'Atlas linguistique et ethnographique de la Réunion,* enregistre, ce soir-là, au domicile de M. et Mme R. des données lexicales et ethnographiques concernant la cuisine réunionnaise. Il est déjà tard et l'enquêteur propose à ses interlocuteurs d'en rester là et d'aller dormir:

Bon, mesyeu é madam R., mersi bokou... nou na mérit not somèy se soir, in?	Bon monsieur et madame R., merci beaucoup... on a mérité de bien dormir, ce soir, hein?

Mme R. initiatrice et principale protagoniste de l'épisode, qui déjà, à plusieurs reprises, avait manifesté quelques réticences à répondre aux sollicitations de l'enquêteur, lui demandant de s'exprimer dans la langue de tous les jours (en l'occurrence une variété de créole relativement proche du français):

(...) *été un pti peu dur pou komansé mè anfin...*	(...) ce n'était pas très facile de commencer, mais enfin...

revient brusquement, à ce moment-là, sur cette question cruciale pour elle:

(...) *lé pa not abitud* (...) *lé plu not abitud de kozé komsa... mè vi veu ni di le gro kréol... ni anvoy gro kréol, kas pa la tèt* (rires un peu gênés) *puiske vi veu*	(...) Ce n'est pas notre habitude (...) ce n'est plus notre habitude de parler comme cela...; mais vous voulez qu'on emploie le «gros» créole... alors, allons-y pour le «gros» créole, franchement puisque vous le voulez.

Alors qu'elle ne dispose dans son répertoire linguistique que de la variété dite acrolectale[4] du créole, – qu'elle essaie, au prix de quelques aménagements d'ordre lexical, de «rapprocher» du français dans les situations plus

---

4 Variété qui se rapproche le plus du français, terme qu'on oppose à la variété la plus éloignée, dite basilectale.

formelles (elle «tient» le téléphone public du village), – Mme R. prétend curieusement que ce n'est plus leur habitude de «causer» ainsi, reprochant implicitement à l'enquêteur de lui imposer l'usage du «gros créole» dans une situation d'entretien qui, estime-t-elle, devrait au contraire exiger l'usage d'une langue plus soignée. Les rires gênés qui accompagnent cette remarque indiquent à la fois la difficulté qu'elle éprouve à respecter la consigne de l'enquêteur et l'effort qu'elle doit fournir pour parvenir à remettre en question la répartition initiale des pouvoirs. C'est donc paradoxalement un aveu d'impuissance qui détermine ce coup de force interactionnel. Dès lors, l'enquêteur peut difficilement refuser la sollicitation de l'informatrice et, durant près d'une heure, il va se trouver contraint d'accepter un débat dont il souhaitait faire l'économie et dont il tentera, à plusieurs reprises mais sans succès, de sortir en usant de «stratégies» sinon de stratagèmes dont nous allons rapidement dégager les grandes lignes. Conscient de l'intérêt de la situation, il décide de continuer d'enregistrer.

Le point de départ de cet entretien présente donc les deux caractéristiques suivantes:
– une inversion globale de la direction de la requête; alors que l'enquêteur est là pour solliciter des données d'ordre linguistique et ethnographique et pour rester maître de l'entretien, il se trouve, à ce moment précis de l'enquête, privé de l'initiative de l'échange, ainsi que de la maîtrise thématique dont la cohésion se trouve rompue; il doit, bon gré mal gré accepter les exigences de son informatrice qui lui demande, pour ainsi dire, de lui rendre des comptes; ses tentatives, à deux reprises, de fermer l'interaction ne seront pas couronnées de succès.
– une demande de l'informatrice qui porte, non pas sur l'objet de l'enquête, sur sa thématique, mais sur la langue utilisée pour communiquer et parler du «monde». Cette rupture du principe de cohésion thématique, motivée par le désir de Mme R. de recentrer l'entretien sur les usages linguistiques et les interactions conflictuelles qu'ils sous-tendent, traduit d'emblée l'importance de l'enjeu que revêt cette question dans les représentations que s'en font les locuteurs au sein d'une situation de diglossie[5] et de rapports intercommunautaires comme celle que présente la Réunion.

A ce tournant de l'enquête, la langue utilisée jusque là en transparence devient objet de jugements métalinguistiques et les protagonistes vont se livrer à une suite d'auto- et d'hétéro-évaluations portant sur les «parlers réunionnais».

---

[5] Le terme diglossie a été introduit par Ferguson dans les années soixante pour désigner des situations de coexistence conflictuelle entre deux ou plusieurs variétés linguistiques.

La construction de la relation enquêteur/informateur(s) dans l'interaction

1. Les reproches

Mme R. relance l'entretien en déplaçant les rôles, et à propos d'un thème que l'enquêteur aurait souhaité éviter mais qu'il ne peut éluder sous peine de contrevenir aux règles de la plus élémentaire convenance. Ce dernier va donc mettre en œuvre une «stratégie» défensive dont les aspects dépendront de l'évolution de l'entretien, pour essayer sinon de reprendre l'initiative, du moins dans un premier temps de pousser son interlocutrice à s'enfermer dans quelques contradictions. Plutôt que d'essayer d'argumenter d'entrée de jeu, il pose à Mme R. deux questions «naïves» qui présupposent, la première une réponse positive, la seconde une réponse négative, en contradiction toutes les deux avec les assertions de l'informatrice:

Zot na plu labitud de koz	On a perdu l'habitude ici de parler
gro kréol?	le «gros» créole?

puis

Tout i koz fransé? Tou lé	Tout le monde parle français?
jeune de la Plaine des Grègues	Tous les jeunes de la Plaines des
i koz fransé?	Grègues parlent français?

Reprenant les premiers arguments en forme de reproche de Mme R. ces deux questions obligent celle-ci à trouver un biais pour éviter la contradiction; à la première question elle répond par une esquive accompagnée d'un rire gêné, de plusieurs hésitations et d'une marque de concession:

Sé paske lé jeune i koz	C'est parce que les jeunes ne parlent
plu komsa... bien sur lé jeune	plus comme ça... bien sûr les
i koz (...) anfin i koz	jeunes parlent (...) enfin, ils
fransé si vou veu bien dir	parlent français pour ainsi dire

à la seconde question, Mme R. est contrainte de donner une réponse partiellement contradictoire avec la précédente:

Pa tèlman tout mè na ène	Pas exactement tous, mais une
bone parti kan mèm ...	bonne partie quand même ...

à quoi elle ajoute immédiatement:

E pui tou lé jeune ke va	Et puis tous les jeunes qui un
antand anou kozé un jour ...	jour nous entendent parler...
si zot i rantan anou kozé	s'ils nous entendent parler comme ça,
komsa zot i va rir...	ils vont rire...

nouveau reproche implicitement adressé à l'enquêteur.

Une analyse serrée de l'entretien permettrait de faire apparaître les variantes de ces reproches récurrents dont les plus forts sont les suivants:
– en «causant comme cela» on cautionne une situation aujourd'hui réputée dépassée et désavantageuse socialement;
– en «causant comme cela» on se coupe des jeunes et on creuse encore le fossé entre les générations (le fils de M. et Mme R. par exemple qui a fait son service militaire en Métropole parle volontiers en français);
– on enferme ainsi les gens dans une sorte de ghetto, au moment où tous les médias véhiculent à la Réunion une idéologie du développement qui émet un avis contraire. D'ailleurs, à un moment donné, l'enquêteur tente d'idéaliser la vie à la Plaine des Grègues où, dit-il, se trouve sauvegardé le charme d'antan; les informateurs, tournés vers l'idée du changement nécessaire et du progrès ne comprenant pas, au sens propre, cet argument, demandent une reformulation clarificatrice. L'enquêteur peut à juste titre, dans la logique des informateurs, être suspecté de contribuer à maintenir ces derniers dans une position idéalisée dont lui seul tire les bénéfices et à considérer de l'extérieur le sentiment de culpabilité des locuteurs créolophones qui ont honte d'une ignorance, dont se moquent les jeunes.

On peut penser que ces reproches s'adressent certes d'abord à l'enquêteur lui-même, mais par-delà sa personne, à l'institution par laquelle il est mandaté et à laquelle on ne peut justement accéder que grâce à une parfaite maîtrise du français. Les informateurs, Mme R. principalement, ne comprennent pas pourquoi un enquêteur qui représente une institution considérée comme prestigieuse et qui vient recueillir des données pour faire un livre, sollicite d'eux des comportements langagiers que cherchent à extirper l'école et les médias. Il y a là pour eux une ambiguïté qu'ils n'arrivent pas à lever comme le montrent leurs répliques. Cette incompréhension est d'autant plus grande qu'ils se font de l'institution ainsi que de la langue et de la culture dominantes une représentation homogène.

Sous ces reproches de surface se dessine le reproche fondamental: l'enquêteur et l'institution mettent en scène au lieu de contribuer à les réduire, les insuffisances linguistiques des informateurs; ils se font les révélateurs au grand jour d'une «tare» dont Mme R. beaucoup plus que son mari, supporte mal les «stigmates». Plus l'entretien avance, et plus elle personnalise son discours et expose son sentiment de culpabilité. En complète contradiction avec son assertion du début, («on ne cause plus maintenant comme cela»), elle commence par reconnaître, à la suite de son mari mais avec une beaucoup plus grande gêne que lui, que si elle devait parler français, elle «ne réussirait pas, bien sûr!». Mais loin d'en prendre son parti, et malgré les efforts que déploie l'enquêteur pour la rassurer, elle ne cesse désormais de répéter:

Moi la ont ke mi koné	J'ai honte de ne pas savoir
pa koz fransé!	parler français!

Ce que Mme R. reproche ainsi implicitement à l'enquêteur, c'est que, bien que Réunionnais comme elle, et par conséquent censé être apte à comprendre sa situation, disposant par ailleurs du pouvoir de la parole que lui confère l'institution qu'il représente, non seulement il ne lui soit d'aucun secours pour construire d'elle-même une image valorisante, mais encore qu'il la maintienne, peut-être à son profit, dans une position linguistique dévalorisée.

2. *Le double statut de l'enquêteur dans la représentation des informateurs*

M. et Mme R., cette dernière en particulier, construisent à travers l'interaction une image à deux faces de l'enquêteur. L'enquêteur est d'abord perçu comme le représentant d'une institution officielle dispensatrice du savoir et détentrice du pouvoir de la parole; à ce titre, il dispose lui aussi de ce savoir et de ce pouvoir. Ainsi, au moment où, à bout d'arguments, il tente de minimiser le reproche qui lui est adressé d'imposer le créole à ses interlocuteurs et de «gêner» Mme R. et qu'il réplique à cette dernière:

E mi parl komsa osi moi!	Mais je parle comme ça moi aussi!

Mme R. lui répond:

Oui bien sur! vi part de	Oui, bien sûr! Vous parlez comme
sèt fason la... mè vi koné	ça... mais vous connaissez aussi
tout lé fason de parlé osi...	toutes les façons de parler...
é moi mi koné pa!	et moi non! (ou: «vous êtes capable de parler autrement...»)

Ce statut ambivalent que les informateurs attribuent à l'enquêteur produit chez Mme R. beaucoup plus que chez son mari, sinon de la méfiance vis à vis de l'enquêteur, du moins une sorte de gêne qui s'exprime à plusieurs reprises, tant à travers les rires gênés que les paroles de dénégation qu'elle ne cesse de produire:

Eske ou lé jéné avek moi	Est-ce-que vous êtes gênés en ma
paregzanp se soir?	présence par exemple, ce soir?

demande l'enquêteur conscient de cela; à quoi M.R. répond le premier:

Non... moi lé pa jéné	Non... je ne suis pas gêné
puiske mi splik mon ka	puisque j'explique mon cas

Reprenant littéralement la réponse de son mari, Mme R. l'assortit d'une clause restrictive:

(...) mè seulman nadfoi mo lé jéné oui bien sur!	(...) mais seulement il arrive que je sois génée, oui bien sûr!

qu'elle ne cessera de reproduire, selon le même schéma, dans la suite de l'entretien:

Oui (ou non) bien sur mè (anfin)...	Oui (ou non) bien sûr, mais (enfin)...

C'est sans doute aussi en raison de ce statut ambivalent que revêt l'enquêteur à ses yeux que Mme R., tout en clamant sa honte de mal s'exprimer et son sentiment de profonde culpabilité, tente à maintes reprises de faire retomber sur l'enquêteur sa culpabilité en lui adressant les reproches déjà mentionnés. Il faut reconnaître qu'elle n'y réussit pas trop mal puisque l'enquêteur finit par dire:

Moi lé preske jéné d'antand azot kozé de la ont...	Je suis un peu géné de vous entendre parler de honte...

3. La dynamique de l'interaction et la «stratégie» de l'enquêteur

Notre étude de la mise en place par l'enquêteur d'une «stratégie» destinée à le «tirer honorablement d'affaire» pourrait déboucher sur une analyse conversationnelle plus précise, suivant pas à pas et minutieusement l'alternance des tours de parole et les tentatives faites par ce dernier pour retourner la situation à son avantage ou du moins enrayer la progression de l'entretien dans la thématique imposée par Mme R. Remettant à plus tard une telle analyse, nous nous contenterons ici, en prenant le risque de «casser» la dynamique conflictuelle de l'interaction, de dégager les points saillants de cette «stratégie».

– *Les tentatives de fermeture de l'entretien au moyen d'un acte de langage indirect*[6]: déjà signalée, la première de ces tentatives visait, dès l'ouverture de l'entretien, à éviter le débordement de ce dernier vers une thématique différente de celle qu'avait fixée le «pacte» d'enquête. La réplique de l'enquêteur reparaît, dans une variante, au milieu de l'entretien:

Mi kroi ki fo alé dormir	Je crois qu'il faut aller dormir

---

6 Sans entrer dans des détails trop techniques, nous rappèlerons qu'on oppose habituellement en pragmatique linguistique les actes de langage directs, pour désigner une action du locuteur sur son partenaire dépourvue d'atténuation, des actes de langage indirects qui eux font montre de précautions oratoires.

C'est le moment où, ayant réussi à rompre la cohésion thématique imposée par Mme R. en faisant dévier la conversation avec la collaboration involontaire de M. R. sur la vie autrefois dans les Hauts de l'île, l'enquêteur veut couper court à une tentative faite par l'informatrice pour revenir à la thématique qu'elle a choisie. Une question adressée directement à l'enquêteur par Mme R. et à laquelle ce dernier ne peut se dérober, fait échouer cette tentative.

Le troisième essai de fermeture de l'interaction est plus brutalement exprimé; c'est au moment où, quelques instants plus tard, Mme R. vient de contrecarrer l'argument déjà mentionné de l'enquêteur en lui faisant remarquer que s'il «cause aussi comme elle» il peut, lui, parler autrement, ce qui n'est pas possible pour elle. Cette fois, loin d'atténuer la formulation au moyen du modalisateur *mi kroi,* l'enquêteur, dont l'impatience augmente, coupe brutalement:

Tou sa lé intéresan mè mi	Tout cela est intéressant, mais
stop pour éséyé d alé	j'arrête pour essayer d'aller
dormir	dormir

Mais se rendant compte de la brutalité de sa réplique, il ajoute pour en atténuer les effets:

I intérès azot de diskuté	Ça vous intéresse de parler
finalman!	de cela finalement!

occasion pour Mme R. de faire rebondir le débat.

– *les procédures d'atténuation et de dédramatisation de la situation:* ce sont elles qui prédominent dans les répliques de l'enquêteur et qui mettent le mieux en évidence la gêne qu'il éprouve. Leur fréquence nous interdisant de les relever toutes, nous en mentionnerons simplement le contenu. Elles visent essentiellement à rassurer Mme R. sur ses aptitudes à se servir de la langue française et sur l'importance somme toute relative d'une bonne maîtrise du français dans bon nombre de situations d'interaction à la Réunion, puisque, en fin de compte, l'intercompréhension ne se trouve jamais compromise. Ainsi l'enquêteur se porte garant de l'aptitude de Mme R. à se bien faire comprendre quand elle répond au téléphone, puisqu'il l'a lui-même déjà entendue. Mais suspectant ce dernier d'une certaine condescendance, à son assertion:

Ou èsplik aou an fransé là...	Vous vous expliquez bien en français
Na poin de problèm...	là...sans problème...

elle réplique:

Un demi...un demi fransé!	un «demi»...un «demi» français!
(rire gênés)...*selon mé kapasité!*	...selon mes capacités!

143

L'enquêteur essaie ensuite de rassurer ses interlocuteurs quant à leur compréhension du français, puisqu'il écoutent la radio et la télévision. Mais ici encore, alors que M. R. se contente de répondre:

Sa mi konpran un peu...	Là, je comprends un peu...

Mme R. ajoute:

Konprand oui... mè sé	comprendre, oui, mais c'est pour
parlé an fransé!...	parler en français!...

L'enquêteur, évitant de relever cette réplique «glisse» vers un autre sujet. Il insiste de nouveau sur le fait qu'il n'y a jamais rupture de l'intercompréhension, mettant en avant, une fois de plus, ce qu'il a pu constater lui-même:

Paregzanp kan le vétérinèr i	Par exemple, quand le vétérinaire
vien... li parl en fransé;	vient... il parle en français;
ou konpran ali!	vous le comprenez!

Cette fois, c'est M. R. qui émet quelques réserves:

Mi konpran mè lé un peu	Je le comprends, mais c'est un peu
plu difisil	plus difficile

Cette mise en œuvre de procédures de dédramatisation apparaît avec une particulière évidence à propos de la question de la fréquentation de l'école par les informateurs dans leur jeunesse. Alors que M. R. avoue sans aucune gêne n'être «parti» à l'école que «deux-trois» jours et justifie ce fait par la situation «malheureuse» de ses parents, Mme R. esquive la réponse alors qu'un peu plus tard elle avouera avoir fréquenté l'école jusqu'à l'âge de treize ans.

Sé pa si mi peu dir... moi	Je ne sais pas si je peux le dire;
la ont de le dir!	j'ai honte de la dire!

Un long moment après, alors que l'enquêteur tente de fermer pour la deuxième fois l'interaction et propose d'aller dormir, Mme R., très habilement, fait échec à cette tentative en lui posant la question:

Pourkoi vi voulé savoir konbien	Pouquoi voulez-vous savoir combien
de tan moi la frékanté lékol?	de temps j'ai fréquenté l'école?

Une fois de plus, l'enquêteur n'a d'autre recours que celui d'essayer de rassurer l'informatrice par une procédure d'atténuation:

Non... mi pozé la kestion	Non... je posais la question comme ça
komsa... sété pa une kuriozité	... ce n'était pas par curiosité malsai-
malsène... paske mi voi ke	ne... c'est parce que je vois que vous
vi èsprim an fransé korèk	vous exprimez correctement en français

– *Les techniques de persuasion:* elles vont de pair avec les procédures de dédramatisation dont il est parfois malaisé de les distinguer. Ainsi l'enquêteur essaie, dans un premier temps de faire appel à le capacité d'émotion de ses interlocuteurs en évoquant les premiers habitants de l'île; si, dit-il, on avait pu enregistrer leurs conversations,

zot i riré ou bien i sré ému?   Ils riraient ou bien ils seraient émus?

Cette capacité ne se trouve pas très fortement mobilisée puisque successivement M. puis Mme R. préfèrent évoquer les changements orientés vers l'avenir.

L'enquêteur se tourne alors vers une autre argumentation: savoir lire, savoir écrire, savoir parler français est certes utile, mais ce n'est certainement pas une preuve de supériorité intellectuelle, déclare-t-il; conscient du caractère quelque peu spécieux de cet argument, il ajoute en incise:

mè sak mi di la i angaj ke moi   mais ce que je dis là n'engage que moi

Cette tentative ne connaît pas plus de succès que la précédente puisqu'en dépit des efforts qu'il continue à fournir pour bien différencier intelligence et instruction, Mme R., de son côté, continue à les confondre.

Troisième argument de l'enquêteur: je suis capable de parler français, dit-il, mais je suis incapable de rien comprendre à l'élevage; vous n'allez pas pour cela vous moquer de moi si j'essaie d'en parler! Seul un imbécile le ferait! Ici encore Mme R. ne se laisse pas persuader:

A bien sur lu sét un inbésil...   Ah! bien sûr! ce serait un imbécile...
mè seulman...   mais seulement...

Suit une série de répliques sur le thème: rares sont les gens assez «gentils» pour ne pas se moquer.

– *les procédures d'esquive et de rupture du principe de cohésion thématique:* à deux reprises, au cours de l'entretien, l'enquêteur, incapable de venir à bout de la résistance de son interlocutrice, tente avec la complicité involontaire de M. R. beaucoup moins culpabilisé que sa femme, de modifier le thème du dialogue et d'en faire éclater, pour ainsi dire, la cohésion. Profitant de circonstances favorables, il fait dériver l'entretien vers un sujet adjacent suggéré par une réplique de ses interlocuteurs.

Ainsi, par exemple, au moment où ces derniers, parlant de leur fils, déclarent qu'il n'est pas resté «enfermé» comme eux à la Plaine de Grègues, l'enquêteur fait dévier la conversation sur la vie autrefois dans le village, vantant les charmes du «temps longtemps». M. et Mme R. ne comprenant pas très bien cette apologie du passé, il essaie alors de prolonger la digression sur l'isolement des Hauts. Mais alors que M. R. entre dans son jeu, Mme R. limite sa participation au plus faible degré d'interactivité, jusqu'au moment où elle essaie de revenir au thème qui la préoccupe, ce qui provoque, de la part de l'enquêteur, la deuxième tentative de fermeture de l'interaction.

La deuxième procédure d'esquive est mise en œuvre tout juste après, à propos de la fréquentation scolaire des informateurs. L'enquêteur fait subtilement dériver l'entretien vers le fonctionnement pratique de l'école autrefois, évitant ainsi une trop forte rupture du principe de cohésion thématique. Mais Mme R. ne participe, là encore, que très discrètement à la conversation, jusqu'au moment où profitant d'une occasion qui lui paraît favorable, elle tente de reprendre l'initiative. De son expérience scolaire:

Alor pou revenir a la pratik	Alors, pour en revenir à ma
ke moi la u de lékol...	fréquentation de l'école...

elle passe sans transition à l'expression de sa culpabilité:

Bin, kan mi antan lé jan parlé,	eh bien, quand j'entends les gens parler,
kank moi na bezoin d'alé dan dé	quand je suis obligée d'aller dans
sertin buro, moi lé chagrine de	les bureaux, je suis malheureuse
dir ke tou le moune la pu aprand	de me dire que tous ces gens ont pu
é ke moi... anfin... moi la	apprendre et que moi... enfin...
pa pu	je n'ai pas pu...

Une fois de plus, l'enquêteur ne peut échapper à l'emprise de son interlocutrice.

Comme on le voit, la «stratégie» de l'enquêteur vise, dans ses différentes modalités, à euphémiser en quelque sorte l'ensemble de la relation d'interlocution, à la dédramatiser, à la banaliser, à lui ôter, sans toutefois y parvenir, tout caractère conflictuel. Cette attitude paraît figurer la conscience qu'il a des risques qu'il pourrait encourir en entrant «à fond» dans le jeu de son interlocutrice.

Conclusion

Il n'est plus très nouveau aujourd'hui d'interpréter la situation d'enquête comme un cadre spécifique d'échange interactionnel influençant la nature des données qui y sont produites. Toutefois il reste encore à démontrer systématiquement la fausseté de l'image selon laquelle des «informations factuelles», jugées dignes d'intérêt scientifique, une fois recueillies auprès d'une instance émettrice censée les détenir, circuleraient simplement à travers la médiation experte et autorisée d'un enquêteur vers une instance réceptrice passivement à l'écoute. Dire le code est un processus d'élaboration mutuel et les entretiens semi-dirigés comme toute forme de conversation, sont le produit commun des interactants, avec la particularité d'être orientés vers un destinataire qui, bien qu'extérieur au cadre d'effectuation, le marque fortement de sa présence. Les représentations qu'en ont habituellement les participants ne se superposent pas. L'enquêteur le vit à la fois comme extérieur et intérieur à lui-même; l'informateur le devine et le construit à travers le rôle et le statut de son interlocuteur. Toute enquête est donc par nature le lieu d'une double énonciation à tel point que l'orientation du discours vers ce participant absent devient parfois repérable à des remarques qui lui sont directement adressées; ainsi, dans notre corpus, l'enquêteur lui fournit des instructions que, de leur côté, les interactants détiennent:

I fo présizé eu...sa ki peu ét intérésan...sé ke le fis de...de mesyeu é de madam R. é parti an Frans é i parl tré bien le fransé... il a fé le sèrvis militèr li..	Il faut préciser, euh...ça peut être intéressant...que le fils de...de monsieur et madame R. est allé en France et qu'il parle très bien le français... Il a fait le service militaire lui...

Ce faisant, une tension règne au sein de la situation d'enquête comme dans tout espace intermédiaire ou semi-public. Arrachés à l'anonymat, les dires qui y sont proférés sont tirés vers une destination extérieure à leur lieu d'énonciation. Dès lors le «drame» qui s'y joue pour les participants est celui d'une mise en scène dont ils sont certes les acteurs mais rarement les juges. L'informateur en est bien entendu le personnage principal. Il se livrera – aux deux sens du terme – et la prise de conscience de ce qu'il révèle peut subitement lui faire perdre la confiance qu'il avait mise dans son interlocuteur. Son sens de la structure sociale le renseigne réflexivement sur les risques symboliques qu'il encourt à manifester ainsi certains traits identitaires, dont la «manière de dire» qui constitue le rôle par excellence d'un sélecteur social.

Accusé d'être l'instigateur d'une «publication», l'enquêteur est alors pris à parti en même temps que réapparaît la méfiance intrinsèque que sa fonction inspire. Ce faisant, il perd l'initiative de l'interaction. Le reproche qui lui est adressé, l'obligeant alors à se tirer d'affaire, il tente de développer tour à tour une contre argumentation visant à persuader son détracteur de son erreur de jugement, de minimiser sa responsabilité et de rassurer son vis à vis, d'essayer d'esquiver l'attaque en changeant de sujet. Tous ces cas de figure apparaissent bien dans notre transcription mais seule la «stratégie» de minimisation obtient quelque succès en canalisant l'émotion et en évitant les débordements. Le succès relatif de cette unique «stratégie» constitue déjà à lui seul l'indice d'une interaction à évolution nulle dans laquelle chaque partenaire campe sur des positions qui reflètent des typifications propres à leur place respective dans la société réunionnaise.

Résumé

Des informations factuelles, jugées dignes d'intérêt scientifique, une fois recueillie auprès d'une instance émettrice sensée les détenir, ne circulent jamais simplement à travers la médiation experte et autorisée d'un enquêteur vers une instance réceptrice passivement à l'écoute. Un enregistrement de données lexicales et ethnographiques, chez M. et Mme R., en juin 1976 à la Plaine des Grègues, dans le sud de la Réunion, permet de le démontrer et d'analyser ce cadre spécifique d'échange interactionnel qui influence la nature des données produites.

Bibliographie

ALBER J.L., PY B. (1986). «Vers un modèle exolingue de la communication interculturelle: interparole, coopération et conversation» dans *ETUDES DE LINGUISTIQUES APPLIQUEES* 61, pp. 78–91.

ALBER J.L., DE PIETRO F. (1986). «Approches des phénomènes interculturels à travers l'étude de la conversation exolingue», dans *L'INTERCULTUREL EN EDUCATION ET EN SCIENCES HUMAINES, TRAVAUX DE L'UNIVERSITE DE TOULOUSE-LE MIRAIL,* Série A-Tome 36, pp. 509–518.

ALBER J.L., OESCH-SERRA C. (à paraître). «Aspects fonctionnels des marques transcodiques et dynamique d'interaction en situation d'enquête» dans *DEUXIEME COLLOQUE SUR LE BILINGUISME,* Neuchâtel, 20–22 septembre 1984, Tübingen, Niemeyer.

BENOIST J. (1978). «Les Mascareignes: L'île Maurice, La Réunion» dans POIRIER J. (éd.). *Ethnologie régionale II,* Paris, Encyclopédie de la Pléiade, pp. 1867–1901.

CARAYOL M., VOGEL C. et BARAT C. (1977). *Kriké-Kraké, recueil de contes populaires réunionnais,* St-Denis, Publication de l'Institut d'Anthropologie de l'Océan Indien, 110 p.

CARAYOL M. (1980). *Encyclopédie de la Réunion,* Vol. 6: Cultures et Traditions, St-Denis, Livres Réunion, 135 p.

CARAYOL M. (1984). *Atlas linguistique et ethnographique de la Réunion, Vol. 1,* Paris, Editions du CNRS, 307 cartes et notices 247 p.

CICOUREL A.V. (1979). *La Sociologie cognitive,* Paris, puf, 239 p.

GARFINKEL H. (1967). *Studies in Ethnomethodology,* Englewood Cliffs, Prentice-Hall.

GUEUNIER N. (1983). «Variété linguistique et énonciation dans le récit de vie en situation interethnique», dans *Revue des Sciences Humaines* 192, pp. 105–115.

GUMPERZ J.J. (1982). *Discourse Strategies,* Cambridge, Cambridge Univ. Press.

LEJEUNE Ph. (1980). *Je est un autre: l'autobiographie de la littérature aux médias,* Paris, Seuil.

SCHENKEIN J. (éd.) (1978). *Studies in the organisation of conversationnal interaction,* N-Y, Academic Press.

TEDLOCK D. (1982). «Anthropological Hermeneutics and the Problem of Alphabetic Literacy», in RUBY J. (éd.). *A Crack in the Mirror: Reflexive Perspectives in Anthropology,* Philadelphia, Univ. Press.

Florence Weiss

Sprache und Geschlecht bei den Iatmul in Papua Neuguinea
Untersuchungen zum Verhältnis von ethnologischer Forschung und Sprachgebrauch

Einleitung

Dieser Beitrag entstand durch verschiedene Anregungen. Die Linguistinnen Luise F. Pusch (1983, 1984) und Senta Trömel-Plötz (1982, 1984) haben mir bewusst gemacht, wie sehr Frauen in unserer Kultur mittels der Sprache unterdrückt werden. Sie haben mir mit ihren Untersuchungen auch ein Instrumentarium in die Hand gegeben, die Methoden dieser Unterdrückung analytisch anzugehen. Ihre Befunde sind für mich in zwei Hinsichten von grosser Bedeutung: Sie betreffen mich als Mitglied der euroamerikanischen Gesellschaft, und als Frau, die in diesen Verhältnissen aufgewachsen ist und die Formen der Unterdrückung der Frau aufgenommen hat. Darüber Bescheid zu wissen ist für mich wichtig, wenn ich als Ethnologin in einer fremden Kultur forschen will. Solange ich mir über meine eigene gesellschaftliche und kulturelle Bedingtheit nicht im Klaren bin, besteht die Gefahr, dass ich das Andere, das Fremde, nicht als etwas Eigenständiges wahrnehmen kann. Diese Arbeiten haben mich inspiriert, der Frage nachzugehen, wie das Verhältnis von Sprache und Geschlecht in der Kultur der Iatmul ist[1].

Die zweite Anregung, mich mit Sprache zu befassen, kam von einem Artikel, den die Psychoanalytiker Paul und Goldy Parin-Matthèy (1978) geschrieben haben. Sie stellen fest, dass Schweizer und Süddeutsche ein sehr verschiedenes Sprachverhalten haben und zeigen auf, worauf diese Unterschiede zurückzuführen sind. Geht es den feministischen Linguistinnen um das Verhältnis zwischen Frau und Mann, so beschäftigen sich Parin-Matthèy mit einem allgemeineren Gesichtspunkt, dem kulturellen Stellenwert von

---

[1] Die Iatmul leben im Nordosten von Papua Neuguinea an den Ufern des Sepik-Flusses. Das Dorf, in dem Milan Stanek und ich gearbeitet haben, heisst Palimbei.

Sprache. Dieser Ansatz interessierte mich, weil er Erfahrungen analytisch angeht, die sonst auf der Ebene des Kuriosen belassen werden: Redegewandte Deutsche versus unbeholfene Schweizer. Dazu kam, dass mir vom ersten Tag meiner Ankunft im Iatmul-Dorf Palimbei in Papua Neuguinea klar wurde, dass Sprache in dieser Kultur einen ganz besonderen Stellenwert haben muss: Die Redelust und Redegewandtheit der Iatmul war eine unüberhörbare Tatsache. Auch in diesem Punkt, wie ich bereits bei der Frage nach dem Geschlecht betont habe, ist es wichtig für mich als Ethnologin zu wissen, welche Bedeutung Sprache ganz allgemein in meiner Kultur hat.

Die dritte Anregung kam aus der Frauenethnologie. Jener Richtung nämlich, welche es sich zum Ziel gemacht hat, unsere Theorien und Wahrnehmungen auf ihre Kulturbedingtheit zu überprüfen. Immer wieder müssen wir feststellen, dass Theorien, die scheinbar kulturunabhängig sind, sich bei genauerer Überprüfung als rein euroamerikanische Konzepte erweisen. Ich möchte hier nur an die Natur-Kultur und Öffentlich-Privat Diskussion erinnern[2]. Mit anderen Worten: Im Bemühen eine fremde Kultur zu verstehen, stolpern wir immer wieder über unsere eigenen kulturellen Bedingtheiten, was ja nichts anderes heisst, als dass wir über unsere eigene Kultur nur ungenügend Bescheid wissen. Nun meine ich, dass unsere Schwierigkeiten auch daher kommen, dass wir es nicht nur mit intellektuellen, theoretischen Problemen zu tun haben, sondern v.a. auch mit emotionellen. Es kommt uns nicht nur unser Kopf, sondern auch unser Gefühl dazwischen, da unsere gesellschaftlichen Verhältnisse ja sowohl in unseren Köpfen, als auch in unseren Gefühlen ihren Niederschlag gefunden haben. Wollen wir verstehen, wie unsere kulturell bedingten Verzerrungen entstehen, müssen wir unsere Emotionen miteinbeziehen. Darstellungen, welche diesen Gesichtspunkt berücksichtigen, sind selten. Es scheint kein Zufall zu sein, dass es Ethnologinnen und Ethnologen, die sich mit der Psychoanalyse auseinandergesetzt haben, besser gelingt, ihre Emotionalität und ihre Subjektivität in ihre Forschungen miteinzubeziehen. Keine andere Wissenschaft verweist der eigenen Subjektivität, lebensgeschichtlichen und kulturellen Bedingtheit und Beschränktheit einen so zentralen Stellenwert zu, wie die Psychoanalyse. Das erweist sich für unsere Fragestellung als eine geeignete Ausgangsposition: Wenn ich über mich Bescheid weiss, meine Geschichte, meine Einschränkungen und Begabungen, meine Gefühle, kann ich mich dem Andern, dem Fremden offener und unbefangener zuwenden[3].

---

2 Vgl. Rosaldo 1974/1980; Ortner 1974; Ortner/Whitehead 1981; Strathern, M. 1980; Pomata 1983.

3 Heute bereits ein Klassiker zu diesem Thema ist Georges Devereux 1967. In Maya Nadigs Arbeit über Bäuerinnen in Mexiko (1986) wird der Prozess der Selbstreflexion anschaulich dargestellt.

In den ethnopsychoanalytischen Gesprächen, die ich mit drei Iatmul-Frauen geführt habe, habe ich mich auf das Denken und Fühlen meiner Partnerinnen und auf meine eigenen Gefühle eingelassen (Morgenthaler/ Weiss/Morgenthaler: 1984). In diesem Artikel werde ich ähnlich vorgehen, indem ich mich selbst miteinbeziehe, um die Bedeutung der Sprache bei den Iatmul, insbesondere das Verhältnis von Sprache und Geschlecht, besser zu verstehen. Dabei gehe ich so vor, dass ich mich in einem ersten Teil mit dem Problem der Sprachkenntnis befasse, im zweiten auf die Sprachkultur der Iatmul näher eingehe und im dritten das Verhältnis von Frauenforschung und Sprache am Beispiel meiner Erfahrungen mit den Iatmul analysiere. Im vierten Teil analysiere ich den Erzählstil der Iatmul-Frauen und Männer[4].

Wie immer, wenn wir nach Palimbei zu den Iatmul fahren, machen wir in der Provinzhauptstadt Wewak einen Halt. Milan und ich haben uns in einem Hotel am Ufer des pazifischen Ozeans einquartiert. Am Tage haben wir Einkäufe gemacht, im Meer gebadet und je näher nun der Abend kommt, umso aufgeregter werde ich. Hier in Wewak leben mehrere Leute von Palimbei, und die Wahrscheinlichkeit, dass wir jemanden treffen, ist gross. Die Hotelbesitzerin hat den Schwarzen hinter einem Gebäude einen Platz zugewiesen, wo sie den weissen Gästen Schnitzereien, Netztaschen und Schmuck zum Kauf anbieten dürfen. Als die Dunkelheit einbricht, gehe ich über die Hotelterrasse zum Verkaufsplatz. Ich sehe mich um und erblicke Karu. Ich kenne sie gut, denn ich habe mit ihr und ihren Geschwistern zusammen Gespräche über den Alltag der Iatmul-Kinder geführt (Weiss: 1981). Karu schaut auf und ruft mich erfreut beim Namen. Bevor ich mich neben ihr niederlasse, schiebt sie mir ein Stück Stoff zu, damit ich nicht auf den blossen Boden sitzen muss. Wir vertiefen uns in ein Gespräch, in dessen Verlauf mir Karu erzählt, wie sie, die das Dorf nie verlassen wollte, nach Wewak gekommen ist. Sie hat sich in einen Mann von hier verliebt, ihn geheiratet und ein Kind bekommen. Wir sprechen lange zusammen. Ich achte nicht darauf, was die Leute um uns herum sagen und denken mögen. Ich weiss, dass sie uns beobachten, denn unser Verhalten ist in diesen kolonialen Verhältnissen ungewöhnlich. Dann verabschieden wir uns, und Karu sagt, dass sie morgen wahrscheinlich wieder kommen wird. Ich fühle mich gut und freue mich auf meine Begegnungen mit den Frauen in Palimbei, denn das Gespräch mit Karu hat mir gefallen.

Als ich am nächsten Abend wieder auf den Platz komme, springt eine Frau auf, die mit anderen zusammen Waren anbietet und ruft mir aus mehreren Metern Distanz zu: «Die Frau von gestern ist heute nicht da. Du könntest

---

[4] Arbeiten zum Thema Sprache und Geschlecht in Gesellschaften der Dritten Welt sind wenig zahlreich. Eine Zusammenstellung der Literatur findet sich bei Verwey 1986:155/156.

jetzt mit mir sprechen. Aber du verstehst ja kein Iatmul. Was bist du nur für eine Frau, kommst zum Sepik und kannst nicht einmal unsere Sprache. Der weisse Mann, der bei uns gelebt hat, der konnte alles, auf die Jagd ging er, geschnitzt hat er, er lebte wie wir und er sprach Iatmul. Du aber kannst nur Pidgin!» Ich kenne die Frau nicht. Sie veranstaltet mit mir eine Art aggressiven Flirt. Sie hat die Vertrautheit, die sich gestern Abend zwischen mir und Karu gezeigt hat, wahrgenommen und mischt sich nun ein, sie will auch etwas mit mir haben. Auf den Mund gefallen ist sie nicht. Sie provoziert und prüft mich. Jetzt muss ich, wie eine Iatmul-Frau das tun würde, mit derselben Frechheit und Sprachgewandtheit parieren. Ich sage: «Ah, jetzt verstehe ich, weshalb ich nur schlecht Iatmul kann. Hätte ich dich schon früher getroffen, du hättest mir Iatmul längst beigebracht. Eine Frau wie du eine bist, das hat mir gefehlt.» Sie lacht und verwickelt mich in ein Gespräch, jetzt stört sie mein Pidgin nicht mehr.

I. Teil: Sprachkenntnis

1. Sprachkenntnis der EthnologenInnen

Seit Bronislaw Malinowski und Franz Boas gilt es als eine Voraussetzung der ethnologischen Arbeit, dass wir die Sprache der Leute, bei denen wir unsere Untersuchungen durchführen, verstehen und sprechen können. Und so beginnen viele von uns ihre ersten Feldforschungen mit der Absicht, die Sprache unserer PartnerInnen zu erlernen. In der Praxis erfahren wir dann, dass unser Anspruch nur mit grösstem Aufwand erfüllbar ist und Jahre benötigen würde. Und so beschränken wir uns auf das Erlernen einer lingua franca oder Kolonialsprache, arbeiten uns mehr oder weniger in die eigentliche Sprache der Bevölkeung ein, um uns im weiteren, wenn immer nötig, auf ÜbersetzerInnen abzustützten. Nach meiner Einschätzung der ethnologischen Praxis entspricht dieses Bild weitgehend der Realität[5]. Es besteht demnach ein Missverhältnis zwischen dem Anspruch auf Sprachbeherrschung und wirklicher Sprachkenntnis. Das Interessante an diesem Tatbestand besteht nun darin, dass weiterhin am Anspruch der Sprachbeherrschung festgehalten wird und dies auf folgende Weise: Es zeigt sich in den

---

5 Horst Cain berichtet, dass von 35 Ethnologen, die auf Samoa gearbeitet haben, nur drei in der Lage waren, sich gut oder mindestens ausreichend mit Samoanern in ihrer Muttersprache zu unterhalten (Cain 1985:120).

Berichten über ethnologische Forschungen eine Tendenz, die sprachlichen Verhältnisse unpräzise darzustellen und Sprachkenntnisse vorzutäuschen[6].

So erfahren wir oft nicht, in welcher Sprache Informationen zustande kamen, ob ÜbersetzerInnen dabei mitgeholfen haben und wie die Gesprächssituation gewesen ist. Wir wissen nichts darüber, wie sehr die sprachlichen Fähigkeiten der Ethnologin oder des Ethnologen und ihrer PartnerInnen die Auswahl der GesprächspartnerInnen mitbestimmt hat[7]. Wenn die Mitarbeit von ÜbersetzerInnen erwähnt wird, erfahren wir selten etwas über die Probleme, die sich aus einer solchen Zusammenarbeit ergeben (vgl. Cain 1985:133). Dieselben Probleme stellen sich wieder, wenn wir unsere Forschungen aufarbeiten, um sie z.B. auf deutsch zu publizieren. Besonders hinweisen möchte ich in diesem Zusammenhang auf das Weglassen der von der Ethnologin/vom Ethnologen gestellten Fragen in den publizierten Texten. Da werden Aussagen aus dem Zusammenhang gerissen, ganze Lebensgeschichten wiedergegeben als ob die Erzählerin, der Erzähler ins Blaue hinausgesprochen hätten und nicht mit einer fragenden und zuhörenden Ethnologin (vgl. Biocca 1968, Bogner 1982, Shostak 1982, Strathern, A. 1979). Das hängt einerseits damit zusammen, dass immer noch angenommen wird, objektiv und authentisch sei etwas, wenn der/die Forscher/In «abwesend» sei, zum andern steht es mit den gestellten Fragen selbst in Zusammenhang. Ich habe die Erfahrung gemacht, dass mir meine eigenen Fragen im Nachhinein oft sehr unangenehm waren, weil sie zeigten, was ich nicht wusste, und wie ich etwas falsch verstanden hatte, oder wie ich das Gespräch in eine ganz bestimmte Richtung gelenkt hatte. Meine GesprächspartnerInnen aber sind auf meine Fragen eingegangen, sind von ihnen beeinflusst, und indem ich sie nun weglasse, entsteht ein unverständlicher Monolog, mit Brüchen, Themenwechsel, einem schwer begreiflichen Diskurs. Da die Probleme, die wir mit der Sprache haben, entweder gar nicht thematisiert oder bagatellisiert werden, gewinnen wir den Eindruck, die Ethnologin/der Ethnologe seien der Sprache mächtig und es finde zwischen ihr/ihm und den GesprächspartnerInnen eine direkte Kommunikation statt[8]. Weshalb dieser irreführende Eindruck erweckt wird, ist einfach zu erklären. Welchen wissenschaftlichen Wert können ethnologische Forschungen noch haben, wenn sie auf Aussagen beruhen, welche wir möglicherweise falsch verstanden haben? Nun bin ich nicht der Ansicht, dass Gespräche und Aussagen, die mit Hilfe von ÜbersetzerInnen zustande gekommen sind, weniger Wert haben, oder dass wir mit allen Leuten sprechen müssen und

---

6 Marcus und Cushman bezeichnen Angaben über die Sprachkompetenz der Ethnologen als «generally the most silence in texts» 1982:36.
7 Ein Gegenbeispiel dazu sind die Angaben, welche Parin/Morgenthaler/Parin-Matthèy dazu machen 1983:169.
8 Vgl. Mead 1971:36/37.

eben nicht nur mit jenen, welche die Umgangssprache können. Doch möchte ich über die sprachlichen Voraussetzungen informiert werden, um mir ein Bild machen zu können, denn ich glaube, dass unsere Informationen erst dann fragwürdig werden, wenn ihre Entstehungsgeschichte verschwiegen wird.

2. Sprachkenntnisse der Iatmul

Das Melanesische Pidgin ist in Papua Neuguinea im Verlauf der Kolonisierung zur lingua franca geworden[9]. Obwohl Englisch die offizielle Landessprache ist, wird sogar im Parlament Pidgin gesprochen. Das Pidgin erfreut sich wohl gerade deswegen grösster Beliebtheit, weil es eine Kreation der Einheimischen ist. Auch in den entlegensten Dörfern besteht eine eigentliche Zweisprachigkeit der Bevölkerung. Auf dem Lande werden jedoch im Alltag immer noch weitgehend die ursprünglichen papuanischen bzw. austronesischen Sprachen gesprochen. In den Städten hingegen, wo Menschen aus verschiedensten Sprachregionen zusammenkommen, ist Pidgin das Kommunikationsmittel per se. Das geht sogar soweit, dass Leute, auch wenn sie unter sich sind, Pigdin verwenden, und immer mehr Kinder und Jugendliche ihre ursprüngliche Sprache nicht mehr erlernen und nur noch Pigdin sprechen. Das Englisch ist an den Mittel- und Oberschulen Unterrichtssprache. Es ist auch zur Sprache der neuen Elite geworden, ganz im Sinne einer Abgrenzung von den breiten Bevölkerungsschichten, die Englisch nie gelernt haben.

Die Iatmul kamen seit den 20er Jahren dieses Jahrhunderts in Berührung mit dem Pidgin. Sie wurden als Arbeitskräfte auf Plantagen an die Küsten des Landes geholt, wo sie Pidgin lernten und es anschliessend in ihre Dörfer brachten. Auch die Missionen spielten bei der Verbreitung des Pidgin eine Rolle. So beschlossen die Bewohner von Palimbei, mehrere junge Männer auf die Mission zu schicken, damit sie dort Lesen und Schreiben lernen und das Geheimnis der Überlegenheit der Weissen begreifen, das – so wurde allgemein angenommen – durch die Bibellektüre zugänglich gemacht werden könnte.

Als Milan Stanek und ich im Jahre 1972 zum ersten Mal nach Palimbei kamen, konnte die Mehrheit der rund 300 Einwohner Pidgin sprechen. Nur die ältesten Leute bildeten eine Ausnahme. So konnten diejenigen, die über 60 Jahre alt waren, weniger gut Pidgin, einige Frauen sogar kein einziges

---

9 Vgl. Stanek 1979.

Wort. Das hängt damit zusammen, dass Männer die Dörfer verliessen, um auf den Plantagen und in den städtischen Siedlungen zu arbeiten und die Frauen in den Dörfern wenig Möglichkeiten und keinen Anlass hatten, Pidgin zu lernen. Aber auch unter jenen, die Pidgin sprachen, gab es grosse Unterschiede, die vor allem davon abhängig waren, wie lange jemand ausserhalb des Dorfes gelebt hat. So mussten wir, Milan und ich, von Person zu Person entscheiden, ob wir Gespräche in Pidgin oder in Iatmul führen sollten.

3. Meine eigenen Sprachkenntnisse

Als wir uns im Jahr 1971 unter der Leitung von Prof. Schuster auf die Forschung bei den Iatmul vorbereiteten, erlernten wir auch das Melanesische Pidgin[10]. Als ich dann zusammen mit Milan Stanek im Dorf Palimbei ankam, glaubte ich recht gut Pidgin zu können, und werde deshalb nie den jungen Mann vergessen, der mich als erster ansprach. Er kaute Betel, sprach schnell, und ich verstand kein einziges Wort. Die Hitze, die Mücken und die fremde Realität liessen mich meine Kenntnisse vergessen und verschlugen mir die Sprache. Es dauerte mehrere Wochen, bis ich Pidgin besser verstand und sprechen konnte. Eine vertieftere Kenntnis des Pidgin habe ich erst nach jahrelanger Beschäftigung mit der Kultur der Iatmul erworben, denn die Erlernung der grammatikalischen Grundzüge und eines Teiles des Wortschatzes ist nur der erste Schritt zum Verständnis einer fremden Sprache. Weiter gehört dazu eine Kenntnis der gesellschaftlichen Verhältnisse und der Kultur. Wenn ich auch verstand, was eine Frau meinte, wenn sie mir sagte: «Ich gehe auf den See fischen,» verband ich damit noch keine genaue Vorstellung. Benützt sie dazu eine Angel, ein Netz, einen Speer? Fischt sie ganz alleine? Bevor ich nicht selbst den Vorgang gesehen, ja ihn auch selbst ausgeführt hatte, war ich in Gefahr, mir das vorzustellen, was in meiner Kultur unter Fischen verstanden wird. Der dritte Bereich betrifft die Kenntnis der Persönlichkeitsstruktur und der Mentalität. Auch wenn wir die Sprache sprechen können und uns in den gesellschaftlichen und kulturellen Verhältnissen auskennen, kann es uns noch immer schwerfallen zu begreifen, wie eine Aussage gemeint ist. Was geht zum Beispiel in einer Iatmul-Frau vor, und wie habe ich es zu verstehen, wenn sie mir sagt: «Was bist du nur für eine Frau, kommst zum Sepik und kannst nicht einmal unsere Sprache!» (s. Einleitung) Einsichten und Kenntnisse zu diesem dritten Bereich erhielt ich vor allem in den ethnopsychoanalytischen Gesprächen mit

---

10 Wir waren sechs StudentInnen.

den drei Iatmul-Frauen, weil ich mich dabei ganz auf ihr und mein Erleben konzentriert habe.

Auch mit der Iatmul-Sprache haben wir uns bereits in Basel befasst, und während meines Aufenthaltes habe ich meine Kenntnisse erweitert. Bis heute aber bin ich nicht in der Lage, einem Gespräch in Iatmul zu folgen, und kann mich selbst nur mit isolierten Begriffen verständigen. Ganz anders Milan Stanek, er hat sich intensiv mit dem Iatmul auseinandergesetzt, dessen grammatikalische Struktur erfasst. Er kann eine Erzählung, nachdem sie transkribiert worden ist, übersetzen und einem Gespräch folgen, wenn auch seine eigene Sprechfähigkeit beschränkt geblieben ist.

II. Teil: Die Sprachkultur der Iatmul

Die Iatmul sagen, die Fähigkeit, Laute von sich zu geben, zu sprechen, sich hörbar zu machen: «Hier bin ich!», mache den Menschen zum Menschen. Und so handelt eine ihrer Mythen von einem zweigeschlechtlichen Urwesen, das, nachdem es aus der Erde geschlüpft war, als erstes den Mund öffnete und sprach. Das war der erste Mensch. Wo Menschen leben, wird geredet. Jedesmal, wenn Milan und ich daran gingen, unsere Koffer zu packen um Palimbei zu verlassen, sagten unsere Nachbarinnen und Nachbarn: «Jetzt wird es still werden hier, keine Stimmen werden mehr tönen, ihr werdet uns fehlen, mit wem können wir nun noch reden.» Sprache als Geräusch, als Zeichen für menschliche Präsenz[11], Sprache aber auch als Ausdruck des eigenen Willens. Ein Mensch soll seine eigene Meinung, seinen Standpunkt vertreten, das wird von Frauen, Männern, Mädchen und Knaben erwartet. Schon ein Säugling soll schreien, und damit seinen Willen bekunden. Wenn er älter ist, soll er seine Wünsche formulieren können. Sich hinzustellen, zu sprechen und der Welt zu verkünden, was Frau, Mann und Kind von ihm hält, ist ein Ideal.

Die hohe Besetzung des sprachlichen Ausdrucks der Iatmul wird von allen EthnologInnen vermerkt. Nur in der Bewertung dieser Tatsache gehen die Meinungen auseinander. Don Laycock, der als Linguist viele Völker auf ihre Sprache hin untersucht hat, bezeichnet die Iatmul als die Italiener Neuguineas und bezieht sich dabei nicht nur auf ihren sprachlichen Ausdruck, sondern auch auf ihr theaterwirksames Auftreten (mündliche Mitteilung). Auch Margaret Mead gehört zu jenen, welche die iatmulsche Sprachkultur

---

11 Vgl. in diesem Zusammenhang den Gesang des mythischen Urvaters, der sich seiner toten Tochter erinnert. Stanek 1982:185/86.

anerkennend erwähnen (Mead 1958:46–47). In die Einschätzung Gregory Batesons mischen sich negative Töne: Dem untertreibenden Engländer erschienen die affektiven Reden der Iatmul-Männer als wenig begründete Prahlerei (Bateson 1965:124).

1. Charakterisierungen des Sprechens

Die Iatmul verwenden eine Vielzahl von Ausdrücken, um die Fähigkeit und die Art und Weise des Sprechens näher zu bezeichnen. Ich möchte dazu einige Beispiele aus dem Pidgin anführen. Da gibt es die Frau, den Mann und das Kind *bilong toktok (bilong* hier als Genitivus qualitatis, *toktok* heisst sprechen, abgeleitet vom engl. *talk).* Damit wird gesagt, dass es sich um eine Person handelt, die gut und gerne spricht. Wenn betont werden soll, dass die Wahrheit gesagt wird, verwendet frau/man den Ausdruck *mi tok tru* (ich sage die Wahrheit); wenn es darum geht, etwas richtig oder zutreffend zu sagen, *mi tok stret.* Jemand, der nicht auf den eigentlichen Kern einer Sache eingeht, und nur an der Oberfläche bleibt, sagt:«*Mi katim gras antap tasol*» (ich habe nur die Spitzen der Gräser geschnitten). Unklares, unzusammenhängendes Sprechen wird als *toktok nabaut* (vom Einen zum Anderen springend) bezeichnet. Von jemandem der Unwahres erzählt, falsche Zusammenhänge schafft, wird gesagt: «*Em i toktok kranki*» (sie, er, es spricht falsch). Mit *toktok gris (gris* heisst Fett) wird ein einschmeichelndes, flattierendes, nur auf gutes Einvernehmen ausgerichtetes Sprechen bezeichnet. Jemand, der ein *maus wara (maus* heisst Mund, *wara* heisst Wasser, Speichel) ist, der ist ein/e SchwätzerIn.

All diese Ausdrücke werden von den Iatmul auch benützt, um ihr eigenes Sprechen zu charakterisieren. Wenn z.B. eine Gesprächspartnerin merkt, dass sie etwas Falsches gesagt hat, wird sie dies ausdrücken mit: «*Mi toktok kranki*» und sich korrigieren. Oder, «Als wir gestern zusammen gesprochen haben, *mi katim gras antap tasol;* heute komme ich auf den tieferen Sinn der Sache zu reden.» Dieselben Ausdrücke werden aber auch dazu verwendet, um das Sprechen einer Person näher zu umschreiben, im Sinne von die/der Soundso pflegt *gris, nabaut, tru* zu sprechen.

Nun gibt es auch Frauen, Männer und Kinder, die nicht *meri* (Frau), *man* (Mann), *pikinini* (Kind) *bilong toktok* sind. Damit ist einerseits gemeint, dass sie nicht viel sprechen und dass sie sich nicht so gekonnt ausdrücken, aber v.a. heisst es, dass sie nicht gerne sprechen und im Gegensatz zu den anderen, die sich expansiv und offen zeigen, mehr Zurückhaltung an den Tag legen. Kinembe zum Beispiel, mit der ich während der ethnopsychoanalytischen Forschung täglich gesprochen habe, bezeichnet sich selbst «*Mi no meri bilong toktok*» (Morgenthaler/Weiss/Morgenthaler 1984:25–64).

Noch eine Bemerkung zum Verhältnis von Sprachvermögen und Intelligenz. Jemand, der wenig und ungern spricht, ist deswegen nicht dumm. Dumm ist hingegen eine Person, deren Art es ist *nabaut* und *kranki* zu reden, denn sie ist nicht in der Lage, eine Sache zutreffend darzustellen. Zusammenfassend können wir feststellen, dass keiner dieser Ausdrücke einem bestimmten Geschlecht zugeordnet wird, was einer Wertung gleichkommen würde, etwa im Sinne von: Frauen reden einschmeichelnd und Männer treffen den Kern der Sache.

2. *Das Erlernen der Sprache*

Noch mehr als die Erwachsenen haben mich die Kinder mit ihrer Sprachgewandtheit zum Staunen gebracht. Da konnte ich mit sechs- und siebenjährigen stundenlange Gespräche führen. Ihre Fähigkeit und Lust am Reden, verbunden mit meiner Bewunderung und meinem Interesse, führten mich schliesslich dazu, mit Kindern über Wochen tägliche Gespräche über ihren Alltag zu führen. Eine Auswahl davon habe ich in den Mittelpunkt meiner Dissertation «Kinder schildern ihren Alltag» gestellt (Weiss 1981). Aber auch über andere Themen sprachen sie gerne, und nachdem ich erfahren hatte, dass nicht nur Frauen, sondern auch Kinder mythische Geschichten kennen, organisierte ich Mythenabende (vgl. Abschn. 3.2.). Kurz bevor die Dämmerung einbrach, versammelten sich zehn bis fünfzehn Mädchen und Knaben im Alter von acht bis sechzehn Jahren bei mir zu Hause. Ich installierte das Tonbandgerät, und wir setzten uns in einem grossen Kreis darum herum auf den Boden. Ein Kind erhob sich, liess sich in der Mitte des Kreises vor dem Mikrophon nieder und begann zu erzählen. Alle hörten still zu, nie hat ein Kind ein anderes in seiner Rede unterbrochen. Die Kinder wechselten sich ab, und der Abend verging. Mir stand nun bevor, die Mythen mit Tarendemi vom Iatmul ins Pidgin zu übersetzen[12]. Doch schon am folgenden Tag meldete sich eine neue Gruppe an. Das Ganze entwickelte sich zu einer Art Wetterzählen; jede Gruppe wollte als erstes wissen, wieviel Tonband die andere vollgesprochen habe, um sie dann zu übertreffen. Über 100 Mythen habe ich von den Palimbei-Kindern erfahren.

An diesen Mythenabenden nahmen Mädchen und Knaben gleichermassen teil. Die Unterschiede, die für die Erwachsenen gelten, zeigten sich bei den Kindern noch nicht (s. Abschn. 3.2.).

---

12 Tarendemi ist ein junger Mann von 16 Jahren, der sehr gut Pidgin spricht. Er hat Milan Stanek geholfen Iatmul zu lernen und für uns als Übersetzer gearbeitet.

Wenden wir uns nun der Frage zu, wie die Kinder die Sprache erlernen. Was ich darüber weiss, ist unvollständig und bedarf weiterer Untersuchungen. Vor allem habe ich nur beschränkte Einblicke in das alltägliche Sprachverhalten der Erwachsenen und Kinder gegenüber Kleinkindern gewonnen, da ich zuwenig gut Iatmul verstehe. In den Städten hingegen, wo ich mich mehrere Monate aufgehalten habe, konnte ich solchen Interaktionen mühelos folgen, da dort auch die Iatmul untereinander Pidgin sprechen.

Die Iatmul kennen keine Baby- oder Kindersprache, Erwachsene und Kinder sprechen mit kleinen Kindern stets so, wie sie es untereinander auch tun[13]. Die Kleinen selbst erlernen die Sprache über Einwortsätze, wie dies auch für unsere Sprachentwicklung gilt. Ich habe bereits darauf hingewiesen, dass Kinder angehalten werden, ihre Wünsche auszudrücken, zuerst schreiend, dann sprechend. Unterschiede in der Stimulation des sprachlichen Ausdruckes zwischen Mädchen und Knaben konnte ich nicht feststellen.

Zwei Beispiele dazu: Das kleinste Kind, mit dem ich Gespräche über den Alltag geführt habe, ist die fünfjährige Kawanagwi. Niemand hält sie oder mich von diesem Vorhaben ab, mit Begründungen wie sie sei zu klein und könne noch nicht gut erzählen. Im Gegenteil, alle finden das richtig und wenn Kawanagwi beim Sprechen den Faden verliert, hilft ihr ein Geschwister nach (s. Weiss 1981:137, 164, 192, 205).

Kapmakau ist ein siebenjähriger Bub. Eines Nachmittags bin ich bei seiner Familie zu Hause, es werden mythische Geschichten erzählt, die ich auf Tonband aufnehme. Die Mutter, der Vater und die älteren Kinder sind bereits an der Reihe gewesen, da erkundigte ich mich, ob Kapmakau auch eine Geschichte erzählen wolle. Darauf meint seine Mutter, selbstverständlich kenne er viele, doch sei er wegen mir und dem Tonbandgerät schrecklich aufgeregt, und das Sprechen würde ihm unter solchen Umständen schwer fallen. Da mischt sich Kapmakau ein, er bespricht sich mit seiner Mutter auf Iatmul und nun sagt sie ihm Satz für Satz vor, und er wiederholt (vgl. Weiss 1981:80). Beide Beispiele zeigen, wie Kinder zum Sprechen angehalten und dabei unterstützt werden.

Solche Unterstützung, oft handelt es sich auch um Korrekturen, dürfen wir uns nicht sanft und schonend vorgebracht vorstellen. Sagt ein Kind etwas unrichtig, wird es korrigiert, wenn es älter ist auch ausgelacht, es wird ihm nichts durchgelassen im Sinn von: «Es ist ja noch ein Kind und weiss es nicht besser.» Auf der anderen Seite werden Aussagen von Kindern auch ernst genommen und nicht als unwesentlich und der Phantasie entsprungen abgetan.

---

13 Das gilt auch für andere Gesellschaften, zum Beispiel in Westafrika. (Mündliche Mitteilung von Emanuel Drechsel).

Goli, die Tochter von Kinembe, ist sieben Jahre alt. Vergangenen Winter, als ich wieder in Palimbei war, brachte sie mir einen Hummer, den ihre Mutter gefangen hatte, Ich fasse ihn am Kopfteil und sage: «Der ist aber riesig, was er wohl für ein *kru* haben muss» *(kru* ist ein Pidginausdruck für den spriessenden Teil von Pflanzen, aber auch für das Gehirn). Ich erwähne dies, weil ich weiss, dass Kinder es besonders gerne essen. Da beginnt Goli laut über meinen Sprachgebrauch zu lachen *«kru* heisse das nicht, was der Hummer in seinem Kopf habe.» Ich frage nach: «Und die Menschen, haben die ein *kru?»* Goli: «Ja, die schon.»

Am Nachmittag kommt Kinembe zu Besuch, und ich erfahre von ihr, wie Goli die Hummergeschichte zu Hause erzählt hat und von allen ausgelacht worden ist, weil sie behauptet hat, das Gehirn des Hummers heisse nicht *kru.* Selbstverständlich ist *kru* das richtige Wort.

Ich führe dieses Beispiel an, um die Aufmerksamkeit und beinahe kleinliche Präzision im Umgang mit der Sprache zu zeigen, wie sie für die Iatmul typisch ist. Dabei gehe ich nicht darauf ein, was sich zwischen mir, Goli und ihrer Mutter auf der emotionellen Ebene zugetragen hat.

Säuglinge und kleine Kinder von drei bis vier Jahren sind v.a. mit ihrer Mutter zusammen. Hinzu kommen weitere Frauen, denn die Mutter nimmt ihr Kleinkind in ihre Frauengruppe mit. Wenn sie auf den See fischen und zum Markt fährt, oder eine andere Beschäftigung ausführt, bei der sie nicht gestört werden will, übergibt sie ihr Kleinstes einem älteren Kind in Obhut. So sind Iatmul-Säuglinge täglich mehrere Stunden nicht mit ihrer Mutter, sondern mit anderen Kindern zusammen. Dieses ältere Kind, meist ein Mädchen, nimmt den ihm anvertrauten Säugling in seine eigene Spielgruppe mit. Diese setzt sich aus Mädchen und Knaben zusammen, die den verschiedensten Aktivitäten nachgehen, sie baden, spielen, streifen durch die Gegend und arbeiten zusammen. So wachsen Iatmul-Säuglinge in zwei Gruppen auf: in einer Frauen- und in einer gemischten Kindergruppe. In diesem Setting erwirbt ein Kind seine Sprachkenntnis. Das Besondere, im Vergleich zu uns, liegt darin, dass die Mutter eine wichtige, aber nicht die einzige Bezugsperson ist. Ich habe immer wieder den Eindruck gewonnen, dass die Kinder in ihren Gruppen spielerischer auf die Bedürfnisse der Kleinkinder eingehen, als die Mütter selbst (vgl. Morgenthaler/Weiss/Morgenthaler 1984:343). Eine erwachsene Frau führt mit einem Kleinkind nicht lange Gespräche, sie sagt in der trockenen und präzisen Art der Iatmul, was es zu sagen gibt. Ganz anders in den Kindergruppen, dort reden Kinder stundenlang über das, was sie bewegt. Gemeinsam entdecken sie das Dorf und seine Umgebung, lernen sich gegenseitig kennen und setzen sich mit der Welt der Erwachsenen auseinander.

Väter und Männer haben in dieser frühen Phase wenig mit den Kindern zu tun. Erst später, wenn diese vier bis fünf Jahre alt sind, wenden sich die Väter ihnen vermehrt zu, sie nehmen sie zu den verschiedensten Aktivitäten mit, und es findet auch eine intensivere sprachliche Kommunikation zwischen ihnen und den Kindern statt. Nun sagt der Umstand, dass der Vater weniger mit den Kleinkindern zusammen ist als die Mutter und älteren Kinder, noch wenig darüber aus, welche Rolle er in der Spracherziehung einnimmt. In einer Gesellschaft wie der unseren, in der eine Abwertung des sprachlichen Ausdrucks der Frauen stattfindet, und der Vater in der Familie der Repräsentant der Macht ist, wird alles, was er sagt und wie er es sagt, höher bewertet, obwohl ja gerade unsere Väter wenig mit Kindern zu tun haben. Was ein Kind von wem übernimmt, ist abhängig von den Machtverhältnissen. Diese sind bei den Iatmul, im Gegensatz zu den unseren, wenig stabilisiert. Wir können eher von Machtausübung verschiedener sozialer Gruppen, deren Zusammensetzung dauernd wechselt, als von Machtausübung der Männer über die Frauen sprechen.

Männer und Frauen werden bestimmte Formen der oralen Kultur zugeordnet und diese spielen im späteren Alter der Kinder, als Vorbilder, eine grosse Rolle.

3. Besondere Formen der oralen Kultur

Die Gesichtspunkte, unter denen ich die Sprachkultur der Iatmul bis anhin dargestellt habe, ergaben keine Unterschiede zwischen Frau und Mann, Mädchen und Knabe. Eine klare Aufteilung zwischen den Geschlechtern zeigt sich, wenn wir nun die besonderen Formen der oralen Kultur in Betracht ziehen. Nur von Männern durchgeführt werden Streitgespräche, auf Iatmul *pabu* genannt[14], und die kultischen Gesänge *sui-sagi*. Nur von den Frauen die Totenlieder *yigen-kundi*. Beide zusammen kennen Lieder und Mythen *sagi,* doch sind die Frauen die eigentlichen Mythenerzählerinnen. Ich werde hier nur auf zwei dieser Formen der oralen Kultur näher eingehen; dem Streitgespräch der Männer, und den mythischen Erzählungen der Frauen[15].

Die Mythologie der Iatmul ist ein Bestandteil ihrer Art zu denken und zu fühlen. Der Schrei eines Vogels kann ein Zeichen eines Urahns sein. Wenn eine Frau im See ihre Fischreuse mit Stöcken festmacht, vollzieht sie eine Handlung, welche der Entstehung des Bodens gleichkommt. Frauen, Männer und schon kleine Kinder leben und erleben in Kategorien des mythologi-

---

14 Die in den folgenden zwei Kapiteln vorkommenden Ausdrücke für die besonderen Formen der oralen Kultur sind alle in Iatmul.
15 Eine ausführliche Darstellung der Mythologie und der verschienenen Formen oraler Kultur findet sich in Stanek 1982, 1983.

schen Systems und wissen darüber Bescheid. Ein kleiner Teil dieser Mythologie aber ist geheim. Es ist in der Regel der Vater, der seinem gescheitesten Sohn, nur ausnahmsweise seiner Tochter, die Geheimnisse der Clanmythologie weitergibt. Dabei handelt es sich um Namen bestimmter Ahnen und um Zusammenhänge innerhalb des Systems. Auch die besonderen Formen der oralen Kultur behandeln mythologische Themen.

3.1. Das Streitgespräch der Männer

Wir waren erst kurz in Palimbei angekommen, als eines Morgens die grossen Trommeln geschlagen wurden. Wie wir erfuhren, soll ein *pabu*, ein Streitgespräch, stattfinden. Nach und nach versammelten sich alle Männer des Dorfes im Zeremonialhaus, um sich für Stunden leidenschaftlichen Reden in Iatmul hinzugeben, von denen wir nichts verstanden. Es ging um einen Namen. Ein Kind trug einen Namen, den ein anderer Vater für sich beanspruchte. Im Zeremonialhaus wurde besprochen, wer das Anrecht auf den Namen hatte. Argumentiert wurde mit mythologischen Geschichten. Jeder Clan besitzt solche Namenreihen, die mit mythischen Ereignissen in Verbindung stehen, die bis in die Urzeit zurück gehen, und die er verwaltet und als sein eigen betrachtet. Auch Streit um ein Stück Boden, um einen Teil eines Gewässers, kann zu einem *pabu* führen. Das Besondere an der Art und Weise wie die Männer zusammen sprechen, liegt darin, dass sie nur Andeutungen machen, um herauszufinden, was die anderen wissen. Dabei findet nicht eine Diskussion im eigentlichen Sinn des Wortes statt. Da werden Sätze, Namen und Laute von Urzeitwesen ausgerufen, Namenlinien aufgesagt und auf ebensolche Weise darauf geantwortet. Auf der Ebene der Gefühle geht es um Rivalität und Aggression, welche die Männer in ritualisierter und sublimierter Weise unter sich austragen und zelebrieren. Stunden-, ja tagelang können sich solche Streitgespräche hinziehen, und zum Schluss behauptet jeder, er habe Recht gehabt. Es geht also gar nicht darum, irgend etwas abzuklären im Sinne einer Rechtssprechung, sondern es geht für die Männer darum, sich in der Gruppe gegenseitig zu messen, sich zu spiegeln, gemeinsam Spannungen und Entspannungen zu erleben. Ein *pabu* ist ein Gruppenerlebnis ersten Ranges.

3.2. Frauen, die grossen Mythenerzählerinnen

Als ich im Jahr 1972 zum ersten Mal nach Palimbei kam, wusste ich aufgrund von Batesons Buch, dass den Iatmul die Mythologie sehr wichtig ist, und sich die Männer mit Stolz damit befassen. Doch, so Batesons Einschätzung, sei das gesamte mythologische System «in a terribly muddled state» (Bateson 1965:128). Und da er die Frauen nie im Zusammenhang mit Mythologie erwähnt, und noch dazu das Bild eines chaotischen Zustandes beschwor, hatte ich punkto Frauen und Mythologie keinerlei Erwartungen.

Wir sind erst einen Monat in Palimbei, da steht eines Vormittags eine alte Frau unten an der Treppe unseres Hauses. Ich kenne sie nur vom Sehen. Sie kommt die Treppe herauf und gibt mir mit Gesten zu verstehen, dass ich ihr folgen soll und zeigt dabei auf das Tonbandgerät, das auf dem Tisch liegt. Amuia spricht kein einziges Wort Pidgin. Ich hänge das Gerät über die Schulter und folge ihr, und als sie sich im Schatten einer Kokospalme niederlässt, setze ich mich ihr gegenüber. Aus ihrer Tasche holt sie eine selbstgedrehte Zigarre hevor, zündet sie an, und nickt mir zu. Ich stelle das Gerät auf Aufnahme. Amuia beginnt ruhig zu sprechen, ich versuche zu verstehen, doch es gelingt mir nicht. Es setzen sich Kinder zu uns, und am lebhaften Ausdruck ihrer Gesichter erkenne ich, dass Amuia etwas Interessantes erzählen muss. Eine halbe Stunde vergeht, da hört Amuia mit Sprechen auf und lacht mich an. Wir stehen auf und jede geht zu sich nach Hause. Ich wundere mich, was mir die alte Frau wohl aufs Band gesprochen hat. Nach ein paar Tagen wende ich mich an Tarendemi. Er hört sich ein Stück Band an und meint: «Aha, Amuia hat dir ein *sagi* erzählt!» Erst als er mir Satz für Satz diktiert, begreife ich, dass mir Amuia eine starke mythologische Geschichte erzählt hat. Sie handelt von einer Iatmul-Frau, die als Mann verkleidet im Land der Baumgeister regelmässig Essen holt. Ihrem Mann, der neugierig wissen will, woher das gute Essen kommt, verweigert sie die Antwort. Das erträgt er nicht und tötet sie[16]. Das also ist ein *sagi!* Ich mache mich auf den Weg zu Amuias Mann, der gut Pidgin kann, und denke an Bateson, der über die Frauen schrieb, als wüssten sie nichts von Mythologie. Und da erzählt mir, kaum bin ich in Palimbei angekommen, eine Frau aus freien Stücken eine Mythe. Ich ärgere mich über Bateson. Amuias Mann überhäufe ich mit Fragen: «Kennt nur Amuia solche Geschichten? Kennt sie noch mehr? Handeln Mythen immer von transvestitischen Wesen? Werden stets Frauen getötet oder auch Männer?» Amuias Mann bemerkt meine Aufregung und lacht mich aus: «Alle Frauen kennen solche *sagi*, auch Männer und Kinder. Was sie dir erzählt hat, ist nur eine von vielen, auch andere Themen kommen darin zur Sprache. Willst du noch mehr hören? Amuia ist voll davon.» In den folgenden Tagen gehen Milan und ich jeden Abend zu Amuia und sie erzählt uns *sagi,* die ihr Mann ins Pidgin überträgt. Bis sie eines Abends sagt, jetzt falle ihr keine mehr ein.

---

16 Die Mythe ist nachzulesen in Stanek 1982:24–28.

Photo 1: Amuia

Sagi machen den Anteil der Mythologie aus, der öffentlich ist, den alle kennen. Die geheime Mythologie, um die es im *pabu* geht, besteht aus Ergänzungen, v.a. Namen und Zusammenhänge, die geheim sind. Es gibt keinen Anlass, bei dem nicht *sagi* erzählt werden könnten. Frauen, die auf den Markt fahren, Männer im Zeremonialhaus, eine Kindergruppe im Wald, abends zu Hause. Am liebsten aber hören Kinder *sagi*, und Frauen wie Amuia werden von ihnen bedrängt, doch eine Geschichte zu erzählen. Frauen gelten als bessere Erzählerinnen als Männer, *sagi* sind die wichtigste Form weiblicher Sprachkultur.

Welche Bedeutung die Mythen für die Iatmul in ihren Beziehungen untereinander haben, wurde mir erst in den ethnopsychoanalytischen Gesprächen ganz bewusst. Da ergab es sich, dass mir meine Gesprächspartnerinnen in bestimmten Situationen eine Mythe erzählten. Wie sich zeigte, griffen sie damit auf einen bereits kulturell strukturierten Inhalt zurück, der verdichtet eben jene Problematik beinhaltete, die sie in der Beziehung zu mir beschäftigte. Mit der Mythe waren vielschichtige und widersprüchliche Gefühle leichter mitzuteilen (vgl. Morgenthaler/Weiss/Morgenthaler 1984:38ff., 202, 335). Obwohl ich mit Amuia keine analytisch orientierten Gespräche geführt habe, und deshalb über ihre Beziehung zu mir nur wenig weiss, möcht ich dennoch versuchen die Mythe zu interpretieren. Das Besondere daran war, dass sich Amuia aus eigenem Antrieb mit dieser Geschichte an mich wandte, und mir damit offensichtlich etwas mitteilen wollte. Mir fällt auf, dass die Iatmul-Frau, die sich als Mann verkleidete mir nicht unähnlich war. Ich trug Hosen und ging im Zeremonialhaus ein und aus (beides tun Frauen nicht). In einem gewissen Sinne war also auch ich ein transvestitisches Wesen. Die Iatmul-Frau brachte von dem Geisterort, den nur sie kannte, gutes Essen. Auch ich hatte in meinem Haus viele gute und kostbare Dinge der Weissen, von denen niemand (zumindest Amuia, die das Dorf nie verlassen hatte) genau wusste, woher sie kamen. Wollte mir Amuia vielleicht folgendes mitteilen: «Pass auf, du transvestitische Frau, mit deinen vielen kostbaren Dingen, von denen wir nicht wissen, woher sie kommen. Nimm dich in Acht, du ziehst massive Aggressionen auf dich, wenn du nicht bereit bist, dein Geheimnis zu lüften.» Amuia und ich sind gute Freundinnen geworden. Sie hat mir nicht nur die erste Mythe erzählt, sondern mir auch bewusst gemacht, wie die Präsenz von Weissen, mit ihrem Warenreichtum, auf die Iatmul wirkte.

Auch wenn die Iatmul sich gegenseitig Mythen erzählen, gehen sie auf die jeweilige Situationen ein und bringen Gefühle zum Ausdruck, welch in ihren Beziehungen wirksam sind[17].

---

17 Vgl. in diesem Zusammenhang Stanek 1982:9; 1983:185.

III. Teil: Zum Verhältnis von Frauenforschung und Sprache

Ich werde nun anhand von einigen ausgewählten Gesichtspunkten aufzeigen, wie sich unsere eigene Spracherfahrung auf die Arbeit mit Frauen in fremden Gesellschaften auswirken kann. Geht es mir in den folgenden Ausführungen in erster Linie um die Frauen, so werde ich mich dennoch nicht auf sie beschränken. Bei meiner ersten Forschung (1972/74) ging es mir darum, den Alltag der Iatmul-Kinder in seinem Verhältnis zum ökonomischen System zu verstehen, und da habe ich auch viel mit Männern und Knaben zusammengearbeitet (Weiss 1981). Bei den ethnopsychoanalytischen Gesprächen, die wir im selben Dorf durchgeführt haben, teilten wir uns auf: Die Männer sprachen mit Männern, ich mit drei Frauen. Während meiner letzten Forschung (1985/86), wiederum in Palimbei, arbeitete ich ausschliesslich mit Frauen zusammen. Wie sich im folgenden zeigen wird, kommen wir, wenn wir Frauenforschungen machen wollen, gerade wegen den sprachlichen Problemen, gar nicht darum herum, uns auch mit Männern auseinanderzusetzen. Ganz abgesehen davon, können wir Frauen in einer fremden Kultur nicht verstehen, ohne Kenntnisse über die Männer zu haben, sei es aus der Literatur, aus eigenen Forschungen oder aus einer Zusammenarbeit, wie ich dies mit Milan Stanek getan habe, der sich mit den Iatmul-Männern befasst hat.

Mein erster Gesichtspunkt betrifft etwas Allgemeines:

1. Die gesellschaftliche Bedeutung der Sprache in der untersuchten Kultur entspricht nicht meinen eigenen Erfahrungen in meiner Kultur

Sprachliche Kommunikation und sprachliche Fähigkeiten sind in der Schweiz ambivalent besetzt. Zwar sollten wir uns richtig ausdrücken können, doch wer sich als sprachlich gewandt erweist, wird mit Skepsis betrachtet, denn er kann nur oberflächlich, raffiniert und aufgeblasen sein. Wahrheit, Tiefe und Ehrlichkeit kommen nicht elegant aufgemacht daher. Mit dieser Einschätzung stehen wir, zumindest in unmittelbarer Nähe, recht alleine da. In Deutschland, Frankreich und Italien scheint gerade das vorzuherrschen, was wir mit Skepsis betrachten. Hat diese Skepsis u.a. nicht die Funktion, unsere eigene Mühe mit der Sprache in ein Ideal umzukehren? Wie solche Einschätzungen und Fähigkeiten im Bereich des sprachlichen Ausdruckes entstehen zeigen Paul und Goldy Parin-Matthèy in ihrem aufschlussreichen Artikel über Unterschiede zwischen Süddeutschen und Schweizern (Parin 1978:215–232).

Wie wirkte sich nun die hohe sprachliche Besetzung der Sprache, wie sie für die Iatmul charakteristisch ist, auf meine Arbeit als Ethnologin aus? Sie stellten an mich dieselben Anforderungen, ihre Sprache zu beherrschen, wie an sich selbst. Trocken sagten sie: «Ich verstehe nicht, was du meinst. Dieses Wort heisst etwas anderes. So wird es nicht gesagt.» Sie behandelten mich wie ein Kind, das noch lernen und geschult werden muss. Das war für mich besonders zu Beginn recht schwierig, und es führte dazu, dass ich lieber sie sprechen liess, wozu sie gerne bereit waren, als dass ich selbst viel sprach. Mein Problem bestand darin, dass ihre Belehrungen bei mir Assoziationen an Situationen hervorriefen, bei denen ich Belehrungen eher als Bestrafungen und Beschämung, denn als Hilfe erlebt habe. Ich geriet unter Leistungsdruck und in ein Dilemma; wollte ich gut Pidgin lernen, musste ich viel reden, was wiederum die Gefahr von Fehlern miteinschloss und unweigerlich Belehrungen nach sich gezogen hätte. Dass ich Erfahrungen aus der Schweiz mit der fremden Situation vermischte, merkte ich nach und nach. Denn ebenso konsequent, wie die Iatmul auf meine Fehler eingingen, konstatierten sie auch meine Fortschritte: «Jetzt hast du das Wort verstanden. Du sprichst schon viel besser als vor einem Monat.» Das ging bis zum grössten Kompliment, das die Iatmul überhaupt machen: *«Yu winim mi long toktok!»* («Du hast mich im Sprechen besiegt. Deine Argumente sind besser als meine»). So merkte ich, dass ihnen wirklich daran lag, dass ich gut sprechen konnte, und es gelang mir, eine neue Erfahrung beim Erlernen einer Fremdsprache zu machen. Dazu beigetragen haben zwei weitere Umstände. Offensichtlich hat mich die typische schweizerische Sprachkultur nicht zu sehr geprägt. Das mag damit zusammenhängen, dass in Basel, meiner Heimatstadt, Sprache im Verhältnis zur übrigen Schweiz einen etwas anderen Stellenwert hat: Basler gelten als schlagfertig, frech und sprachlich weniger gehemmt. Vor allem aber habe ich als Kind in Frankreich Erfahrungen mit der Sprache gemacht, die mich mehr angesprochen haben. Ähnlich fühlte ich mich unter den Iatmul. Nun war ich mit Menschen zusammen, die gerne, präzis und mit Anschauungskraft sprachen.

Der zweite Ansporn, meine Schwierigkeiten bei der Spracherlernung zu überwinden, hängt mit dem Pidgin zusammen. Da diese Sprache über einen geringen Wortschatz (rund 500) verfügt, werden viele Bilder benützt. Entsprechend der oralen Sprachkultur, sind diese Bilder wenig festgelegt, allen steht es offen, solche zu erfinden, wenn sie nur verstanden werden. Diese Möglichkeiten des Pidgin haben mich angeregt und gaben mir ein Gefühl von Kreativität. Am deutlichsten wurde das in den psychoanalytischen Gesprächen, in denen ich mich immer wieder mit der Aufgabe konfrontiert sah, Gefühle präzise zu umschreiben. Da konnte ich neue Bilder erfinden. Wenn eine meiner Gesprächspartnerinnen Gefühle der Abhängigkeit empfand, sagte ich nicht einfach: *«Yu hangimap!»* sondern *«Nau yu olsem wanpela pis i hagimap long huk!»* Jetzt fühlst du dich wie ein Fisch, der am Haken zappelt). Ich wählte damit ein Bild, das mit einer typisch weiblichen Aktivität, dem Fischfang, in Beziehung stand.

Jemand mit anderen Erfahrungen bezüglich seiner eigenen Sprache wird auf die Sprachkultur der Iatmul auch anders reagieren. Am naheliegendsten ist eine Abwertung ganz im schweizerischen Sinn, die iatmulsche Sprachkultur sei leer, aufgebauscht, raffiniert. In diese Richtung geht Bateson mit seiner Beurteilung der Iatmul als von Stolz besessenen Rednern, die alles durcheinanderbringen, weil sie so gerne und viel reden. Ganz offensichtlich hat sich Bateson über die Sprachkultur der Iatmul geärgert, die in krassem Gegensatz zur englischen Kunst der Untertreibung steht.

2. Die Unterdrückung der Frau im Bereich der sprachlichen Kommunikation, wie sie für unsere euroamerikanische Gesellschaft charakteristisch ist, wirkt sich auf unsere Einschätzung und Wahrnehmung der Frauen in fremden Gesellschaften aus

Luise Pusch weist in ihren linguistischen Analysen nach, wie sehr das Deutsche eine Männersprache ist, und wir Frauen nicht als etwas Eigenes und Besonderes betrachtet, sondern ganz einfach dem Männlichen untergeordnet werden (Pusch 1983, 1984). Und so wünscht man uns, allen Schweizern, eine schöne Augustfeier und wir werden als Assistenten und Studenten ganz herzlich zu einer ethnologischen Tagung begrüsst.

Trömel-Plötz und ihre Mitautorinnen befassen sich vorwiegend mit dem Sprachverhalten[18]. Sie unterscheiden einen männlichen und einen weiblichen Gesprächsstil. Wenn Männer reden, stellen sie sich selbst dar, messen sich gegenseitig, und es geht ihnen darum, die anderen zu besiegen. Wenn Frauen reden, liegt ihnen daran, Gemeinsames herzustellen. Diskutieren nun Frauen und Männer in einer gemeinsamen Gruppe, hat der Gesprächsstil der Frauen keine Chancen, die Männer vermögen ihren rivalisierenden Stil durchzusetzen. Sie verwenden dazu bestimmte Methoden wie: Unterbrechen, Abwerten, Nichteingehen auf das, was jenige äussern. Das hat zur Folge, dass sich der weibliche Gesprächsstil in den Medien und öffentlichen Diskussionen kaum je entfalten kann. Beide Wissenschaftlerinnen sehen die Unterdrückung der Frau mit sprachlichen Mitteln als Ausdruck für ein allgemeineres Phänomen: Die Unterdrückung der Frau in allen Bereichen unserer euroamerikanischen Gesellschaft. Ich glaube, dass die Folgen dieser Unterdrückung im Bereich der Sprache besonders wirksam und nachhaltig

---

18 Vgl. Trömel-Plötz 1984, insbesondere den Beitrag «Weibliche Stil – männlicher Stil» (S. 354–394).

sind, da wir sie tagtäglich erleben. Die Missachtung der Frau in und durch die Sprache ist unsere tägliche Dosis an Entwertung. Das kann nicht ohne Folgen bleiben.

3. Als Resultat kolonialer Unterdrückung wird Sprache ein Instrument der Herrschaft. Oder: Auf der Suche nach den Frauen

Wo immer ich in der Dritten Welt gereist bin, habe ich erfahren müssen, dass mehr Männer als Frauen die Kolonialsprache oder die lingua franca sprechen konnten. Dieser Umstand ist einfach zu erklären. Überall werden eher Knaben in die Schule geschickt als Mädchen, und es sind v.a. Männer, welche ihre Dörfer verlassen, um in Städten ihre Arbeitskraft zu verkaufen[19].

Wenn wir in eine fremde Gesellschaft kommen, werden wir auch als Frauen vor allem von Männern angesprochen. Dies hängt einerseits mit der Sprachkenntnis zusammen, andererseits mit kolonialen Erfahrungen. Überall haben die Kolonialisten, aus einer patriarchalischen Gesellschaft kommend, mit den Männern Kontakte aufgenommen. Männer wurden als Vermittler eingesetzt, um die Interessen der neuen Machthaber durchzusetzen. Diese Massnahmen haben den Männern, unabhängig davon, welche Stellung Frau und Mann in der ursprünglichen Gesellschaft jeweils hatten, eine Sonderposition eingeräumt. Sie verhandeln mit den Fremden, sie nehmen Kontakte mit ihnen auf, sie wissen, wie man das tut, denn sie sind darin geübt. Die Frauen halten sich meist zurück und überlassen es ihren Männern, sich mit den Fremden abzugeben.

Diese Verhältnisse können bei uns ganz verschiedene Reaktionen auslösen. Wir können uns ärgern und darüber enttäuscht sein, dass überall auf der Welt Männer zum öffentlichen Sprachrohr geworden sind. Wir können die Verhältnisse auch leugnen und so tun, als ob Männer bei unseren Forschungen *nicht* immer wieder wichtige Rollen gespielt hätten; als lokale Funktionäre, als Übersetzer oder gar als Gesprächspartner, da es uns aus sprachlichen Gründen oft leichter fällt, etwas von ihnen zu erfahren, als von den Frauen. Wollen wir mit Frauen zusammenarbeiten, haben wir diese Verhältnisse zu berücksichtigen, denn sie verlangen von uns besondere Fähigkeiten. Wir müssen uns den Frauen aktiv zuwenden, und wir haben damit zu rechnen, dass wir punkto Sprache gerade bei Frauen mit grösseren Schwierigkeiten zu rechnen haben.

---

19 Die Benachteiligung der Frauen im Bereich der Ausbildung setzt sich an der Universität fort. Und auch im Literaturbetrieb Papua Neuguineas haben Frauen kaum Möglichkeiten ihre Texte bei einem Verlag unterzubringen. Vgl. auch Schipper 1984.

4. Tendenzen, Gespräche mit Frauen abzuwerten

Dass wir die Neigung haben, Gespräche mit Frauen abzuwerten, klingt wie aus den Anfängen der Ethnologie, als Männer noch mehr das Sagen hatten. Dennoch bezweifle ich, dass wir dieses Problem hinter uns gebracht haben. Ich habe vielmehr den Eindruck, dass es sich auf ganz verschiedene Weise bemerkbar macht. Es verbirgt sich hinter Idealisierungen, in Bagatellisierungen der sprachlichen Probleme und in der Ausklammerung des Alltags. Auch feministische Forschungen können durch ihre Abstraktheit und Unsinnlichkeit dazu herhalten zu verbergen, wie wenig wir das, was wir in Gesprächen von Frauen erfahren, als reich und wertvoll betrachten.

4.1. Das Gesprächssetting mit Frauen

Wenn ich in Palimbei mit Frauen im mittleren Alter sprechen wollte, waren wir selten zu zweit. Da waren Kinder mit dabei, meist auch ein Säugling, der zwischendurch gestillt wurde, und weitere Erwachsene waren in der Nähe. Es herrschte ein Kommen und Gehen, Sätze flogen hin und her, einer zu mir, ein anderer zu einem Kind. War die Frau noch mit etwas beschäftigt, beispielsweise mit Kochen, ging es noch lebhafter zu und her. Verwirrt, erschöpft und von Eindrücken überschwemmt, kehrte ich nach Hause zurück. Da lag es nahe, auf gängige Vorurteile zurückzugreifen. Frauen reden wirr, unzusammenhängend, und verfolgen ein Thema nicht konsequent. Wie viel einfacher war es da mit Männern.

Die kamen ohne Kinder, konnten ihre Arbeit beiseite legen und sich in Ruhe auf ein Gespräch mit mir einstellen. Mit älteren Frauen, die keine kleinen Kinder mehr hatten, geriet ich in sprachliche Schwierigkeiten. Da sie das Pidgin oft nicht sehr gut beherrschten, war ich auf Hilfe angewiesen. Das erforderte Organisation. Ich musste Verabredungen treffen, mit der Frau und einem Mädchen, das bereit war, mir zu übersetzen. Nun haben meine Probleme nichts mit sprachlichen Fähigkeiten der Iatmul oder mit einem weiblichen, respektive männlichen, Gesprächsstil zu tun, sondern ganz einfach mit Unfähigkeiten meinerseits. Ich hatte Schwierigkeiten, mich in Situationen zurechtzufinden, in denen mehrere Personen involviert waren, in denen nicht nur gesprochen, sondern auch noch gearbeitet wurde. Ich konnte auch zuwenig gut Iatmul, als dass ich ohne Hilfe mit älteren Frauen hätte sprechen können. Das spezifische Setting mit den Frauen hängt weitgehend mit ihren Aufgaben in der Ökonomie zusammen. Frauen beschaffen und verarbeiten die Nahrung und sie betreuen die Kinder, Männer sind Handwerker.

4.2. Worüber Iatmul-Frauen sprechen

Das Lieblingsthema der Iatmul-Frau ist ihr Alltag. Sie erzählt, wie sie am Morgen auf den See geht um zu fischen, wie viele Fische sie gefangen, wieviele sie bereits auf dem See an wen verteilt hat, wie sie nach Hause kommt, das Essen zubereitet und verteilt. Sie nennt die Namen anderer Frauen, mit denen sie zusammen fischt, und berichtet über Ereignisse mit ihren Kindern. Und da die täglichen Aktivitäten einer Frau weitgehend unabhängig sind von der Jahreszeit, sich Tag für Tag wiederholen, wird sie Tag für Tag darüber erzählen, wie sie am Morgen auf den See geht, um zu fischen. Zu Beginn einer Forschung mag uns das sogar begeistern, da für uns alles neu und interessant ist. Nach einer gewissen Zeit aber langweilt es uns. Doch die Iatmul-Frauen gehen immer noch jeden Morgen auf den See um zu fischen. Wir geraten in Schwierigkeiten und da liegt es nahe zu denken: «Was sind das für arme Frauen, jeden Tag dieselben Mühen, was ist das für ein Leben.» In solchen Überlegungen werden wir gestützt durch Wertungen aus unserer Gesellschaft. Was sich wiederholt, ist langweilig, nur was aus dem Trott des Alltags hervorsticht, macht das Leben lebenswert und interessant. Und bestimmt kommt uns auch der Alltag einer schweizerischen Hausfrau und Mutter in den Sinn, der, was die täglichen Wiederholungen anbelangt, Gemeinsamkeiten mit jenem der Iatmul-Frauen aufzuweisen scheint. Doch ist dieses scheinbar Gleiche etwas ganz Anderes. Bei uns ist Hausarbeit abgewertet und findet in Isolation statt (Hungerbühler 1986), bei den Iatmul arbeiten die Frauen in Frauengruppen, und ihre Arbeit wird gesellschaftlich hoch bewertet. In so verschiedenen Verhältnissen, sind auch Wiederholungen etwas anderes, sie spielen sich in einem anderen sozialen Rahmen ab und werden auch von den Frauen anders erlebt. Eine Möglichkeit, den Gesprächen und Befragungen mehr Attraktivität zu verleihen und somit in der eigenen Vorurteilsstruktur zu verharren, besteht zum Beispiel darin, nach besonderen Ereignissen im Leben der Frauen Ausschau zu halten. Dann führe ich mit ihnen Gespräche über ihre erste Menstruation, ihre Sexualität, die Heirat, die Zeit vor der Kolonisierung, die Beteiligung der Frauen an rituellen Kopfjagdzügen. Oder ich wähle einen theoretischen Ansatz, der die scheinbare Banalitäten des Alltags in den Hintergrund verweist. Ich bin noch zusätzlich in Probleme geraten, da die Iatmul selbst den Frauen und Männern bestimmte Bereiche und Themen zuordnen. So beschäftigen sich die Männer mit den systematischen Zusammenhängen der Mythologie und des sozialen Systems und organisieren die grossen Feste: Alles Themen, die für uns attraktiver klingen als der Fischfang der Frauen. Ob sie das für die Iatmul auch sind, ist sehr fraglich. Selbstverständlich haben mich die Männer für sich zu gewinnen versucht, indem sie ihre kulturellen Bereiche als die höchsten anpriesen, doch auch die Frauen werten ihre Lebensbereiche in keiner Weise ab. Die Gefahr liegt in mir selbst: was bereits in meiner Kultur höher bewertet wird, gehört auch bei den Iatmul in den Bereich der Männer. Es ist mir schliesslich gelungen, mein Interesse für den Alltag und die Anliegen der Frauen und Kinder weiter aufrechtzuerhalten. Dazu beigetragen hat vor allem das Selbstverständnis der Iatmul-Frauen, ihre eigene Sache nicht als minderwertig zu erleben. Auch haben die Männer mir mit ihren Verführungen bewusst gemacht, wie sehr sie damit meinen eigenen Tendenzen entgegenkommen. Eine Vertiefung und Erweiterung erfuhr ich in den ethnopsychoanalytischen Gesprächen, in denen mir der Alltag der Frauen durch den Einbezug der Emotionen, die damit verbunden sind, erst verständlich geworden ist. Auch hier zeigt sich, dass die Ethnopsychoanalyse einen besonderen Zugang ermöglicht, indem sie unseren Gesprächspartnern offen lässt, worüber sie sprechen wollen. Es ist wohl kein Zufall, dass in allen ethnopsychoanalytischen Gesprächen das Alltagsgeschehen im Mittelpunkt steht[20].

5. *Was ich nie erlebt habe*

Iatmul-Frauen stellen keine «Umsorgungsfragen», wie es besonders unter euroamerikanischen Frauen zu einem Zeichen von Nähe und Teilnahme geworden ist. Nie hat mich jemand gefragt: «Wie geht es dir? Wie fühlst du dich? Geht es dir schlecht? Du schaust mitgenommen aus, hast du Probleme?» Solche Fragen haben nur mir jeweils auf der Zunge gelegen, wenn ich wieder frisch nach Palimbei gekommen war. Zuwendungen werden in erster Linie durch direkte Aktionen ausgedrückt. Eine Frau bringt mir einen Fisch. Meat, meine Freundin, backt mir meine liebste Art von Sagofladen mit frisch geraspelter Kokosnuss. Zuwendung zeigt sich aber auch darin, worüber die Frau mit mir spricht, ob sie mir Dinge erzählt, die sie bewegen und betreffen, wie dies Magendaua tat, als sie mich teilhaben liess am *naven*-Ritual, wovon Fremde sonst ausgeschlossen sind (s. Morgenthaler/Weiss/Morgenthaler 1984:203ff.).

6. *Womit ich meine Mühe hatte*

Das auffälligste Merkmal des Gesprächsstils der Iatmul besteht darin, dass sie Sprache einsetzen um sich abzugrenzen, zu rivalisieren und zu provozieren. Auf diese Weise können Mütter zu ihren Kindern sprechen, Kinder

---

20 Vgl. dazu die Arbeiten über die Dogon (1983) und die Agni (1971) von Parin/Morgenthaler/Parin-Matthèy, über die Iatmul von Morgenthaler/Weiss/Morgenthaler (1984) und die Arbeit über die mexikanischen Bäuerinnen von Nadig (1986).

unter sich, Männer gar stundenlang während eines Streitgespräches, Frauen in ihren Frauengruppen, zu Hause, beim Fischfang und bei der Marktreise, oder die Frau in Wewak mit mir, der Fremden (s. Einleitung). Dies ist nicht die alleinige Art und Weise, wie Iatmul miteinander kommunizieren, sie ist aber gewiss die auffälligste. Die entspanntere, ruhigere Art entspricht etwa dem Gespräch, das ich mit Karu in Wewak geführt habe (s. Einleitung). Auch in den ethnopsychoanalytischen Gesprächen herrst diese ruhigere Form vor. In wenigen Ausnahmen kommt auch der rivalisierende Stil zum Zuge (vgl. Morgenthaler/Weiss/Morgenthaler 1983:215, 221). Es ist in erster Linie die Beziehung zwischen den Gesprächspartnern, welche darüber bestimmt, welcher Stil jeweils zum Tragen kommt. Treten Aggressionen und Rivalitäten in den Vordergrund, werden sie mittels der Sprache direkt ausgedrückt. Obwohl ich diese Art des rivalisierenden Gesprächsstil kenne – sie ist ein Teil der baslerischen Kultur – habe ich mich nur schwer daran gewöhnt. Die grösste Mühe dabei hat mir gerade der Umstand bereitet, dass auch Frauen so sprechen. Dieses Angedreht- und auf dem Quivivesein, diese Sexualisierung, die stets damit verbunden ist, haben mich immer wieder zum Staunen und ausser Atem gebracht. Es fiel mir nicht schwer, auf diesen Stil einzusteigen, auch ich konnte so frech daherreden wie die Iatmul-Frauen. Meine Schwierigkeiten zeigten sich auf der emotionellen Ebene: So zu sprechen erschöpfte mich masslos. Ein paar Sätze ja, aber ein längeres Hin und Her, und das immer wieder, waren mir zuviel. Nun muss meine Mühe auch damit zusammenhängen, dass dieser Gesprächsstil in etwa dem Gegenteil entspricht, was Trömel-Plötz als weiblichen Stil bei uns bezeichnet: Gemeinsamkeiten herstellen, aufeinandereingehen, andere zu Wort kommen lassen (Trömel-Plötz 1984:362). Schon viel näher steht er dem für Männer typischen Gesprächsverhalten. Gute Beziehungen sind bei uns dadurch gekennzeichnet, dass Aggressionen in den Hintergrund treten. Das muss der wichtigste Grund für meine Schwierigkeiten gewesen sein, denn den Iatmul-Frauen (und Männern) sind ihre aggressiven Regungen viel eher zugänglich als uns, sie räumen ihnen in ihrer Mythologie (vgl. Mythe von Amuia, Abschn. 3.2.), in ihren Phantasien und in ihrem sprachlichen Umgang einen grossen Platz ein.

7. Der kürzeste Weg zum Ziel ist nicht der beste

Magendaua, mit der ich psychoanalytisch orientierte Gespräche führte (Morgenthaler/Weiss/Morgenthaler 1984:173–232), lehrte mich, dass meine Art zu sprechen, den kürzesten Weg zum Ziel einzuschlagen, nicht die beste ist. Der Konflikt zwischen Magendaua und mir entstand, als wir uns im Verlauf unserer täglichen Gespräche immer näher kamen und dadurch auch immer deutlicher wurde, wie anders wir sind. Zwei Frauen aus ganz verschiedenen Kulturen, mit ganz verschiedenen Persönlichkeitsstrukturen. Unsere Verschiedenheit ging tief und umfasste unsere Art zu sein, zu denken und zu erleben. Ich werde mich hier darauf beschränken aufzuzeigen, wie sich die Unterschiede zwischen uns im sprachlichen Ausdruck zeigten[21]. Wenn ich mich mit Magendaua treffe, bin ich ganz auf sie ausgerichtet, und wenn ich mit ihr spreche, formuliere ich meine Gedanken knapp und ohne Umschweife. Meine Art und Weise, mit ihr zu sprechen ist das Produkt eines langen Sozialisationsprozesses, der mehr oder weniger unserer kulturellen Norm entspricht. Das haben wir schon zu Hause gelernt und später in der Schule. An der Uni wird dieser Stil noch rigider gehandhabt: Fragestellung, Methode, wissenschaftliches Resultat. Alles andere ist unklar. Unklar aber sind v.a. die Ausdrucksweisen der Frauen, die haben die Tendenz abzuschweifen, nicht zum Wesentlichen zu kommen, die grosse Welt zu subjektiv zu betrachten und sich von Emotionen davontreiben zu lassen. Ich habe mir Mühe gegeben und gelernt klar zu sagen, worum es mir geht und bin damit bisher gut durchs Leben gekommen. Doch nun sitze ich mit Magendaua bei einem Gespräch unter dem grossen Baum vor ihrem Haus und muss erleben, dass ihr eben diese Art des sprachlichen Ausdrucks nicht behagt, ja, dass ich ihr damit Angst mache. Das ist mir unerträglich, denn ich mag Magendaua ganz besonders gut. Ich gerate in Bedrängnis und da mir so sehr an unserer Beziehung liegt, habe ich keine andere Wahl, als mich anders einzustellen. Mit besonderer Aufmerksamkeit nehme ich Magendauas Art zu sprechen wahr. Wenn sie erzählt, reiht sie verschiedene Episoden lose aneinander, sie nähert sich einer Sache auf Umwegen, den kürzesten Weg zum Ziel schlägt sie nicht ein. Weil ich stark in die Beziehung mit Magendaua involviert bin, kommt es nicht dazu – was an sich naheliegen würde –, dass ich ihren Erzählstil abwerte. Es findet das Gegenteil statt. Magendaua kann etwas, was mir zusagt. Ich lerne von ihr und entdecke, wie sehr diese Art des Sprechens mir liegt, wieviel Spielerisches darin enthalten ist. Magendaua nimmt mein Bemühen und meine Veränderung wahr, ihre Angst vor mir tritt in den Hintergrund, und wir können weiter jeden Tag zusammen sprechen.

Diese besondere Form des sprachlichen Ausdrucks ist unabhängig vom Geschlecht, sie betrifft grundlegende Unterschiede in den kulturell bedingten Persönlichkeitsstrukturen. Ich bin ihnen auch in Westafrika begegnet. Und immer, wenn sie mir in einem Gespräch bewusst werden, kommt mir Magendaua in den Sinn, und ich versuche, so zu sprechen, wie sie es mich gelehrt hat.

---

21 Weitere Gesichtspunkte, welche die Unterschiede zwischen Magendauas und meiner Persönlichkeitsstruktur deutlich machen, sind nachzulesen auf S. 183ff. (Morgenthaler/Weiss/Morgenthaler 1984).

IV. Teil: Der Erzählstil der Frauen und Männer

1. Einleitung

Wenn ich über die Erzählkunst der Iatmul nachdachte, kam mir stets Maso in den Sinn. Er, das stand für mich fest, war der beste Erzähler, den ich am Sepik angetroffen hatte. Darin stimmte auch Milan Stanek mir zu. So führten wir beide viele Gespräche mit Maso, eine lange Reihe von Tonbändern zeugen von unserer Lust zuzuhören und von seiner zu erzählen. Noch mehr Gespräche führte ich aber mit einer Frau mit Meat, meiner Freundin. Meat war für mich die beste Erzählerin unter den Frauen, doch eben nur unter den Frauen. Es kam mir gar nicht in den Sinn, den Erzählstil der beiden einer genaueren Analyse zu unterziehen. Das will ich jetzt nachholen und zugleich untersuchen, ob es zwischen dem Stil der Frauen und jenem der Männer Unterschiede gibt, und wenn ja, worin sie bestehen. Ich wähle von Maso und von Meat je einen Ausschnitt aus einem längeren Gespräch, die ich in Pidgin geführt und vom Tonband aufgezeichnet habe. Inhaltlich handeln beide von Begebenheiten aus der Kindheit.

2. Stilvergleich zwischen Meat und Maso

Meats Erzählung handelt davon, wie der Vater ihr, als sie ein Kind war, Angst vor den Totengeistern macht (nachzulesen Abschn. 7). Maso berichtet, wie er als Zehnjähriger eine Ente erlegte und wie seine Mutter für ihn ein *naven*[22] tanzte (nachzulesen Abschn. 8).

Anhand einer Stilanalyse von Meats Erzählung zeige ich auf, in welche Schwierigkeiten ich durch ihre spezifisch weibliche Art des Erzählens geraten bin (s. Kap. V). Hier will ich nun die Unterschiede zwischen Meats und Masos Erzählung herausarbeiten.

3. Der Erzählstil der Frauen: Meat

Im Mittelpunkt von Meats Schilderung sind mehrere Personen, die miteinander in Beziehung stehen. Ein Vater, Kinder (Meat als Kind), Totengeister,

---

[22] Wie wir in den ethnopsychoanalytischen Gesprächen erfahren haben, veranstalten Mütter bereits für ihre Säuglinge *naven* (vgl. dazu Morgenthaler/Weiss/Morgenthaler 1984:203–209). Grosse *naven* an denen sich mehrere Personen beteiligen finden vor allem dann statt, wenn eine Person eine kulturell wichtige Handlung zum ersten Mal ausführt. Mehr zur psychischen Funktion des *naven* findet sich im oben genannten Abschnitt.

weitere Dorfbewohner. Meat richtet ihre ganze Aufmerksamkeit und sprachlichen Mittel darauf aus, die Interaktionen zwischen ihnen aufzuzeigen. Das Ganze ist wie ein Theaterstück, das sich vor unseren Augen auf einer kleinen Bühne abspielt. Sie führt vor, was der Vater sagte, wie das auf die Kinder wirkte und was sie sich dabei dachten, was die Totengeister taten und wie das Verhalten weiterer Dorfbewohner die Kinder beeinflusste. Es entsteht ein dichtes Netz von Beziehungen, Beeinflussungen, Absichten, Überlegungen und Beobachtungen. (Deshalb wendet Meat Auch das Stilmittel der Wiederholung immer wieder an s. Kap. V).

Bei der Analyse von Meats Erzählung müssen wir einen weiteren Aspekt berücksichtigen, der den Inhalt und den Stil wesentlich mitbestimmt: Die Beziehung zwischen Meat und mir. Meat hatte kurze Zeit vor diesem Gespräch erlebt, dass ich nachts durch das Dorf spazierte, als jemand starb, ich offensichtlich wenig von der Gefahr der Totengeister hielt. Auch in unseren Gesprächen erfährt sie immer wieder, wie verschieden wir beide sind: Sie eine Iatmul-Frau, ich eine Schweizerin. Trotz dieser Verschiedenheit verbindet uns ein gegenseitiges Interesse, und wir treffen uns immer wieder. Doch gerade diese Neugier, die wir füreinander haben, lässt die Fremdheit nur noch deutlicher hervortreten. Diese emotionale Bewegung findet in Meats Erzählung ihren Niederschlag, indem sie einmal von der Gefährlichkeit der Totengeister überzeugt ist, sich ein anderes Mal davon distanziert. So drückt sie aus, dass der Vater ihr nur Angst vor den Totengeistern machte, eigentlich aber kein Grund zur Angst vor ihnen bestand – wie ja auch ich keine Angst vor ihnen zeigte – dann wiederum sagt sie ganz deutlich, Totengeister sind gefährlich. Um Meats Hin und Her in Bezug auf die Totengeister einzuschätzen, müssen wir uns im Klaren sein, dass die Iatmul die Totengeister stets ernst nehmen. Spätere Erfahrungen mit Meat machten mir klar, dass dies ebenso für sie zutrifft. Die Unsicherheit, die sich in ihrer Erzählung zeigt, müssen wir als eine Unsicherheit mir gegenüber verstehen: Ist diese fremde Frau gefährlich oder ist sie es nicht? Am Beispiel von Meats Erzählung zeigt sich, wie sehr die Beziehung, die wir zu unseren PartnerInnen haben, Inhalt und Stil eines Gesprächs bestimmen. (Vgl. in diesem Zusammenhang die Mythe, die mir Amuia erzählt, s. Abschn. 3.2.).

4. Der Erzählstil der Männer: Maso

Im Mittelpunkt von Masos Erzählung steht eine Entenjagd. Er schildert, wie es ihm gelingt als Zehnjähriger seine erste Ente zu erlegen. Seine ganze Aufmerksamkeit richtet er darauf aus, diesen Vorgang präzis und minutiös zu schildern. Obwohl weitere Personen vorkommen und wichtig sind (die Mutter und die Knabengruppe) stehen Beziehungen nicht im Zentrum. Die wichtigste Person ist Maso selbst. Wie er sich durch die Landschaft bewegt, wie er sich den Enten annähert, und wie es ihm gelingt, eine zu treffen und einzufangen, wird genau geschildert. Dass sich Maso so sehr in den Mittelpunkt stellt ist nicht ein typisches Merkmal der männlichen Erzählweise. Auch in der Schilderung Meats, ist sie die zentrale Person. Männlich sind vielmehr die Mittel, da weitere beteiligte Personen weniger direkt in eine Kommunikation mit ihm einbezogen werden. Bestimmte Merkmale der Erzählung hängen mit der Beziehung zusammen, die Maso zu mir hatte. Da wir uns noch nicht gut kannten, ihm aber an einer Beziehung zu mir lag, wollte er auf mich Eindruck machen. Er stellt sich geschickt und bewundernswert dar. Maso hatte Erfolg, denn ich war eine interessierte und aufmerksame Zuhöherin.

5. Gemeinsamkeiten

Meat und Maso erzählen beide anschaulich und lebhaft. Es fällt ihnen nicht schwer, sich in ihre Kindheit zurückzuversetzen und sich an feinste Einzelheiten zu erinnern. Vor allem, und darin lieg die Kraft ihrer Erzählkunst, sind ihre Schilderungen von Emotionen getragen. Bei Meat ist es die Angst, und die Vorsicht der Kinder, bei Maso die Erregung und die Spannung, eine Ente zu erwischen, sowie sein Stolz auf das Gelingen.

6. Unterschiede

Meat setzt ihre sprachlichen Ausdrucksmittel dafür ein, Interaktionen plastisch zu schildern. Emotionen drückt sie direkt aus (Angst, Vorsicht). Äussere Vorgänge spielen bei ihr eine untergeordnete Rolle. Maso setzt seine sprachlichen Ausdrucksmittel dafür ein, den Raum und die Jagd anschaulich zu machen. Eigene Emotionen delegiert er an andere, welche sie zum Ausdruck bringen (die Knaben loben ihn, seine Mutter veranstaltet ein *naven* für ihn). Weitere Personen sind wichtig, doch eine direkte Auseinandersetzung mit ihnen steht nicht im Vordergrund.

Jetzt wird auch verständlich, weshalb ich Maso stets für den besseren Erzähler hielt. Es fiel mir leichter seinen linearen Schilderungen zu folgen, die auf eine Sache ausgerichtet waren. Meat hingegen war für mich weit schwieriger verständlich, da sie mehrere Ebenen und Personen miteinbezieht, stets den Standpunkt wechselt, sodass ein vielschichtiges Hin und Her entsteht.

Die Unterschiede, wie ich sie am Beispiel von Meat und Maso herausgearbeitet habe, sind für Frauen und Männer charakteristisch[23]. Nun stellt sich die Frage, weshalb es zu diesen Unterschieden kommt. Erst weitere Untersuchungen könnten uns darauf schlüssige Antworten geben.

Der Alltag der Iatmul-Frauen und -Männer unterscheidet sich sehr. Die Frauen stehen tagtäglich in insensivem Kontakt mit anderen Personen; mit Kindern, für die sie sorgen und mit Frauen, mit denen sie zusammenarbeiten. Diese Alltagsrealität finden wir im Erzählstil der Frauen wieder. Die Männer setzen sich weder mit Kindern auseinander, noch arbeiten sie tagtäglich mit Männern zusammen. Als Handwerker stellen sie Kanus und Paddel her, reparieren die Häuser und schnitzen Kunstobjekte. Dabei gehen sie mit einem unbelebten Objekt um, zum Beispiel mit eine Stück Holz. Es liegt ihnen näher sich auf äussere Vorgänge zu beziehen als auf zwischenmenschliche Auseinandersetzungen.

7. Meats Kindheitserinnerung

«Wenn jemand starb, hat uns mein Vater immer Angst	1.1.
gemacht. Starb jemand, und wir hörten Weinen und Klagen,	1.2.
dachten wir Kinder, wie werden wir die Nach wohl durch-	
stehen? Es wäre schrecklich, wenn der Geist des Toten	
zu uns ins Haus kommt, in unser Moskitonetz schleicht	
und uns ins Grab mitnimmt. Wenn jemand bestattet wurde,	1.3.
pflegte mein Vater zu sagen: «Heute ist jemand gestorben.	1.4., 1.5
Kaum hat man ihn begraben, schon trifft er sich mit	
anderen Toten und spricht mit ihnen.» So hat uns mein	2.1.
Vater das ausgemalt. «Morgen wird er zurückkommen und	(2.2.)
alle Sachen, die er zu Hause gelassen hat, holen. Und	
so dürft ihr nicht hinausgehen. Sein Geist wird im Dorf	
umhergehen». Es stimmte, was er sagte, so machen es	
die Toten. Und niemand wagte es an diesem Tag hinaus-	
zugehen. Man wusste: Morgen! Heute wurde er begraben,	1.6.
morgen wird er kommen, um seine Sachen zu holen. Wir	1.7., 2.3.
Kinder dachten uns: Heute fand das Begräbnis statt, er	
wird zuerst mit anderen Toten reden im Dorf der Toten.	
Wir legten uns zum Schlafen, und am nächsten Tag, so	
gegen Mittag, dachten wir, bald wird er kommmen,	2.4.

---

23 Vgl. Hauser-Schäublin 1977:199.

um seine Sachen zu holen, die er im Haus zurückgelassen
hat. Heute Nacht wird er im Dorf umhergehen, um seine Frau
und seine Kinder zu besuchen, – wenn eine Frau starb, be-
besuchte sie ihren Mann –. Er wird kommen und seine 2.5.
Frau im Haus zurückgelassen hat, holen. Er wird umher-
irren und seine Kinder suchen. So sagten alle, und wir
glaubten es. In der Nacht schauten wir hinaus und niemand
ging im Dorf umher. Wenn einer unbedingt hinaus musste,
dann nahm er eine grosse Fackel. Ohne ein Licht wagte
niemand, im Dorf umherzugehen. Das beobachteten wir und
dachten uns, mein Vater hat Recht.»

Photo 2: Meat

8. Masos Kindheitserinnerung

«Meine Mutter ging zum Markt. Ich tat mich mit Wensara, Toun und weiteren Knaben zusammen. Wir waren eine grosse Gruppe, so machen es die Knaben, sie unternehmen alles gemeinsam. «Komm doch auch mit!» sagt einer zum andern, und zum Schluss sind sie eine ganze Bande. Wir machten uns auf den Weg, und da sah ich von Weitem mehrere Enten, die über das Wäldchen hinter dem Haus von Sembara zum Bach flogen. Wie ich das sah, sagte ich zu den anderen: «Geht schon voraus, ich hole meinen Speerwerfer, ich will Enten jagen.» Sie gingen gemächlich weiter. Ich holte den Speerwerfer und den Speer, und machte mich auf den Weg zum Wäldchen, wo sich die Enten im Bach niedergelassen hatten. Beim Haus von Sembara angelangt, ging ich noch etwas weiter durch Gebüsch und hohes Gras und spähte hindurch: Da sah ich sie in der Bachbiegung. Jetzt bückte ich mich, zog den Kopf ein und bewegte mich vorsichtig weiter. Langsam schob ich das hohe Gras auseinander und bewegte mich vorwärts. Ich kam voran und da sah ich die Enten. – Wie diese Hauswand dort drüben, so nahe waren sie. – Ich spähte durch das Gras, machte noch ein paar Schritte und da sah ich sie ganz genau: fünf Enten schwammen im Wasser. Ich blieb ruhig und schaute durch die Gräser. Dann zog ich mich zurück, langsam Schritt für Schritt, um mich an einer anderen Stelle wieder dem Bach zu nähern, mehr von hinten, so wie euer Moskitonetz dort hängt. Jetzt legte ich den Speer in den Speerwerfer, ich schob mein rechtes Bein nach hinten (Maso führt vor, wie er einen festen Stand für den Speerwurf einnahm). Ich hielt den Speer wurfbereit und pirschte mich voran, setzte langsam einen Fuss vor den andern. Am Bachufer angelangt, richtete ich mich auf, bis mein Kopf über das Gras hinausragte. Da erblickten mich die Enten, flogen auf, doch im selben Augenblick schleuderte ich meinen Speer. Ich verletzte eine am Flügel. Ich sprang hinter ihr her, damit sie mir nicht entwischt. Die Ente versuchte mit einem Flügel aufzufliegen, es gelang ihr aber nicht und sie schlug erfolglos auf die Wasserfläche und bewegte sich hin und her. Und ich hinterher durchs Wasser. Meine Freunde, die in einiger Entfernung auf dem Weg standen, hörten den Lärm, den ich machte. Sie riefen aus: «Oh, Maso hat eine Ente gejagt!» Einige stiegen auf einen Baum, um besser zu sehen. Sie sagten: «Ah, er hat eine Ente angeschossen und verfolgt sie jetzt.» Während sie auf dem Baum sassen, versuchte ich die Ente einzufangen. Endlich erwischte ich sie. «Bravo, du hast eine Ente gejagt!» riefen sie mir zu, als ich das Ufer hinaufstieg. Ich fasste sie am unverletzten Flügel und brach ihn, dasselbe tat ich mit den Beinen. Mit einem Stück Schnur band ich das Tier zusammen. An einer Stelle am Wegrand, schob ich das hohe Gras auseinander und legte das Tier auf den Boden. Ich versteckte es. Jetzt gingen wir hinaus zum Sepikfluss. Ich habe es der Mutter nicht selbst gesagt. Die Frauen, die vom Markt zurückkamen, waren eben dabei, mit ihren Kanus anzulegen. Da

Photo 3: Maso

liefen meine Freunde voraus und schrien: «Ei, dein Kind hat eine Ente erjagt!» Sie riefen den Namen meiner Mutter und berichteten, was geschehen war. Kaum hörte sie das, legte sie los. Immer noch im Kanu stehend, schwang sie das Ruder wild hin und her und schrie: «Ah, habe ich aber ein tüchtiges Kind, es hat eine Ente getötet!» Schreiend und tanzend kam sie das Ufer hinauf. (Maso lacht) Sie band ihr Kanu an und rief aus: «Sagt meinen Brüdern, mein Kind hat eine Ente getötet!»

V. Anhang

1. Stilanalyse von Meats Erzählung

Für die Analyse von Meats Erzählung, greife ich ein Charakteristikum ihres Stils heraus: die Wiederholungen von Wortmaterialien und ganzen Satzteilen. (Vgl. dazu die Version in Pidgin, Abschn. 2).

1. Beispiel: Meat gebrauchte den Ausdruck *man i dai* in den 18 Sätzen des gewählten Abschnittes sieben Mal. *Man* heisst 'Mensch', *dai* 'sterben bzw. gestorben', der ganze Ausdruck entweder 'dieser Mensch ist gestorben' *(dispela man i dai)*, oder 'der tote Mensch', z.B. 'der tote Mensch kommt' *(man i dai i kam)*. Meat verwendet den Ausdruck in verschiedenen Zusammenhängen: *taim ol i dai* ('als sie starben', *taim* heisst 'Zeit', *ol* ist Personalpronomen dritter Person, Plural), dann *dispela de man i dai* ('an diesem Tag starb ein Mensch', *dispela* heisst 'dieser, diese dieses', *de* 'Tag'), weiter *nau em i dai* ('jetzt ist er gestorben', *nau* heisst 'jetzt, heute'). Der Ausdruck wird typischer Weise mit *na ol i go planim* ergänzt, z.B. *taim em i dai na ol i go planim* (es bedeutet eigentlich 'nach dem Begräbnis', oder 'nachdem er bestattet wurde'; wörtlich 'als er starb und als man ihn begraben hatte'; *na* heisst 'und', *go* 'gehen', bzw. 'Handlung durchführen', *planim* 'begraben', 'pflanzen').

2. Beispiel: Meat verwendet den folgenden Satz fünf Mal im zitierten Abschnitt – *tumora em bai i kam kisim olgeta samting i stap long haus* ('Morgen wird er kommen und alle Dinge holen, die er im Haus hat', *tumora* heisst 'morgen', *em* 'er, sie, es', *kam* 'kommen', *em bai i kam* ist Futurum, *kisim* 'holen, nehmen', *olgeta* 'alles', *samting* 'Ding, Sg. aber auch Pl.', *stap* 'sein, existieren', *long haus* 'im Haus').

3. Beispiel: *wokabaut* ('umhergehen, spazieren') wird achtmal gebraucht, zusätzlich noch *raun,* ein Synonym ('laufen, umherlaufen, sich umhertreiben').

Wiederholungen gelten im Deutschen als schlechter Stil. Selbst wenn ich weiss, dass sie ein wesentliches Merkmal der oralen Sprachkultur sind, fällt es schwer eine solche Anhäufung von Wiederholungen nicht als unklares Reden, beschränkte Ausdrucksmöglichkeiten, ja Sinnlosigkeiten aufzufassen. Es liegt nahe, das Pidgin selbst dafür verantwortlich zu machen, es sei zu wenig differenziert und gestatte eben nur beschränkte Möglichkeiten. Eine weitere naheliegende Erklärung bietet der Umstand, dass Meat eine Frau ist. Es würde sich um eine Bestätigung von dem handeln, was man/frau bei uns zu hören bekommt: Frauen reden unklar. Beides ist falsch: sowohl die eine Annahme, es handle sich um eine persönliche geschlechtsspezifische Unbeholfenheit Meats, als auch die andere, es handle sich um eine Deffizienz des Melanesischen Pidgins. Höchstens kann es sich um eine Deffizienz der Ethnologin handeln, solange ihre Pidginkenntnis nicht ausreicht, um den Feinheiten des sprachlichen Vorgangs zu folgen, und solange sie bereit ist anzunehmen, Frauen sprechen unklar.

Wie ich nun zeigen werde, ergeben alle Wiederholungen, die Meat anwendet, einen Sinn.

1.1. Mit dem ersten Satz, indem *man i dai* vorkommt, wird das Thema in seiner Ganzheit genannt, eine abstrakte Angabe gemacht.

«Wenn jemand starb, passierte wieder dasselbe» (nämlich, dass der Vater den Kindern Angst machte, wie es aus dem vorausgegangenen Gesprächsabschnitt hervorgeht).

1.2. Das zweitemal kommt *man i dai* schon im nächsten Satz vor. Hier beginnt sich Meat auf eine konkrete Begebenheit in der Kindheit zu erinnern. Sie drückt aus, was die Kinder an einem solchen Tag erlebten.

«Starb jemand, und wir hörten Weinen und Klagen, dachten wir Kinder, wie werden wir die Nacht wohl durchstehen?»

1.3. Anschliessend führt sie den Vater ein, um zu zeigen, wie er ihnen Angst machte. Dabei nennt sie wieder den Anlass, bei welchem dies geschah. Das ist die dritte Wiederholung von *man i dai.*

«Wenn jemand bestattet wurde, pflegte mein Vater zu sagen.»

1.4. Jetzt kommt der Vater zu Wort und Meat gibt wieder, was er ihnen gesagt hat. Zuerst nennt er das Thema in seiner Ganzheit, wie es Meat in 1.1. für sich machte. Hier kommt das *man i dai* das viertemal vor.

«Heute ist jemand gestorben.»

1.5. Anschliessend führt er das Thema aus und schildert den Kindern die Sitten der Totengeister. Dies ist die fünfte Wiederholung von *man i dai*.

«Kaum hat man ihn begraben, schon trifft er sich mit anderen Toten und spricht mit ihnen.»

1.6. Weitere Menschen bestätigen dadurch was sie sagen und durch ihr Verhalten die Worte des Vaters. Sechste Wiederholung *ol i toktok:* «*tumora! nau em i dai...*»

«Man wusste: Morgen! Heute wurde er begraben, morgen wird er kommen, um seine Sachen zu holen.»

1.7. In 1.2. erklärte Meat einfach, dass sie als Kind bei einem Todesfall Angst hatte. In 1.4. und 1.5. zeigte Meat das Vorgehen des Vaters. In 1.7. schildert sie wieder, wie sie als Kind Angst hatte, nun aber in Abhängigkeit davon, was der Vater ihr gesagt hat. Siebte Wiederholung *nau ol i planim...*

«Wir Kinder dachten uns: Heute fand das Begräbnis statt, er wird zuerst mit anderen Toten reden im Dorf der Toten.»

Zweite Serie der Wiederholungen: *em bai i kam kisim ol samting*

2.1. Der Vater erweitert seine Beschreibung der Sitten der Totengeister. Hier kommt *em bai i kam kisim ol samting* zum erstenmal vor.

«Morgen wird er zurückkommen und alle seine Sachen, die er zu Hause gelassen hat, holen.»

2.2. Diese zweite Wiederholung hat keine besondere Funktion, sie kann höchstens als Verstärkung aufgefasst werden. In der deutschen Übersetzung habe ich sie weggelassen.

2.3. Die Kinder hörten auch von anderen Leuten über das Verhalten der Totengeister. Das ist die dritte Wiederholung. Im Zusammenhang lautet sie *ol i toktok:* «*tumora! nau em i dai na ol i planim, tumora em bai i kam kisim ol samting i go.*»

«Man wusste: Morgen! Heute wurde er begraben, morgen wird er kommen, um seine Sachen zu holen.»

2.4. Am Tag nach einem Begräbnis denken die Kinder schon selbständig daran, dass der Totengeist jetzt zurückkehren wird. Nun folgt die vierte Wiederholung von *em bai i kam kisim ol samting*.

«Wir legten uns zum Schlafen, und am nächsten Tag, so gegen Mittag, dachten wir, bald wird er kommen, um seine Sachen zu holen, die er im Haus zurückgelassen hat.»

2.5. Meat schildert nochmals zusammenfassend das Benehmen der Totengeister. Dies ist die fünfte Wiederholung von *em i kam kisim ol samting i stap long haus bilong en*.

«Er wird kommen, und seine Sachen, die er im Haus zurückgelassen hat, holen.»

2. Meats Erzählung auf Pidgin

(1.1.) Man i dai tu olsem. (1.2.) Man i dai, ol i krai, mipela i tink: «Long nait, bai mipela i slip olsem wanem? Nongut dewel bilong dispela man i kam antap na i apim tonum na i kisim (mipela) i go daun long hul bilong en,» mipela i tinktink olsem. (1.3.) Taim em i dai na ol i go planim, papa i save tok olsem: (1.4.) «Dispela de man i dai na ol i go planim em pinis long hul. (1.5.) Nau em i dai ol i go planim, em i go toktok wantaim ol man i dai pastaim,» em i giaman long mipela olsem. (2.1.) «Na tumora, em bai i kam kisim olgeta samting i stap long haus, em lusim na i dai, (2.2.) bai em i kisim ol samting na em i go. Na yupela i no ken wokabaut. Dewel bilong en bai i wokabaut long dispela ples,» em i tokim mipela na mipela tink, em i tru. Em i tok truya, ol i save mekim olsem, (mipela i tink). Na nogat man i wokabaut long dispela de. Ol i toktok: «Tumora (1.6.) Nau em i dai na ol i planim, (2.3.) tumora em bai i kam kisim ol samting i go.» (1.7.) Nau ol i planim long dispela de, mipela tinktink, em i go toktok long ol man ol i dai pastaim long ples bilong ol. Mipela i slip, kirap, tumora abinun, mipela tink, (2.4.) em bai i kam kisim ol samting i stap long haus. Nau long dispela nait bai em i raun long ples, em i kam lukim meri, pikinini bilong en – o man bilong en, (sapos) meri i dai. (2.5.) Em i kam kisim ol samting i stap long haus bilong en. Em bai i wok long painim ol pikinini bilong en. Ol i toktok olsem na mipela i tink, em i tru. Long nait mipela i lukim, nogat man i wokabaut wanpela. Wanpela i laik wokabaut, ol i kisim draipela bumbum na ol i mekim bikpela paia na ol i save wokabaut. Em mipela i lukim, ol i save wokabaut olsem, na mipela i tinktink, em i tru.

Zusammenfassung

In der Ethnologie besteht ein Missverhältnis zwischen dem Anspruch, die Sprache der Leute bei denen wir unsere Forschungen durchführen, verstehen und sprechen zu können, und unserer effektiven Sprachbeherrschung. Die meisten von uns beherrschen die Sprache unserer PartnerInnen nur ungenügend. Diese Verhältnisse und die Probleme, die sich daraus ergeben, werden in ethnologischen Publikationen in der Regel nicht dargestellt.

Dazu kommt, dass der Umgang mit der Sprache wesentlich kulturell bestimmt ist .Sprachlicher Ausdruck wird in der Schweiz anders bewertet, als in Deutschland oder in Papua Neuguinea. Ob Frauen sich verbal expansiv äussern oder sich zurückhalten, ist von der jeweiligen Gesellschaft abhängig. Die eigene kulturelle Voreingenommenheit nicht zu reflektieren, erweist sich als Pferdefuss jeder Wissenschaft, vor allem der Ethnologie. Gerade weil Sprache für unsere Arbeit ein so wichtiges Instrument ist, führt ein unreflektierter Umgang mit ihr zu massiven Verzerrungen. Da unterlaufen uns Missverständnisse, Fehlinterpretationen und Über- und Unterschätzungen. Uns Ethnologinnen drohen entsprechende Verzerrungen auf ganz besondere Weise: Kommen wir doch aus Gesellschaften, in welchen Frauen täglich auch mittels der Sprache diskriminiert werden. Diese Erfahrung wirkt sich auf unsere Arbeit mit Frauen aus fremden Verhältnissen aus. Es kann gar nicht anders sein, dass wir unsere Partnerinnen vorerst missverstehen und fehleinschätzen. Ich zeige auf, wie es uns gelingen kann, mit diesen Widersprüchen umzugehen.

Literatur

BATESON Gregory, (1936) 1965. Naven. Stanford: Stanford UP.
BIOCCA Ettore, 1968. Yanoama. Paris: Plon.
BOGNER Piet, 1982. In der Steinzeit geboren. Eine Papua-Frau erzählt. Olten/Freiburg i. Breisgau: Walter.
CAIN Horst, 1985. Feldforschung eines Blinden in Westsamoa. In: Fischer, Hans (Hgb.): Feld-Forschungen. Berichte zur Einführung in Probleme und Methoden. 1985, Berlin.
HAUSER-SCHÄUBLIN Brigitta, Frauen in Kararau. Basel: Basler Beiträge zur Ethnologie Bd. 18.
HUNGERBÜHLER Ruth, 1986. Unsichtbar-unschätzbar. Haus- und Familienarbeit am Beispiel der Schweiz. Diss. Basel (im Druck).
MARCUS George E./Crushman, Dick, 1982. Ethnographies as Texts. In: Ann. Rev. Anthropol. 11:25–69.
MEAD Margaret, (1928) 1971. Jugend und Sexualität in primitiven Gesellschaften. Kindheit und Jugend in Samoa. München: dtv.
MORGENTHALER Fritz/WEISS Florence/MORGENTHLER Marco, 1984. Gespräche am sterbenden Fluss. Ethnopsychoanalyse bei den Iatmul in Papua-Neuguinea. Frankfurt: Fischer TB.
NADIG Maya, 1986. Die verborgene Kultur der Frau. Ethnopsychoanalytische Gespräche mit Bäuerinnen in Mexiko. Frankfurt: Fischer TB.
ORTNER Sherry, 1974. Is Female to Male as Nature is to Culture? In: Women, Culture and Society. Zimbalist, M./Lamphere, R.L. (Eds.). Standford: Stanford UP, /S. 67–88.
ORTNER Sherry/Whitehead, Harriet (Eds.), 1981. Sexual Meanings: The Cultural Construction of Gender and Sexuality. Cambridge, Mass.
PARIN Paul, 1978. Der Widerspruch im Subjekt. Ethnopsychoanalytische Studien. Frankfurt: Syndikat.
PARIN Paul/MORGENTHALER Fritz/PARIN-MATTHÈY Golely, (1963) 1983. Die Weissen denken zuviel. Psychoanalytische Untersuchungen bei den Dogon in Westafrika. Frankfurt: Fischer.
– 1971 Fürchte deinen Nächsten wie dich selbst. Psychoanalyse und Gesellschaft am Modell der Agni in Westafrika. Frankfurt: Suhrkamp.
POMATA Gianna, 1983. Die Geschichte der Frauen zwischen Anthropologie und Biologie. In: Feministische Studien, 2:133–27.
PUSCH Luise, 1983. Feminismus – Inspektion der Herrenkultur. Ein Handbuch. Frankfurt.

- 1984 Das Deutsche als Männersprache: Aufsätze und Glossen zur feministischen Linguistik. Frankfurt: Suhrkamp TB.

ROSALDO Michelle, Z./Lamphere, Louise (Eds.), 1974. Women, Culture and Society. Standford.

ROSALDO Michelle, Z., 1980. The Use and Abuse of Anthropology: Reflections on Feminism and Cross-cultural Understanding. In: Signs, 5.3:389–417.

SCHIPPER Mineke (Eds.), 1984. Unheard Words. Women and Literature in Africa, the Arab World, Asia, the Caribbean and Latin America. London/New York: Allison and Busby.

SHOSTAK Marjorie, 1985. Nisa erzählt. Das Leben einer Nomadenfrau in Afrika. Reinbek bei Hamburg: Rowohlt.

STANEK Milan, 1979. Das Melanesische Pidgin. In: Vaterland Nr. 190. Luzern.

- 1982 Geschichten der Kopfjäger. Mythos und Kultur der Iatmul auf Papua-Neuguinea. Köln: Diedrichs.

- 1983 Sozialordnung und Mythik in Palimbei. Bausteine zur ganzheitlichen Beschreibung einer Dorfgemeinschaft der Iatmul East Sepik Province, Papua New Guinea. Basler Beiträge zur Ethnologie, Bd. 23.

STRATHERN Andrew, 1979. Ongka. A self-account by a New Guinea bigman. London.

STRATHERN Marilyn, 1980. No nature, no culture: the Hagen case. In: Nature, Culture and Gender, Mac Cormack, C./Strathern, M. (Eds.) Cambridge: CUP, S. 174–2122.

TRÖMEL-PLÖTZ Senta, 1982. Frauensprache: Sprache der Veränderung. Frankfurt: Fischer.

- 1984 Gewalt durch Sprache. Die Vergewaltigung von Frauen in Gesprächen. Frankfurt: Fischer.

VERWEY Martine, 1986. Die Anwendung von 'bias' in ethnographischer und linguistischer Literatur. Eine Untersuchung anhand von Erklärungen zur unterschiedlichen Stellung der Geschlechter in Zusammenhang mit Sprache. Zürich. Lizentiatsarbeit.

WEISS Florence, 1981. Kinder schildern ihren Alltag. Die Stellung des Kindes im ökonomischen System einer Dorfgemeinschaft in Papua New Guinea (Palimbei, Iatmul, Mittelsepik). Basler Beiträge zur Ethnologie, Bd. 21.

- 1982 Abwanderung in die Städte. Der widersprüchliche Umgang mit kolonialen Ausbeutungsstrategien: Die Iatmul in Papua Neuguinea. In: Ethnolocica Helvetica 6, Bern, Hg. Centlivres-Demont, M.

Danielle Bazzi

Oralität aus ethnopsychoanalytischer Sicht

Was kann der Beitrag der Ethnopsychoanalyse zum Verständnis von Oralität sein?
Zunächst denkt man beim Begriff 'Oralität' an 'Mündliches', weiter an den kommunikativen Aspekt dessen, was mimisch und sprachlich ausgedrückt werden kann. Die Psychoanalyse hat indessen dem Begriff eine weitere Bedeutung gegeben. 'Oralität' meint im Rahmen der Freud'schen Trieblehre eine Modalität der psychosexuellen Erlebnisweise.

In den 'Drei Abhandlungen zur Sexualtheorie' schreibt Freud (1905), dass in der oralen Sexualorganisation das Sexualziel 'in der Einverleibung des Objektes, dem Vorbild dessen, was späterhin als Identifizierung[1] eine so bedeutsame psychische Rolle spielen wird' besteht. 'Oral' heisst hier zunächst 'etwas, was sich um den Mund abspielt'. Die 'orale Modalität' zentriert sich demnach um die Mundzone. Orale Aktivitäten sind Saugen und Schlucken, also inkorporierende Tätigkeiten. Wenn Freud von 'oraler Sexualität' spricht, so meint er, dass die Quelle der Libodo in der oralen Zone liegt. Mit anderen Worten wird – auf dem Boden der Triebtheorie – davon ausgegangen, dass es eine spezifische Lust- und Befriedigungsform gibt, die vom Mund 'gespeist' wird. Entwicklungspsychologisch bedeutsam ist in der oralen Phase die Beziehung des Säuglings zur nährenden Mutter. Die Dyade Säugling-ernährende Person ist der Beziehungsrahmen, wenn man so will das konkrete soziale Behältnis, worin sich das, was wir 'Trieb'[2] nennen, realisiert.

---

1 Der Begriff 'Identifizierung' kann auf zwei verschiedene Arten gebraucht werden. 1. Identifizieren transitiv verwendet: ich identifiziere etwas oder jemanden, ist meist als kognitiver Akt gemeint. 2.a) Sich identifizieren b) sich identifizieren mit sich selbst, sind die Bedeutungen, die dem Begriff in der Psychoanalyse zukommen.
2 Der Begriff 'Trieb' bezieht sich auf ein deskriptives Modell. Freud sprach 1915 von Trieb als einem 'Grenzbegriff zwischen Seelischem und Somatischem, als psychischer Repräsentant der aus dem Körperinneren stammenden, in die Seele gelangenden Reize, als ein Mass der Arbeitsanforderung, die dem Seelischen infolge seines Zusammenhanges mit dem Körperlichen auferlegt ist' (1975:85). Dieses Verständnis vom Trieb als einem Grenz*begriff* schliesst somit eine rein biologische Bestimmung aus, ohne jedoch das materielle Substrat des Lebens zu leugnen.

Oralität und Identifizierung

Die Herleitung des Identifizierungsgeschehens aus der oralen Modalität könnte einer einseitigen biologischen Sichtweise der psychoanalytischen Metatheorie Vorschub leisten, wenn nicht die interaktive Vermittlung in der Mutter-Kind Dyade als sinnstiftende Objektivierung des Triebgeschehens hinzugedacht wird. Erst im Rahmen einer Beziehung kann von einem Identifizierungsvorgang gesprochen werden. Das 'Mythologem'[3] der einverleibenden Mundaktivität – als Urbild für den psychischen Mechanismus der Identifizierung – bedarf der realen Wechselbeziehung zwischen Säugling und Mutter, um seinerseits wieder erzählt werden zu können.

Da es in dieser Arbeit um eine Annäherung an die ethnopsychoanalytische Sichtweise von zum Teil unbewussten identifikatorischen Beziehungsaspekten geht, stelle ich zunächst die Frage, was die Grundlage einer sinnvollen Kommunikation ist.

Was befähigt uns, uns mit anderen Menschen, die in einer uns nicht selbstverständlich erfahrenen Kultur aufgewachsen sind, zu verständigen? Die Basis einer sinnvollen Kommunikation ist der gemeinsame Bezugsrahmen, auf den sich die Gesprächspartner verlassen, um das Gesagte daraufhin interpretieren zu können. Im folgenden werde ich versuchen, diesen Bezugsrahmen zu skizzieren, wobei ich auf der Hut bin, weder einen kulturalistischen, noch einen biologistischen Ansatz vorzuziehen.[4]

Ich meine, dass die Grundlage für gegenseitiges Verstehen und die damit einhergehende Übertragungsdimension[5] durch einen *Grundkonflikt* zu Beginn der emotionalen Entwicklung entsteht.[6]

---

3 Freud schreibt 1932 'Die Trieblehre ist sozusagen unsere Mythologie. Die Triebe sind mythische Wesen, grossartig in ihrer Unbestimmtheit.'
4 Dem kulturalistischen vs biologistischen Ansatz entspricht in etwa die Frage Relativismus vs Absolutismus innerhalb der ethnologischen Theoriediskussion (vgl. Hanson 1981, Winch 1975).
5 Wurmser hat dem Übertragungsbegriff einen mir sehr bedeutsam scheinenden Aspekt abgewonnen '...the Greek equivalent of *transference* is metaphor (metaphora). (...) Metaphors bind concepts, ideas, memories, all kinds of representations by such 'interactional links' – interacting because of their affective connections. *The language of feelings and desires is transferential, is metaphorical*' (1981:273) (Hervorhebungen v.A.).
6 Wichtige Anregungen zur Ausarbeitung des Grundkonfliktthemas verdanke ich Dr. A. Bonzi, dem ich an dieser Stelle danken möchte.

Der Grundkonflikt

Um diesen Grundkonflikt zu beschreiben, werde ich die Worte von Winnicott (1976) brauchen. Das Neugeborene wird 'erbarmungslos' gedacht, da es einer 'primären Unintegriertheit' erst entraten muss. Für das Kind ist seine erste Umwelt noch Teil seiner selbst, es hat noch keinen Begriff dessen, was die befriedigende Brust der Mutter herbeizaubert. Man kann vom Kind sagen, dass es im Stadium der 'Erbarmungslosigkeit' oder 'Unbeteiligtheit' ist, da es existiert und zielgerichtet ist, ihm jedoch gleichzeitig die Ergebnisse dieser begrifflosen Intentionalität 'gleichgültig' sind. Die erbarmungslose Liebe ist schon wirksam, bevor es beim Kind eine Fähigkeit zur Übernahme von Verantwortung gibt. Der Anfang des Lebens ist gleichzusetzen mit einem beginnenden Integrationsvorgang, der in seinen Schwankungen und seiner Spezifität in eine Beziehung eingebunden ist. Winnicott bezeichnet die Funktion der Mutter als ein 'holding', das 'good enough' sein sollte. Diese Funktion ist sozusagen das begriffliche Korrelat zur Erbarmungslosigkeit des Neugeborenen. Die Integration findet innerhalb einer Beziehung statt, dem Wechselspiel der erbarmungslosen Liebe mit der genügenden 'goodness', die darin besteht, die Fähigkeit zum Hass zu suspendieren. In dieser signifikanten Wechselbeziehung hat der Begriff der 'Oralität' seinen Platz.

Doch wie kommt es beim Kind zum Bewusstsein eines Anderen und damit einem Bewusstsein seiner selbst, wie entsteht Identität als Grundvoraussetzung zu einer sinnvollen Kommunikation. Oder mit anderen Worten ausgedrückt, wie wird das Kind zum Subjekt mit dem Bewusstsein auch Subjekt des anderen zu sein.

Vom Stadium der Erbarmungslosigkeit geht die früheste Spur einer Differenzierung aus, die allmählich in das Stadium der 'Besorgnis' ('concern') übergeht[7]. In diesem Stadium kann das Kind den Folgen seiner Impulse gegenüber nicht mehr ganz blind sein, der signifikante Andere wird also gewissermassen erstmals gewürdigt. Das Kind kann seine eigene Aggressivität rudimentär als Schuldgefühl empfinden, was beispielsweise als Kummer sichtbar wird. 'Das Schuldgefühl bezieht sich auf den Schaden, den das Kind seiner Meinung nach in der erregten Beziehung dem geliebten Menschen zugefügt hat. Das gesunde Kind kann das Schuldgefühl aushalten und ist so mit Hilfe einer persönlichen und lebendigen Mutter (die einen Zeitfaktor verkörpert) fähig, seinen eigenen persönlichen Drang, zu geben, aufzubauen und wiedergutzumachen, zu entdecken. Auf diese Weise wird ein Grossteil

---

[7] Der Übergang zur Phase der Besorgnis findet in der Zeit zwischen fünf bis zwölf Monaten statt. Vgl. die Zeit, in die die erste Dentition gehört, erstreckt sich vom sechsten bis zum dreissigsten Monat.

der Aggression in soziale Funktionen verwandelt und tritt in dieser Form auf' (a.a.O.: 92).

Im Wechselspiel von Aggression, Schuld und Wiedergutmachung[8] entsteht das Urvertrauen zu sich selbst. Dessen Kern bildet sich in einer 'erregten Beziehung', ein Ausdruck von Winnicott, der die Verlötung von zwischenmenschlicher Interaktion mit der triebhaften oralen Komponente schön zeigt[9].Die geschilderte rudimentäre Differenzierung ist im Grundkonflikt von Aggression, Schuld und Wiedergutmachung angelegt, der Basis für die Bildung des Ich in Abgrenzung vom Nicht-Ich.

Das aus den primären Identifizierungen hervorgehende Ich, das Subjekt, hat die Fähigkeit, mit anderen Subjekten zu kommunizieren und dabei zu hoffen, dass etwas Gutes daraus entsteht.

Ich habe postuliert, dass die Kommunikationsfähigkeit von Menschen, die in verschiedenen Kulturen aufwachsen, durch einen allen gemeinsamen Grundkonflikt gegeben sei. Stillschweigend habe ich angenommen, dass die Möglichkeit, sinnvoll zu kommunizieren, Empathie voraussetzt, das heisst Einfühlung, die 'den grössten Anteil an unserem Verständnis für das Ichfremde anderer Personen hat' (Freud 1974:101). Mit dem bisher Gesagten versuchte ich aufzuzeigen, wie Empathie sich in der konfliktiven Dreiheit von Libido, Aggression und Interaktion als versöhnendes Moment zu entwickeln beginnt.

Dendūn roġan

Bei den Bahluli, einem ostpersischen Stamm heute zwangssedentarisierter Nomaden,[10] hatte ich die Gelegenheit, einen Brauch mitzuerleben, den ich im folgenden schildern möchte.

Beginnt ihr Kind zu zahnen, so bereitet die Mutter traditionellerweise in einem grossen Kessel das 'dendūn roġan' vor. Es sieht einem Brei ähnlich und besteht aus ungemahlenen Weizenkörnern, Kichererbsen, ausgelassener Schafbutter, Salz und Pfeffer. Alle diese Zutaten werden zusammen mit Milch über der Feuerstelle aufgekocht. Die Nachricht vom dendūn roġan

---

8 'Wiedergutmachung' ('reparation') ist ein ursprünglich von Melanie Klein beschriebener Mechanismus. Das Kind muss die Fähigkeit und das Gefühl entwickeln können, dass es dem geliebten Objekt etwas *geben* kann, was dieses erfreut.
9 Meine Interpretation weicht hier von derjenigen Winnicott's ab, der andernorts dieses Geschehen als nicht triebhaft bezeichnet.
10 Ich habe 1975 während fünf Monaten im Rahmen einer Feldforschung über Enkulturation bei den Bahluli in Chorassan, Nordostpersien, gelebt.

verbreitet sich schnell in der 'mahall', der agnatisch zusammengesetzten Zeltgruppe. Von jedem Haushalt wird ein Kind mit einem kleinen Porzellanschälchen ausgeschickt, um es sich mit dem Brei füllen zu lassen. Durch diese Verteilung – 'baxš' genannt[11] – kommen alle Nachbarn der mahall in den Genuss des dendūn roġan. Später wird das Schälchen mit Süssigkeiten wie Datteln oder Keksen aufgefüllt und so – als Gegengabe – in den Haushalt, der gespendet hat, zurückgebracht.

Ich erhielt von Sahrā, der Frau des Dorfchefs, die das dendūn roġan für ihren Sohn gemacht hatte, davon zu essen. Was mir zunächst als Brei erschienen war, entpuppte sich als durchsetzt von härtesten Körnern. Wie ich diesen wiederständigen Brei probierte, muss ich ein plötzlich erstauntes und ungläubiges Gesicht gemacht haben, denn Sahrā sah mich lachend an. Ohne dass ich gefragt hätte, erklärte sie mir, das müsse so hart sein, damit das Kind gut zahne und sich in guter Gesundheit entwickeln könne.

Gegenübertragungsaffekt

Mein Affekt beim Probieren wurde mir erst durch Sahrā's Lachen bewusst und liess mich weiterforschen. Ich war so überrascht von der Konsistenz des dendūn roġan, hatte ich doch bisher bei den Bahluli – wenn zuvor gekocht – ausschliesslich sehr weiche Nahrung genossen. Nun diese Gabe, für deren Bewältigung plötzlich gutes Beisswerkzeug nötig war. Ich war die fremde Ethnologin, die zum erstenmal ein dendūn roġan ass, was für mich eine neue Erfahrung war, für die Bahluli jedoch eine selbstverständliche Tradition.

Diesen Affekt des überraschten Erstaunens – meine Gegenübertragung – wollte ich besser verstehen. So war meine nächste Überlegung, dass ich mich unbewusst mit dem zahnenden Kind identifiziert hatte, für welches der Brauch auch zum erstenmal – wie für mich – durchgeführt worden war. Ich empfand auch eine leise Spur von Ärger, dass meine Erwartung des weichen Breis so getäuscht worden war. War es nicht eine Zumutung, zu Ehren eines kleinen, zahnenden Kindes einen Brei zu verteilen, der den ungehemmten Gebrauch der eigenen Mahlwerkzeuge voraussetzt?

---

11 'baxš' meint nicht nur die prosaische Verteilung eine Gabe, sondern auch die Opferung eines Schafes oder einer Ziege. Der mit der Opferung verknüpfte Wunsch, z.B. nach Gesundung, soll durch den gemeinsamen Verzehr bekräftigt werden.

Zahnen aus entwicklungspsychologischer Sicht

Es ist schwer zu sagen, was in einem Kind vorgeht, das zahnt. Doch wird man kaum bestreiten können, dass mit dem von innen her bohrenden Zahn schmerzhafte Spannungen verbunden sind, und dass ein zahnendes Kind dabei gern auf einen härteren Gegenstand beisst. Man könnte sagen, dass die Widerständigkeit des Objektes eine Schmerzlust ermöglicht, während der Weg zur vollen Dentition mit aus dem Körperinneren stammenden Spannungen gepflastert ist. Bezüglich der Nahrungsaufnahme markiert das Zahnen einen Übergang. Wenn das Kind vorher nur relativ weiche bis flüssige Nahrung zu sich nehmen kann, so ist es mit Zähnen ausgerüstet, fähig, Festes zu zerkleinern. Gesteht man den neuen sensorischen Wahrnehmungen eine damit einhergehende psychische veränderungsauslösende Möglichkeit zu, so ist die Dentition auch als ein innerpsychischer und damit triebhaft bedeutsamer Vorgang zu sehen.

In seiner 'Entwicklungsgeschichte der Libido' unterscheidet Abraham (1924) zwischen zwei oralen Stufen, nämlich erstens der saugenden und zweitens der beissenden Mundtätigkeit des Kindes. 'Auf der Stufe der beissenden Mundtätigkeit wird das Objekt einverleibt und erleidet dabei das Schicksal der Vernichtung' (1982:60). Im Beissen wird in dieser Lesart die Urform des sadistischen Impulses gesehen. Die erste orale Phase unterscheidet sich von der zweiten noch in einer weiteren Weise. Abraham nennt das erste Stadium 'vorambivalent' und 'konfliktfrei'. Die sekundäre oralsadistische Stufe kennzeichnet den Beginn des Ambivalenzkonflikts. 'Innerhalb der oralen Epoche vertauscht das Kind die konfliktfreie, vorambivalente Einstellung seiner Libido gegen eine ambivalente und überwiegend objektfeindliche' (a.a.O.:61).

Mit den obigen Gedanken zum Zahnen und dem nun eingeführten Begriff des oralen Sadismus wird klar, dass Oralität aus zwei Komponenten, entwicklungsgeschichtlich gesehen zwei Phasen, zusammengesetzt ist. Zunächst war die Rede von der Erbarmungslosigkeit, der vorambivalenten, konfliktfreien Phase, während der das Kind das Saugen als lustvoll erlebt. Diese Phase wird allmählich abgelöst durch die Besorgnis bzw. den Konflikt mit der rudimentären Wahrnehmung der eigenen Aggressionsmöglichkeit. Bindet man die Aggression an das materielle Substrat des Psychischen, an die Dentition, so erübrigt sich die Frage nach reaktiver oder aktiver Genese, und Aggression erscheint zunächst als ein modifikatorisches Potential. Diese neue Fähigkeit lehnt sich an die Möglichkeit an, feste Nahrung zerbeissen, zerkleinern und zerkauen zu können, sodass sie absorbierbar wird.

Interpretation des dendūn roġan

Ich werde den Brauch des dendūn roġan auf drei Ebenen interpretieren. Erstens frage ich nach der individuellen Bedeutung, ausgehend von der vorgängig skizzierten psychoanalytischen Theorie. Auf der zweiten Ebene geht es um die Interpretation bezüglich der Gruppe der am Brauch Partizipierenden, und in einem dritten Schritt zeige ich den Sinn, den diese Tradition für die Stammesidentität der Bahluli hat.

Die Frage der individuellen Bedeutung muss auf der Seite der Bahluli leer bleiben, da der Fokus meines Interesses das Kind war, das noch nicht sprechen konnte. Das, was es mir über seine Befindlichkeit nicht mitteilen konnte, habe ich über die theoretische Herleitung der Ich-Bildung sozusagen aufgefüllt. Vom individuellen Standpunkt her gesehen ist der Adressat des Brauches die Leerstelle, denn erst später bemerkte ich, dass das Kind selbst nichts vom Brei bekommt. Doch dieser Punkt scheint mir nicht ausschlaggebend, da wir im Umgang mit Säuglingen immer von Vorstellungen geleitet werden, die die Vorwegnahme der Entwicklung des Kindes beinhalten. Der Brauch der Bahluli zeigt deutlich, dass in Bezug auf das Kind dem Vorstellungsbereich gegenüber einer Handlungsebene der Vorzug gegeben wird. Die psychoanalytische Theorie der primären Identifizierung nimmt hier denselben – ethnotheoretischen – Stellenwert ein wie der Brauch als solcher in seinem imaginären Gehalt für die Bahluli. Ganz generell stellt sich hier die Frage, ob nicht Konzepte, die die vorsprachliche Identitätsbildung zum Inhalt haben, immer schon das soziologische Moment mitreflektieren müssen, da nämlich ihre Genese an die Intersubjektivität von sprachlich kommunizierenden Erwachsenen gebunden ist.

Das konkrete Beziehungsfeld des Brauches ist die Nachbarschaft. Was verteilt, inkorporiert und zurückgegeben wird, geht weit über den Rahmen einer Mutter-Kind Beziehung hinaus, es spielt sich in der Öffentlichkeit der mahall ab. Da in der ethnologischen und der soziologischen Literatur die Zuordnungen Frau–Haushalt und Mann–Öffentlichkeit oft als gegeben vorausgesetzt werden, scheint es mir wichtig, besonders daraufhinzuweisen, dass es hier eine Frau ist, die in einen Austausch mit einer sozial definierten Gruppe tritt. Im Zentrum des Brauches steht ein durch weibliche Arbeit hergestelltes Produkt, das durch die Verteilung und den Verzehr eine nach agnatischen Kriterien begrenzte Öffentlichkeit sozusagen durchdringt.

Diese nachbarschaftlich und verwandtschaftlich bestimmte Gruppe bekundet durch den Brauch ihr Interesse an der Temporalität ihrer Reproduktion. Ein Ereignis wie das dendūn roġan hilft, die chronologische Zeit in ein Vorher und ein Nachher einzuteilen. Der Brauch macht die Zeit des Herwanwachsens des Kindes sinnlich erlebbar für die Gruppe, die dadurch die biographische Zeit gestaltet, statt sie chronologisch zu messen.

Mit der Durchführung des Brauches ist ein Wunsch verknüpft, der Wunsch nach dem Wohlergehen des Kindes. Meine Annahme geht dahin, dass die Darstellung des Wunsches der Inhalt des Brauches ist, nämlich die Identifikation der Gruppe mit dem zahnenden Kind. Die orale Modalität – man isst das dendūn rogan – begünstigt inkorporierende Phantasien. Und ein Brauch, der für ein ungefähr halbjähriges Kind veranstaltet wird, kann durchaus als Aufnahme in die Gruppe interpretiert werden. In einem identifikatorischen Agieren der Krise des Kindes, quasi seines Grundkonfliktes, 'metabolisiert' die Gruppe auf der sozialen Ebene den pesonalen, individuellen innerpsychischen Vorgang. Vielleicht könnte man das Imaginäre der Gruppe im Moment der Durchführung des Brauches so verstehen, dass es dabei um ein Wiedererleben der Ambivalenz jeglichen Individuationserlebens geht. Im Brauch wird die Fähigkeit des Kindes, Hartes beissen zu können, antizipiert, womit sich der Wunsch realisiert, dass das Kind die Schmerzen auch als etwas Gutes erleben soll. Das dendūn rogan als solches gibt der Dentition einen Sinn. Die bohrenden Zähne werden zu einem brauchbaren Instrument, das aktiv eingesetzt, mit dem aber auch Schmerzen zugefügt werden können, die Ablehnung provozieren.

Was im dendūn rogan zubereitet, herumgetragen, verteilt, gegessen und wieder ersetzt wird, beinhaltet zentralste Themen der Produktionsweise, Tauschbeziehungen und Abhängigkeiten der Bahluli. Der Körnerbrei verweist auf die wichtigsten materiellen Bereiche der Reproduktion.

Milch und ausgelassene Butter sind Produkte der Schafhaltung. Der Weizen, der für Brot, einem Grundnahrungsmittel der Bahluli, zu Mehl gemahlen wird, wurde immer von Ackerbau treibenden Bauern gegen Milchprodukte oder geknüpfte Teppiche eingetauscht. Süssigkeiten, vorallem Zucker, werden heute beim Händler bezogen.

Im dendūn roġan vermischen sich Eigenes – Milchprodukte aus der nomadischen Schafhaltung – mit Fremdem – Weizen von den Bauern – und dieses wird wieder getauscht mit Gekauftem.

Die Bahluli beissen an den unzerkleinerten, ungemahlenen Weizenkörnern. Weizen, fast in dem Zustand, in dem er von den Bauern kommt. Früher, so erzählten mir die Alten, lebten die nomadisierenden Bahluli in einer reziproken Abhängigkeit mit den Bauern der Region. Man tauschte Produkte der Schafhaltung mit Produkten des Ackerbaus. Die Bahluli-Männer schauten damals mit einer leichten Verachtung vom Rücken ihrer Kamele auf die sesshaften Bodenbauern herab. Gleichzeitig boten jedoch die Bauern den Nomaden Gelegenheit, ihre diplomatischen Fähigkeiten unter Probe zu stellen, wenn es darum ging, die saisonalen Wanderwege auszudiskutieren und dafür Abgaben festzulegen. Auf diese der Vergangenheit angehörenden Abwicklungen und Verhandlungen waren die Männer der Bahluli sehr stolz, gehörten doch dieselben Qualitäten auch innerhalb des

Stammes – zusammen mit der verbalen Eloquenz – zu den zentralsten Männlichkeitswerten.[12]

Bei der eminenten Bedeutung, die die verbale Kompetenz sowohl innertribal, wie auch 'aussenpolitisch' hat, wird eine weitere Dimension des Brauches sichtbar.

Die harzen Weizenkörner symbolisieren die Widerstandsfähigkeit der Bauernkultur. Das Beissen, das Zermalmen weist auf die Modalität der Beziehung hin, denn die kulturelle Reziprozität hatte auch ihre ambivalenten Züge. Doch gibt es ohne Widerständigkeit keine Identität und ohne transformierende Aneignung keine Selbstbehauptung. In der Abgrenzung – die Bahluli wiesen mich immer wieder daraufhin, wie anders sie doch sind im Vergleich zu den Bauern – siedelt gleichzeitig die Identitätsbildung.

Methodische Überlegungen

Anschliessend möchte ich die methodische Brauchbarkeit meines Vorgehens diskutieren.

Ausgangspunkt meiner Überlegungen war ein Gefühl meinerseits als teilnehmender Ethnologin. Ich war irritiert, da eine Erwartung nicht in Erfüllung gegangen war. Der Affekt des Erstaunens, meine Gegenübertragung, hat den Versuch in Gang gesetzt, diese Lücke des Verstehens durch Reflexion auszufüllen.

Was auch immer das Ziel einer Feldforschung sein mag, so ist doch der Prozess des Kennenlernens einer fremden Kultur primär eine Interaktion von konkreten Menschen, die man sich emotional bedeutsam vorstellen darf. Die Beziehungen, die sich im Laufe einer Forschung einstellen, bringen Affekte mit ins Spiel, somit kann man sagen, dass die ethnographische Begegnung eine libidinöse Angelegenheit ist. In jedem Gespräch fliesst etwas von uns in den anderen und umgekehrt, eine Neutralität kann in einer bedeutsamen Interaktion nie vorausgesetzt werden. Georges Devereux hat in seinem bahnbrechenden Buch 'Angst und Methode in den Verhaltenswissenschaften' (1973) gezeigt, dass die Gegenübertragungsgefühle des Ethno-

---

12 Ich erlebte die Bahluli-Männer in einer schlimmen Verfassung. Meist sassen die Erwachsenen, die nicht Schäfer waren, apathisch Tee trinkend und ihr Schicksal als zwangssedentarisierte, verarmte Schafhalter beklagend, beieinander. Fast alle waren süchtig nach Schlaftabletten (eigenartigerweise waren diese fremden, städtischen Betäubungsmittel begehrter als das von den afghanischen Bauern produzierte Opium). Mir schien, dass der Verlust der intertribalen Diplomatie den Kern der männlichen (Nomaden-)Identität getroffen hatte.

logen nicht Störungen für das Verstehen, sondern Grundlage für das Erkennen von wichtigen Daten für das Studium der fremden Kultur sind.

Ich meine, dass man die vielfältigen, auch alltäglichen, Verstrickungen intersubjektiver Art besser versteht, wenn man davon ausgeht, dass dabei mehr oder weniger passagere reziproke Identifizierungen stattfinden. Ich spreche von gegenseitiger Identifizierung, da es selbstverständlich ist, jedoch zuwenig ausgesprochen wird, dass der Ethnologe vom good will seiner Gastgeber abhängig ist. Das heisst nichts anderes, als dass auf einer primären 'grundkonfliktiven' Ebene unbewusste triebbesetzte Beziehungsangebote da sein müssen, damit eine Übertragungsdimension entstehen kann.

Das Anerkennen zunächst und das weitere Erkennen von gegenseitigen, zum Teil unbewussten Identifizierungen kann durch ein rigides Über-Ich schwer behindert sein, dessen Inhalte von Geboten und Verboten es dem Ich verbieten, neuartige Übertragungen zur Kenntnis zu nehmen. Es ist möglich, dass die akademische Forderung, das Subjektive vom Objektiven zu scheiden, die verbale Interaktion der schriftlichen Festlegung anzuverwandeln, eine vorschnelle Verhärtung oder Verengung der reziproken Identifizierung gegenüber begünstigt.

Reziproke Identifizierung in der ethnographischen Situation

Mit Devereux meine ich, dass die Angst, die die ethnographische Situation hervorruft, Abwehrmassnahmen provoziert. Das Ausmass und die Intensität der Angst bestimmt, so denke ich, die Fähigkeit, bzw. Unfähigkeit sich dem Reflex des Fremden im eigenen Inneren auszusetzen.

Die Situationen in der Feldforschung, in denen sich Begegnungen bedeutsamer Art konkretisieren, möchte ich in drei Bereiche unterteilen.

Dem ersten Bereich ordne ich das klassische Zwei-Personen-Interview zwischen dem Ethnologen und seinem Informanten zu. Zum zweiten Bereich rechne ich die Teilnahme an Ereignissen, die von der Kultur her gegeben sind. Der dritte Bereich umfasst alle unspezifischen Alltagssituationen und -begegnungen des Ethnologen während der Feldforschung. Ich nehme an, dass im dritten Bereich, dem bisher in der Theorie kaum Beachtung geschenkt wurde, ausgenommen in Tagebüchern, Reiseberichten und Vorworten (vgl. Briggs 1970; Malinowski 1967), eine besondere Enkulturation stattfindet, die sich sehr wesentlich auf das Theoretisieren der Daten aus dem ersten und dem zweiten Bereich auswirkt.

Je mehr die Ethnologie an einer naturwissenschaftlich inspirierten empirischen Vorgehensweise gemessen wird, desto eher wird dieser dritte Bereich als Störung empfunden. Denn dieser ist es ja gerade, der die ethnographische Situation vom arrangierten und begrenzten Experiment am stärksten unterscheidet.

Im dritten Bereich taucht am Beginn des Feldforschungsaufenthaltes die grösste Angst auf, die als Affekt oft unbewusst ist, und kontraphobisch gegenbesetzt wird.[13] Am Anfang wird die eigene Identität durch das noch Unbekannte am stärksten bedroht. Im ersten und im zweiten Bereich kann der Ethnologe vor der 'zersetzenden Wirkung' (Crapanzano 1983:32) der Begegnung schützende Massnahmen ergreifen, welche Devereux 'professionelle Abwehrstrategien' genannt hat.

Identität und das Fremde

Weshalb taucht im dritten Bereich die potentiell grösste Angst auf? Er umfasst den in unserem heimischen bekannten Alltag körpernächsten Anteil unseres Lebens, wie Essen, Schlafen und Körperpflege mit seinen mehr oder weniger gewohnheitsmässigen Idiosynkrasien. Dieser Bereich beinhaltet das unserem Leib buchstäblich Nächste und ist somit auch mit unserem inneren 'Körperschema' (Schilder 1925/35) engstens verknüpft. In unserer Kultur werden wir nicht stimuliert, das was gemeinhin als Privatsphäre apostrophiert wird, auf kulturelle Bedingungen hin zu reflektieren, im Gegenteil, gerade das von der Öffentlichkeit Abgesonderte soll das unvermittelt Gegebene suggerieren, auch wenn es durch diese vermeintliche Abschottung dem historischen Prozess nur umso stärker ausgesetzt ist. Ich meine, dass in unserem vertrauten Leben diese grösstenteils unbewussten Repräsentanzen in einer homöostatischen Weise in uns eingebettet erscheinen, sodass ihre Abhängigkeit von heteronomen alltagskulturellen Stimuli leicht übersehen werden kann.[14] Wir fühlen uns mehr oder weniger autonom, abgegrenzt von Anderen und ausgezeichnet in unserer Identität, ohne dass wir gezwungen wären, uns dies bewusst zu machen, da dieser Bereich am stärksten einer unbewussten 'intersubjektiven Akzeptierung' (Hartmann 1956:253) der Realität unterworfen ist.

Dieser Anteil unseres Identitätsgefühls wird durch den neuen, fremden Alltag in der Feldforschung herausgefordert.

---

13 'Gegenbesetzung' heisst die sekundäre Libidinisierung derjenigen Massnahme, die das Unbewusste, hier den Angstaffekt, verdrängt halten soll.
14 Der Extrempol dieser Abhängigkeit wird in der Deprivation während Isolationshaft sichtbar.

Affektive Zustände wie Angst, aber auch körperliche Unpässlichkeiten bis hin zu Krankheit[15], können Zeichen oder Ausdruck von innerseelischen Vorgängen sein. Denn die Veränderungen, die im Ethnologen vorgehen, wenn er sich auf neue Beziehungen einlässt, betreffen nicht nur sein kognitives System, sondern auch den eigenen Körper und seine Grenzen. Solche passagere Aufweichungen sind vergleichbar einem Initiationsmodell, mit dem Unterschied, dass dort Regressionen bewusst induziert werden, um innerpsychische Umbesetzungsvorgänge zu ermöglichen. Doch beim Ethnologen geht es nicht um einen Statuswechsel, sondern um seine Bereitschaft, sich vorübergehend neu enkulturieren zu lassen. 'Eine fremde Lebensweise ernsthaft zu studieren, heisst notwendigerweise, unsere eigene zu erweitern trachten, und nicht einfach die Lebensweise in die bereits bestehenden Grenzen unserer eigenen zu integrieren, denn der entscheidende Punkt im Hinblick auf diese letzeren in ihrer gegenwärtigen Form ist ja, dass sie ex hypothesi jene fremde Lebensweise ausschliessen' (Winch 1975:84). Was sich ausschliesst, bezieht sich nach meiner Auffassung auf die 'Schwankungen und Spezifität' (siehe weiter oben) der primären Identifizierung, jedoch nicht auf den Grundkonflikt als solchen, der es uns erlaubt, eine Kommunikation, die diese Grenzverschiebung zum Thema hat, überhaupt einzugehen.

Treten also vor allem zu Beginn der Feldforschung und in den unspezifischen Alltagssituationen Regressionen auf, so sind diese als Momente der unbewussten Dynamik eines liminalen Zustandes zu werten. Crapanzano berichtet von seiner Begegnung mit dem marokkanischen Ziegelbrenner Tuhami, dass es ihnen beiden ihre Grundüberzeugungen 'das Wesen der Welt und unsere eigene Natur betreffend' verschlug, 'und in dieser Grenzsituation zwischenmenschlichen Kontakte suchten wir tastend nach gemeinsamen Anknüpfungspunkten' (1983:30).

Während Objekt- und Selbstbesetzungen, also das, was die 'Welt' und unsere 'eigene Natur' betrifft, in der bedeutsamen Begegnung mit einer fremden Kultur affiziert werden, kommen den reziproken Identifizierungsvorgängen eine wichtige Rolle zu.

Zu Beginn meiner Ausführungen habe ich gezeigt, dass Oralität die Urmetapher für die psychischen Vorgänge der Introjektion und der Identifizierung ist. Die Identifizierung ist nicht ein beliebiger psychischer Mechanismus unter anderen, sondern der Vorgang, durch den sich das menschliche Subjekt konstituiert, gleichzeitig schafft der Grundkonflikt die Voraussetzung für Intersubjektivität.

---

15 Man kann bei Kindern beobachten, dass sie häufig vor einem neuen Entwicklungsschritt krank werden. Dies ist eine besondere Form von narzisstischer Besetzung des Körpers und seiner Funktionen, bevor die neuen Fähigkeiten aktiv ausprobiert, benutzt und ins 'Körperschema' eingebaut werden.

Zusammenfassung

Zum Schluss komme ich nochmals auf die Interpretation des dendūn roǧan zurück. Ich bin vom Gegenübertragungsgefühl einer getäuschten Erwartung ausgegangen. Meine Annahme, einen weichen Brei vor mir zu haben, stützte sich auf Erfahrungen, die ich im dritten Bereich gemacht hatte. Alles, was gekocht wurde, hatte so gar zu sein, dass es praktisch auf der Zunge zerging. Die normale gekochte Nahrung war also weich, nicht hart.

Eine weitere Erwartung bezog sich auf das Kleinkind. In Identifikation mit dem vorambivalenten Stadium der Oralität reagierte ich in Kongruenz mit meinen bisherigen Beobachtungen, dass kleine Kinder, die noch zahnlos waren, weiche Nahrung erhielten.

Sahrā hatte blitzschnell auf eine von mir noch gar nicht gestellte Frage reagiert, sie ging damit empathisch auf einen unbewussten Wunsch ein, der sich auf eine konfliktfreie orale Beziehungsmodalität bezogen hatte. Mit ihrer lachend vorgebrachten Antwort, dass der Brei harte Körner haben muss, brachte sie die Thematik der Aggression in die Beziehung Feldforscherin – Gastgeberin ein. Hier tat sich also ein unmittelbares – zunächst in seiner Spezifität unbewusstes – Feld der interaktiven 'Zumutung' auf.

In einem letzten Schritt meiner Interpretation habe ich diese drei Erwartungsebenen, die sich mir zunächst auf der psychischen Ebene gezeigt haben, mit analogen Strukturen im Bereich des Instituierten – dem der Gruppe und der Stammesidentität, verglichen.

Es war meine Absicht, vom Konzept der Oralität ausgehend, auf reziproke Identifikationen in der Feldforschung aufmerksam zu machen. Es scheint mir wertvoll, diese zum Teil unbewussten Prozesse aufzuklären, denn sie tragen zu einem sehr beträchtlichen Teil zur 'Übersetzungsarbeit' des Ethnologen bei. Wir übersetzen dann, wenn wir theoretisch formulieren, was uns in einem fremden Idiom zur Kenntnis gelangt ist. In einem weiteren Sinn ist der Gegenübertragungsaffekt das 'Erkenntnishindernis' (Bachelard 1978) über das Sozialwissenschaftler stolpern müssen, wollen sie sich ernsthaft dem fremden Imaginären nähern, ohne die eigenen Voraussetzungen dabei zu verleugnen.

Es liegt mir fern, einer neuen subjektivistischen Ethnographie das Wort zu reden, oder die Alltagserfahrungen zur ausschliesslichen Quelle von Informationen zu stilisieren.[16] Die Analyse der Gegenübertragung muss durch die strukturelle und historische Erschliessung der sozialen – instituierten – Sphäre komplementär ergänzt werden. Diese Notwendigkeit ergibt sich aus der Verflechtung von sozialer und individueller Identitätsbildung.

---

16 Vgl. dazu die Diskussion zur Kontroverse um die Alltagsgeschichte von Leuenberger 1985.

Literaturverzeichnis

ABRAHAM Karl (1924) 1982. Versuch einer Entwicklungsgeschichte der Libodo auf Grund der psychoanalyse seelischer Störungen. In: Gesammelte Schriften, Bd. II, Frankfurt a.M.
BACHELARD Gaston 1978. Die Bildung des wissenschaftlichen Geistes. Frankfurt a.M.
BRIGGS J.L. 1970. Never in Anger. Cambridge Mass.
CRAPANZANO V. 1983. Tuhami. Protrait eines Marokkaners .Stuttgart.
DEVEREUX G. 1973. Angst und Methode in den Verhaltenswissenschaften. München.
FREUD S. (1905) 1972. Drei Abhandlungen zur Sexualtheorie. In: Studienausgabe Bd. V. Frankfurt a.M.
– (1915) 1975: Triebe und Triebschicksale. IN: Studienausgabe Bd. III.
– (1921) 1974: Massenpsychologie und Ich-Analyse. In: Studienausgabe Bd. IX.
– (1932) 1969: Neue Folge der Vorlesungen zur Einführung in die Psychoanalyse. Studienausgabe Bd. I.
HANSON F.A. 1981. Anthropologie und die Rationalitätsdebatte. In: Duerr, H.P. (ed.) Der Wissenschaftler und das Irrationale, Bd. I, pp. 245–272.
HARTMANN H. (1956) 1972. Bemerkungen zum Realitätsproblem. In: ders. Ich-Psychologie, Studien zur psychoanalytischen Theorie, pp. 236–260 Stuttgart.
LEUENBERGER M. 1985. Entpolitisiert der Alltag die Geschichte? In: Widerspruch 10, pp. 58–69, Zürich.
MALINOWSKI B, 1967. A Diary in the strict sense of the term. London.
SCHILDER P. 1925. Entwurf zu einer Psychiatrie auf psychoanalytischer Grundlage. Leipzig, Wien, Zürich.
WINCH P. 1975. Was heisst 'Eine primitive Gesellschaft verstehen'? In: Sprachanalyse und Soziologie, Wiggershaus, R. (ed.), pp. 59–102, Frankfurt a.M.
WINNICOTT D.W. 1976. Von der Kinderheilkunde zur Psychoanalyse. München.
WURMSER L. 1981. Is psychoanalysis a separate field of symbolic forms? In: Humanities in Society vol. 4 Nr. 2+3 pp. 263–294. Univ. of Southern Calif.

Autoren/Auteurs

Jean-Luc ALBER

Licencié en lettres de l'Université de Neuchâtel (ethnologie, linguistique et philosophie).
Assistant à l'Université de Neuchâtel dès 1979.
Chargé de recherche au FNRS entre 1981 et 1985, rattaché à des projets des Universités de Bâle et Neuchâtel sur le bilinguisme, la communication exolingue et la migration en Suisse.
Maître de conférences associé de l'université de la Réunion depuis 1985 où il enseigne l'ethnologie et la sociolinguistique.
Collaborateur à l'UA 04 1041 du CNRS sur les phénomènes identitaires à la Réunion et à l'île Maurice.
Prépare actuellement une thèse de doctorat interdiscilinaire (ethnol. et ling.) sur les procédés communicatifs et les stratégies interactives en contexte pluriculturel.

Danielle BAZZI

Psychoanalytikerin und Ethnologin in Zürich.
Beendet Dissertation über männliche Initiationsriten.
Seit 1977 zeitweise Lehrbeauftragte für Ethnologie an der Universität Zürich.
Forschungsschwerpunkte: Ethnopsychoanalyse; Enkulturationsforschung; Institutionsanalyse; Verhältnis von Ritual, Ideologie und Produktionsweise.
Publikationen:
'Ajjigiimmariik' Soziale Beziehungen zwischen Gleichnamigen bei den Inuit. In: «und Kinder» No. 14 1983 pp. 59–70.
'Le rituel en tant que producteur de représentations groupales'. La fête rituelle du dixième jour après l'accouchement chez les femmes Bahluli en Est-Iran. In: «Boletin» des Centro International de Investigaciones en Psicologia Social y Grupal No. 4 1984 pp. 14–23.

François BOREL

Chargé de cours (ethnomusicologie) à l'Institut d'ethnologie de l'Université de Neuchâtel et collaborateur scientifique au Musée d'ethnographie de Neuchâtel (instruments de musique). Il prépare une thèse de doctorat sur la musique des Touaregs du Niger où il a participé à plusieurs missions de recherches depuis 1973.

Michel CARAYOL

Licencié en lettres classiques de l'Université de Toulouse (1957).
Agrégé de grammaire (1959).
Docteur d'Etat (Université de Toulouse, 1976).
Professeur, depuis 1978 à l'Université de la Réunion où il enseigne actuellement la linguistique (Analyse de discours, pragmatique du langage).
Co-responsable de l'Unité associée au CNRS (UA 04 1041: «Linguistique et anthropologie des aires créolophones et francophones de l'Océan Indien), et à ce titre responsable de plusieurs programmes de recherche: *Atlas linguistique et ethnographiques de la Réunion, Pédagogie du français en milieu créolophone, Identité(s) culturelle(s) à la Réunion.*

Suzanne CHAPPAZ-WIRTHNER

Licenciée en ethnologie, elle rédige une thèse à l'Institut d'ethnologie de Neuchâtel, sur le carnaval du Haut-Valais. Son domaine de recherche est la fête (identité et imaginaire) en Valais.

Marc-Olivier GONSETH

Après quatre années passées en tant qu'assistant à l'Institut d'ethnologie de l'Université de Neuchâtel et plusieurs mandants dans les domaines de la sociologie rurale (Pays d'Enhaut), de l'alimentation (Philippines), de la muséographie (Neuchâtel et Vevey) et de l'ethnologie régionale (canton du Jura), l'auteur de ces lignes, au bénéfice d'une bourse de relève du fonds national, va se rendre une année aux Philippines (septembre 1987 – septembre 1988).

Nadja MAILLARD

Assistante à l'Institut d'ethnologie de Neuchâtel. A publié un ouvrage d'ethnohistoire sur le tour du monde d'un négociant du XVIIe siècle intitulé *Voyages en abyme: lecture ethnologique des «Ragionamenti del mio viaggio intorno al mondo» de Francesco Carletti, marchand florentin (1573?–1636).*
Intérêts centrés sur l'ethnotechnologie, le thème des communautés et des utopies. Prépare actuellement une recherche de terrain dans la communauté d'Auroville en Inde. Participe en tant que collaboratrice scientifique au projet de l'Institut d'ethnologie et du Centre de recherches ethnologiques

consacré à la naturalisation et au pluralisme culturel dans le cadre du Programme national No. 21.

Dans le domaine du phénomène biographique, a écrit en collaboration avec Marc-Olivier *Gonseth* un article intitulé «la méthode biographique en ethnologie: points de vue critiques» (à paraître).

Rupert R. MOSER

Privatdozent für Ethnologie und Afrikanistik der Universität Bern. Feldforschungen in Indien (1970), SW-Tanzania (1975), Kenya (1984) und SO-Tanzania (1983 und 1985).
Adresse: Alpenstrasse 47, CH–3072 Ostermundingen/Bern

Fabrizio SABELLI

Il est né à Rome. Après ses études de Droit à l'Université de Rome, d'Ethnologie à l'Université de Neuchâtel et une spécialisation à l'Institut universitaire d'études du développement à Genève, a conduit ses recherches dans le domaine du changement social en Afrique et sur des questions de méthode en anthropologie économique.

Il est actuellement professeur à l'Institut universitaire d'études du développement à Genève et il enseigne l'anthropologie économique à l'Institut d'ethnologie de l'Université de Neuchâtel.

Il est l'auteur de plusieurs articles parus dans des revues spécialisées et co-auteur avec Gérald Berthoud, d'un essai sur *l'Ambivalence de la production* publié dans la série «Les Cahiers de l'IUED» édités par PUF-IUED et vient de publier *Le pouvoir des lignages en Afrique* (Paris, l'Harmattan, 1986).

Claude SAVARY

En 1966, il a entrepris des études d'ethnologie à l'Université de Neuchâtel. Les recherches de terrain l'ont conduit au Dahomey (actuel Bénin). Il a soutenu sa thèse «La pensée symbolique des Fõ du Dahomey», en présence des professeurs Jean Gabus et Paul Mercier. Responsable de la section «Afrique» du Musée d'ethnographie de Genève, il a fait plusieurs voyages de mission dans différents pays d'Afrique de l'Ouest. Aujourd'hui membre du comité national de la Société d'études africaines, il a auparavant assuré prenand plusieurs années les publications de la Société suisse d'ethnologie.

Florence WEISS

Studium der Ethnologie (Dr. phil). Assistentin am Ethnologischen Seminar Basel. Lehrtätigkeit in Basel, Bern, Zürich und Freiburg im Breisgau. Forschungen bei den Iatmul in Papua Neuguinea: Alltag und gesellschaftliche Stellung der Kinder (1972/74), ethnopsychoanalytische Forschung in Zusammenarbeit mit Fritz Morgenthaler 1979, urbanethnologische Pilotstudie in den Städten Papua Neuguineas (1980), zur Rolle der Frau im Ritual und Fortsetzung der ethnopsychoanalytischen Forschungen (1985/86). Leitete zusammen mit Lilo Roost ein urbanethnologisches Forschungspraktika mit zwölf StudentInnen der Universität Basel in Ouagadougou, Burkina Faso (1984) und führte mit StudentInnen der Universität Bern ein Praktikum in ethnologischer Feldarbeit in der Schweiz durch (1986/87).